JN002566

ポスト島ぐるみの沖縄戦後史

古波藏 契
Kei Kohagura

有志舎

ポスト島ぐるみの沖縄戦後史

【目次】

凡例

＊島ぐるみの表記については、一九五六年の具体的な出来事を指す場合以外（抽象的・比喩的な用法等）は、原則として「島ぐるみ闘争」と括弧に入れて表記している。

＊引用文中の旧漢字・仮名遣いについては、現代語に直した。

＊引用文中の傍点は、断りのない限り、引用者による。

＊引用文中の明らかな誤植、本文との表記が揃わない箇所、その他必要な補記については、〔　〕で表示した。

＊英字資料の翻訳は、断りのない限り引用者による。

＊沖縄県公文書館および国立国会図書館所蔵資料については、注記に資料コードとともに表示した：沖縄県公文書館＝[OPA（Okinawa Prefectural Archives）：●●●（資料コード）]、国立国会図書館 [NDL（National Diet Library）：●●●（資料コード）]

＊人物名の英語併記は初出のみとし、引用文献の著者名等については併記しない。

序章

なぜ今「島ぐるみ」なのか

第一節　島ぐるみ闘争を想起する意味

大里村——村長をはじめ村議、教職員、青年会等村民３００余名が午後５時から大里中学校で開催。陽焼けした老人、赤子に乳をふくます母親、自転車で駆けつけた青年など緊張した瞳が光る。「一週間前に孫ができましてな、他人ごとのように思っとった土地問題がこうハッキリ出て来ると、他人事のように思えなくなりました。こんな問題はわし一代で片づけて孫の代からは伸び伸びした世の中にしてやらなくっちゃあと、つくづく孫の顔に教えられました」と固い決意のほどを老人は語った。[*1]

一九五六年六月二〇日、全島で一斉開催された住民集会の一つを取材した『琉球新報』記事の一節だ。基地建設のために米軍が進めていた土地の強制接収が問題になっていた。住民側はその見直しを求めて陳情を繰り返してきたが、六月九日、米国は方針を撤回するつもりはないという趣旨の報告（通称、プライス勧告）を発表する。それが現地に伝えられると、陳情ベースでの解決を目指してきた住民側は態度を翻し、「一坪の土地もアメリカに売り渡さない」を合言葉に、決然と抵抗する構えを見せた。これが沖縄戦後史上、最重要画期の一つに数えられる「島ぐるみ闘争」である。

この記事の一節からもわかるように、土地闘争の盛り上がりは沖縄全島を巻き込んだ。続けて二五日、那覇とコザで開催された住民集会の参加者総数は、推計一五〜二〇万人。当時沖縄の総人口が八〇万程度だったことを考えると、五人ないし四人に一人が参加したことになる。まさに空前絶後の出来事だった。

しかし、この闘争が島ぐるみ闘争と呼ばれているのは、単にその規模のためばかりではない。たとえば「島ぐるみ」という言葉は、保守や革新といった立場の違いを乗り越えるといった意味を含んでいる。

会場の様子を伝える新聞記事をいくつか抜粋してみよう。

> 会場に姿を見せた人々の顔ぶれも保守あり、革新ありで、老幼男女の別もなく那覇市のあらゆる階層が会場めざして集った感じだった*2

図 序－1　6月25日夜，5万人が集まった諸見里小学校（越来村）の校庭［那覇市歴史博物館提供］

> 神村〔孝太郎〕副主席の〝五者協議会は住民の先頭に立ってプライス勧告の阻止に当る〟との決意表明、方言を交えながら経済的見地からプ勧告の矛盾と欺瞞性を遺憾なく暴露。割れるような拍手が遊園地にハネ返える。[＊3]
>
> 〝プライス勧告を阻止せよ〟〝アメリカによって土地を奪われた人民の悲惨な状態を、われわれは何時わが身にふりかかるかも知れないという恐怖と、義憤に満ちたこの眼でウンと見て来た〟次々と登壇する弁士の熱弁に5万余の参加者は総立ちにならんばかりに拍手の嵐を巻起す。[＊4]

当時、親米保守の立場に立っていた政治家でさえ集会に参加し、「沖縄は民主主義の陳列棚といわれているが、この勧告を強行するならば、反米の陳列棚になるに違いない」（喜友名《きゆな》朝謹《ちょうきん》・琉球民主党立法院議員）と唱えていた。[*5]

島ぐるみ闘争における超党派的な結集と熱狂の記憶は、戦後の沖縄で特別重要な地位を占めてきた。現在でも超党派的な団結を訴える際には、「島ぐるみ」という言葉がよく使われる。とりわけ一九九〇年代後半以降、基地や歴史認識を争点として〈沖縄県VS日本本土政府〉という対立図式が鮮明になっていくなかで、「島ぐるみ」という言葉を耳にする機会も増えてきた。大規模な抗議活動のたびに「島ぐるみの再来」、「〇度目の島ぐるみ闘争」といった言葉が使われるようになり、「オール沖縄」や「誇りある豊かな沖縄[*6]」など、アレンジを加えて選挙スローガンにも使われている。

しかし、そのようなメッセージを繰り返し発してきたこと自体、沖縄社会が一つにまとまることの難しさの裏返しと見ることもできる。

沖縄戦後史研究の基礎を築き、二〇一八年に没した歴史家・新崎盛暉は、一九八一年に発表した「島ぐるみ闘争二五周年」のなかで、困難な課題に直面した時の「合言葉」として「島ぐるみ闘争」が使われてきたとしながらも、「沖縄社会の構造変化を考えれば、島ぐるみ闘争の再現は不可能に近い」と断じている。

一九五〇年代の中ごろまでは、支配者である米軍と沖縄民衆との間の対立・緊張関係に比べれ

> ば、沖縄民衆相互の利害の対立や沖縄社会内部の諸矛盾はさほど目立たなかった。民衆はおしなべて貧しく、米軍支配の重圧感は、すべての民衆にほとんど均等にのしかかっていた。だが、時の経過とともに沖縄社会の構造も複雑化し、人びとの利害関係も錯綜するようになってきた。とりわけ復帰は、沖縄社会内部の矛盾を激化させた〔中略〕そうした現実を無視して、「貧困のなかの統一と団結」をなつかしく想い起こしてみても意味はない。[*7]

そうは言いつつも、新崎は過去を振り返ること自体を否定したわけではない。引用の直後に続けて「島ぐるみ闘争のなかに含まれていた可能性や問題点は、いまなお十分に検討され尽くしているとはいえない」とも述べている。[*8] その到達点と限界を明確にすることで、現在の条件に見合った別の方法を考えることはできるというわけだ。

本書も同様の問題意識にもとづくものである。島ぐるみ闘争に見られた住民同士の一体感は、何によって支えられたのか。冒頭の記事に描き出されたような、問題の当事者ではない人々までも、「他人事ではない」と感じさせるような熱狂的な凝集力は、どのようにして生まれたのか。そして、そうした一体感や熱狂は、どのように失われていったのか。

新崎が言うように、島ぐるみ闘争の再現が困難になっていく背景には、階層・地域間格差の拡大に象徴される「沖縄社会の構造変化」がある。「沖縄民衆を縦横に引き裂いた社会構造上の亀裂は、そのまま、民衆の連帯感を寸断した」のである。

新崎の文章が発表されて四〇年、沖縄の日本復帰から数えれば半世紀を経て、沖縄社会は、ますます島ぐるみ闘争の時代から遠く隔たったところにあるように見える。「子どもの貧困問題」の近年における突然の――ように見える――表面化は、他人の境遇に対する無関心さの表れとも解釈できる。[*9] 若年層の政治離れや社会問題に対する関心の希薄化は全国的なトレンドだが、それは沖縄でも例外ではない。[*10] 住民同士のつながりが年々希薄化傾向にあるのも周知の事実だ。[*11]

復帰の頃から沖縄に移り住み、教育学者として長年活動してきた浅野誠は、「いい学校→いい会社→より高いポスト」という社会的上昇経路を駆けあがることに価値を見出す生き方を「ストレーターコース」と呼び、それが日本復帰後の沖縄で急速に広がっていくことに警鐘を鳴らしてきた。[*12] そのような生き方が奨励されるような社会にあっては、周囲の人々は連帯すべき同胞というよりも、出し抜くべき競争相手に見えるのは避けられまい。社会変革のために皆で声をあげるより、勤勉に努力してひとり勝ち抜けを目指す方が、よほど合理的にも思えてくる。本書では、そのような思考のあり方を〝マイホーム主義〟と呼ぶ。そして、島ぐるみ闘争の頃に遡り、その発生のメカニズムを辿ってみたい。

それは必ずしも自然発生的なメカニズムではない。少なくとも米国は、意識的に〝マイホーム主義〟的心性をつくり出そうとしてきた。島ぐるみ闘争以後、その鎮静化・再発防止のために沖縄社会の再編が不可欠と見た米国は、統治方針の抜本的な見直しに着手する。それが島ぐるみ闘争に表出した住民間の一体感と共同性を徐々に解体し、個々人が自分自身の身を守ることに専心するような心性を培っていったというのが、本書の基本的な沖縄戦後史の見方である。

島ぐるみ闘争の生成・収束過程を辿り直すことで、今の沖縄社会が抱える問題の根深さも見えてくるだろう。

「島ぐるみ」のニュアンス――近年の研究動向

ところで近年の沖縄戦後史研究のシーンでは、鳥山淳『沖縄／基地社会の起源と相克１９４５―１９５６』（勁草書房、二〇一三年）や櫻澤誠『沖縄の保守勢力と「島ぐるみ」の系譜――政治結合・基地認識・経済構想』（有志舎、二〇一六年）、秋山道宏『基地社会・沖縄と「島ぐるみ」の運動』（八朔社、二〇一九年）等々、「島ぐるみ」というテーマが再び注目を集めるようになってきた。

島ぐるみ闘争は、そもそも復帰運動と並ぶ沖縄戦後史上の最重要テーマと見做されていたが、上述したような沖縄社会の状況を反映するかたちで、あらためて研究テーマとしての「島ぐるみ」に注目が集まるようになってきたということだろう。

これらの先行研究は、新崎に代表される過去の沖縄戦後史研究が「革新」勢力を重視する一方、「保守」勢力に十分目配りしてこなかったことに対する問題意識と、欠けた穴を埋めることで「島ぐるみ」

現象の生成メカニズムを解明しようとする点で共通する。

ただし、各々の「島ぐるみ」の扱いについてもう少し細かく見ていくと、その定義と評価は一様ではない。たとえば、櫻澤が「島ぐるみ」を保革両政治ブロック間の最大公約数的な合意形成と捉え、積極的に評価するのに対し、鳥山は「島ぐるみ」自体の評価を差し控え、「保守」や「革新」といった既成カテゴリーでは捉えにくい対象の揺れ動きを描くことに徹している。[*13] また秋山の場合、親米保守とされる人々が心中に抱いた「想い」や「葛藤」に注目し、生命に関わる危機的状況において、これらの人々が既定の利害関心とは異なる行動に走る時に、「島ぐるみ」と呼ぶべき超党派的な動きが生じると見る。

このように「島ぐるみ」に関する先行研究のアプローチは、既存の利害関係を前提とし、その最大公約数的合意形成の政治と見るか、あるいは既存の利害関係を無効化ないし再構成することで生まれる動きとみるかの間で微妙に揺れている。

本書では既存の利害関係を超え出る動き、あるいは端的に〝他人事が他人事ではなくなる事態〟を表現するために、「島ぐるみ」という言葉を使っている。したがって強いて先行研究と関連づければ、どちらかと言えば後者に近い。ただし議論の焦点は、「島ぐるみ」の動きそのものよりも、その背景にあった沖縄社会の構造に置く。

島ぐるみ闘争の可能性／不可能性を考えるためには、政治ブロックの離合集散の動きを表面的にトレースするだけではなく、その根底にある社会構造に踏み込まなければならない。新崎が言うように、一九五〇年代半ばの島ぐるみ闘争は当時の特殊な条件のもとでこそ可能になったのであって、それ以降は再現不可能とは言わないまでも、困難になっていく。本書のタイトルにある「ポスト島ぐるみ」という言葉は、こうした「島ぐるみ」の困難を含意している。

島ぐるみ闘争と復帰運動のあいだ

関連して重要なポイントになるのは、島ぐるみ闘争と、その後に登場する復帰運動との関係をどう捉えるのかということだ。復帰運動とは、「祖国復帰運動」とも呼ばれ、その名の通り、沖縄の施政権を米国から日本へ返還することを求めた運動だ。これら二つの闘争は、いずれも米軍を相手取った住民側の異議申し立ての運動であり、連続的に捉えられる面も多い。乱暴に整理すると、〝島ぐるみ闘争の時代（一九五〇年代後半）〟が終わり、数年のインターバルを置いて〝復帰運動の時代（一九六〇年代）〟が始まるのであり、前者から発展して後者へつながるという流れである。

しかし本書では、復帰運動と島ぐるみ闘争を厳密に区別したい。本書で対象とする時期は〝復帰運動の時代〟に重なっているが、この時代をあえて〝ポスト島ぐるみの時代〟と規定する。これら二つの運動の構造や背景がまったく異なることを明確にするためである。

島ぐるみ闘争と復帰運動の違いを最も端的に表すのは、それらに対する米国の対応の差だ。島ぐる

図 序－2　復帰運動の行進［『大琉球写真帖』より，那覇市歴史博物館提供］

み闘争は、間違いなく米国の沖縄統治を揺るがす事態であり、これを受けて米国は、沖縄統治の抜本的な方針転換を迫られる。

たしかに米国は、復帰運動が第二の島ぐるみ闘争に発展することを恐れ、その急進化を警戒したが、露骨な弾圧が逆効果ということも、島ぐるみ闘争の経験から学んでいた。結果、復帰運動に対しては弾圧一辺倒ではなく、穏健に育成するスタンスで臨むようになる。つまり復帰運動の発展は、住民側の自主的な取り組みの成果であると同時に、為政者側の政策的介入の結果でもあった。

占領期の沖縄社会は、しばしば〈米国の支配VS住民の抵抗〉という構図でイメージされるが、その見方では軍民間の複雑に入り組んだ関係を捉えられない。それだと、一見して抵抗運動と見えるものの内部に嵌入し、その性格を変えてしまうような、微妙な統治のありようを理解しにくくなる。島ぐるみ闘争と復帰運動の区別が必要なのは、抵抗／支配の曖昧さに眼を向けるためだ。

復帰運動の「総括」

生前の新崎は、島ぐるみ闘争同様、復帰運動についても批判的な「総括」が必要だと主張してやまなかった。それはもちろん、運動の全否定ではない。一九七三年五月、つまり沖縄の日本復帰から一年後に発表された「崩壊する沖縄」という文章を見てみよう。

> もしかりに、復帰が復帰運動の成果ではなく、その敗北の結果であるという結論に到達したとしても、そのことによって、二十数年の運動がまったく無意味であったということになるわけではない。そのことを明確にしてはじめて、運動の思想的弱点も、闘争戦術上の欠陥も明瞭になり、克服すべき課題も明らかになって、今後の闘争の展望も開けてくるはずである。運動の総括がなされず、したがってまた展望も開けてこないという状態こそが、実は、沖縄における大衆運動停滞の最大の原因なのである。[*14]

一九七二年の沖縄返還は、復帰運動が掲げた主要目標の一つである「基地の島」からの解放を実現するものではなく、その意味で「敗北」だったと言える。復帰運動が現実の復帰によって裏切られたのだとすれば、その後の沖縄で運動の継続を求める声が大きくならないのはなぜか。それを真剣に追求しなければ、過去の闘争も嘘だったことになってしまうのではないだろうか[*15]。これが新崎の突きつけた問いである。

ただし、「運動の総括」は、運動方針・戦術に限定すべきものではない。島ぐるみ闘争後の沖縄統治の特徴は、復帰運動の生育環境と言うべき沖縄社会の構造を再編し、そこで暮らす人々の心性をつくり変えようとした点にある。したがって復帰運動の「総括」は、運動外部の環境と、それに対する米国側の働きかけを視野に入れて進める必要がある。「ポスト島ぐるみ」という言葉の第二の含意は、島ぐるみ闘争の〝後〟に登場する復帰運動を、為政者側の政策的介入との関係から捉え直すということである。

以上の問題意識を踏まえ、本書では次の構成で議論を進めたい。

まず、第一章「基地経済とムラ社会」では、島ぐるみ闘争の背景となった社会・経済構造を概観し、ついで第二章「島ぐるみ闘争の古さと新しさ」では、闘争の生成メカニズムを分析する。

島ぐるみ闘争を受け、米国は沖縄統治方針を転換するが、その狙いは闘争の背景となった沖縄の経済・社会構造、そして人々の心性をつくり変えることだった。第三章「〝ポスト島ぐるみ〟の沖縄統治」では、冷戦戦略の思想的根幹と言うべき「近代化論」を補助線として、新たな統治方針転換の輪

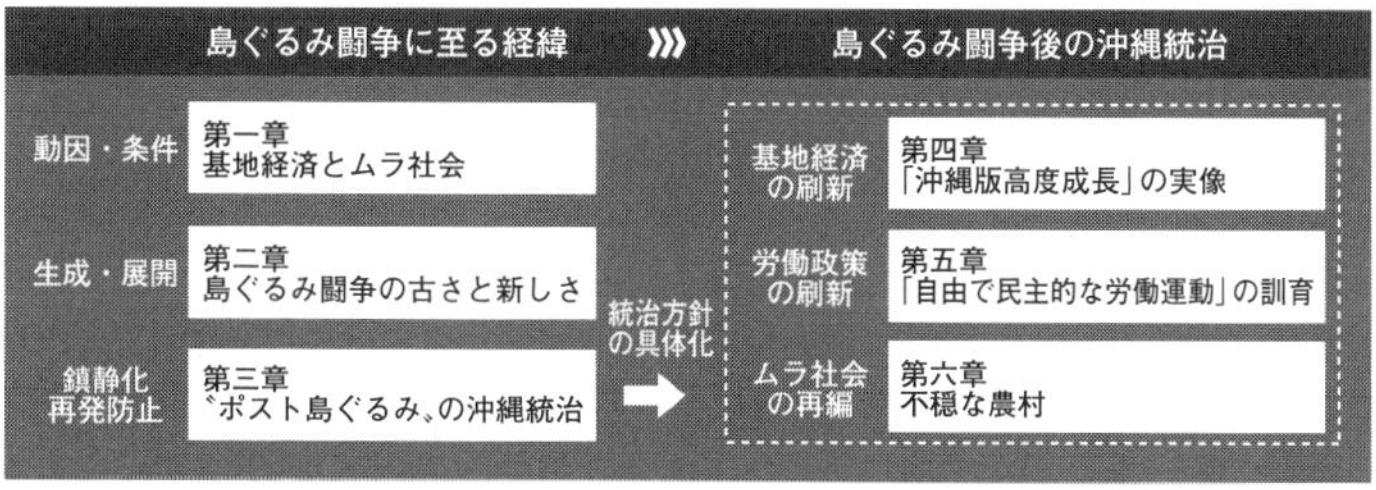

図 序−3　本書の構成

郭を描く。

以上を前半とし、後半部分では、島ぐるみ闘争の沈静化・再発防止を目的とした統治政策のなかから三つのテーマを選び、各々一章を割り当てる。米国は、復帰運動が第二の島ぐるみ闘争へ発展することを警戒し、その穏健化を図った。そのために米国が注力したのは、沖縄社会を「健全な近代化」の道へと導き入れることだった。

「健全な近代化」とは、一言でまとめると、自由主義世界＝西側資本主義陣営のメンバーとして責任ある行動を取るよう促すことである。住民が道を踏み外さぬよう、米国は様々な分野で政策的介入を加えたが、本書で特に重視するのは、経済・労働運動・農業の三つの政策分野である。

第四章「「沖縄版高度成長」の実像」では経済構造の再編による沖縄統治再建について、第五章「「自由で民主的な」労働運動の訓育」では穏健な労働運動の育成について、第六章「不穏な農村」では米軍当局による村落共同体的社会秩序の掌握について、各々見ていく。これらはいずれも沖縄社会の近代化につながる統治課題であり、その成否に復帰運動の穏健化＝島ぐるみ闘争後の沖縄統治の安定化がかかっていた。

終章「日本復帰と沖縄喪失」では、沖縄社会の近代化という統治プロジェクトが復帰運動の展開と復帰後の沖縄社会にどのような爪痕を残したのかを考えてみたい。

なお本編の議論に入る前に、本章の残りを使って沖縄占領の基本的な構図を簡単にまとめておく。必要に応じて参照されたい。

第二節　沖縄占領の初期設定

「捨て石」から「要石」へ

アジア太平洋戦争の終わりは、冷戦という新たな戦争の始まりでもあった。中華人民共和国の成立（一九四九年）、朝鮮戦争の勃発（一九五〇年）を経て、東アジア冷戦の構図がはっきりしてくると、新たに覇権を握った米国は、東アジア地域秩序の再編成に着手する。

米国はまず、連合国軍の占領下にあった敗戦国日本を東アジアで冷戦戦略を遂行するためのパートナーに据え、その独立と復興を後押しした。東アジアにおける米国の懸念は、「日本軍国主義の復活」から「共産主義の波及」へと移り、それに伴い敵国だった日本が反革命の橋頭堡と位置づけ直されたのである。

米国は、東アジアにおける共産主義勢力封じ込めの防波堤を強固なものにするために、日本本土と沖縄に異なる役割を与えた。

一九五二年四月二八日に発効したサンフランシスコ講和条約は、日本を主権国家として独立させる一方、その第三条で琉球諸島や小笠原・硫黄諸島を日本の主権が及ばない領域として分離し、米国の施政権下に置くよう定めた。これらの地域で事実上の米軍占領を継続し、朝鮮半島や台湾海峡への出撃基地として確保し続けることが、日本の「独立」の条件だったのである。こうした事情から、日本政府が定める「主権回復の日（四月二八日）」[16]は、沖縄では「屈辱の日」と呼ばれることになる。

米国の冷戦戦略が東アジアに戦場／占領／復興という三つの層をつくり出していく動きのなかで、沖縄も「基地の島」へと変貌を遂げる。かつて本土防衛の「捨て石」として、過酷な地上戦の舞台となった沖縄は、他国政府の干渉を受けずに使用可能な米国の軍事的要衝＝「太平洋の要石＝Keystone of the Pacific」として位置づけ直されたのである。[17]

それに対して、日本本土は西側資本主義陣営に与することの恩恵を示す「見本」でなければならなかった。その際に在日米軍の存在は、極めて不都合な存在だった。まがりなりにも主権国家である日本に、治外法権的地位を与えられた米軍が大規模かつ長期間にわたって駐留することは好ましくない。親米保守政権の維持という観点から言って、日本国民に不人気な政策は、米国にも不利に働きかねない。

在日米軍が起こす事件や事故は、ただでさえ日本国民の顰蹙を買いやすい。おまけに日米地位協定は、それらの犯罪行為を日本の法律で裁くことを事実上不可能にしていた。それだけでも日本国民の間に被占領者意識と反米感情を掻き立てるには十分だった。[18]その上さらに核兵器や毒ガス兵器の持ち込みなどの無理難題を押しつけ続ければ、国民の反米感情を高め、それが左派勢力の支持基盤を強めることとなり、親米保守政権の立場を危うくする。[19]そして米国の施政権に対する日本政府の黙認を得られなくなれば、最終的にはアジア太平洋地域の軍事秩序自体を危険にさらすことにもつながりかねない。[20]

　沖縄占領の継続は、こうした問題を解消するのに役立った。それは本土では確保しづらい諸々の軍事的便益を確保しつつ、米兵が引き起こすトラブルを地理的に隔離することを可能にした。一九五〇年代後半には、日本本土の米軍基地が規模を縮小していくのに対し、沖縄の軍事基地拡大が進むのも、その証左と言えよう。[21]こう見ていくと、「平和憲法」や「高度成長」に象徴される日本の戦後と、「軍事占領」や「基地経済」に象徴される沖縄の戦後は、単に非対称なだけではなく、一体不可分の関係にあったと言える。

　占領期間中、米軍当局が“The United States does not have a military base on Okinawa, Okinawa is a base”というフレーズを好んで用いたことはよく知られている。ニュアンスを強調して日本語に直すと、「沖縄に我々の基地があるのではない。沖縄それ自体が我々の基地なのだ」といった意味になる。これは直接には沖縄の面積に占める米軍基地の割合の大きさ（本島の一五％）を表現したものだが、沖縄の施政権を握り続けることが、万全の基地機能を維持することに直結するのだという趣旨にも解釈できる。

実際に米軍当局は、地政学的な位置や巨大な基地の存在そのものではなく、他国政府の干渉を受けないという点に、沖縄の軍事的価値を見出していた。[*22] 冒頭に触れたプライス勧告も、「ここでは我が原子兵器の貯蔵ないし使用の権限に対し外国政府による制限が存在しない」とあけすけに語っている。だからこそ、米国は沖縄の施政権を手放そうとしなかったのである。

太平洋の要石／民主主義のショーケース

沖縄の長期保有方針が固まると、米国は本腰を入れて沖縄の経済復興と自治機構の整備に取り掛かる。まず一九五〇年一二月には、暫定的に置いてあった沖縄統治の現地当局を恒久的なものへと改めた。これは頭文字を取ってＵＳＣＡＲ《ユスカー》（United States Civil Administration of the Ryukyu Islands）と呼ばれる。

そのトップは琉球米軍司令官（Ryukyu-command）を兼務し、米軍の活動に必要な限りで住民の権利をいかようにも制限できた。一九五七年までは民政副長官、以後は高等弁務官と呼び名が変わるものの、いずれも「沖縄の帝王」と呼ばれるほど絶大な権限を握っていた。[*23]

冷戦期米国の沖縄における根本目的は、共産主義勢力の伸長を堰き止める軍事的防波堤＝「太平洋の要石」として、その基地機能を保全することにあった。米国は沖縄統治の目的として、自由と民主主義の防衛という大義を掲げたが、それを沖縄に全面適用することはなかった。たとえばＵＳＣＡＲの設置を定めた米極東軍司令部指令（通称：ＳＣＡＰ指令）[*24]は、沖縄における「言論、集会、請願、宗教、出版の自由及び正当な法律上の手続を履まない不法の捜索、逮捕及び生命、自由、財産の剝奪に対する保証を含む民主主義国における基本的自由を保証する」と謳う一方、そうした「基本的権利」の実際の範囲については、逐一「軍事占領に支障を来さない限り」という但し書きをつけている。

一九五二年四月には、同指令にある「民主主義の原則により設立された立法、行政、司法の機関による自治」を実現するために、住民側の自治機構として琉球政府が設置されたが、その権限はあくまでＵＳＣＡＲの許す範囲に限定されていた。

住民は立法院議員の選挙・被選挙権を与えられたが、立法院での決定は高等弁務官の意向次第でいかようにも覆った。また、沖縄の住民を代表する立場にあるはずの行政主席も含め、公務員の任免権は高等弁務官が握っていた。さらに琉球政府裁判所とは別に、ＵＳＣＡＲ側にも裁判所が設置されており、前者で高等弁務官の意に沿う判決が出ない場合には、いつでも後者に移送できた。このようにＵＳＣＡＲは、立法・行政・司法、つまり住民生活の全領域にまたがる絶対的な権力を掌握した。

しかしだからと言って、ＵＳＣＡＲは住民に対して常に占領者然として振る舞ったわけではない。無制限の軍事活動の自由を確保するためには施政権の維持が不可欠だが、そのためには住民からの支持ないし黙認が必要だったからだ。

米国が恐れたのは、住民たちが自らの窮状を日本本土の人々に訴え、沖縄問題が全国イシュー化することで、日本の親米保守政権の立場を危険にさらすような事態である。そうした事態を避けるためには、住民との間に良好な関係を維持する必要がある。だからこそＵＳＣＡＲは繰り返し、住民に向けて「米琉親善」の精神を吹聴したのである。

元来、米国の冷戦戦略は、東側＝共産主義陣営との軍事競争に還元できるものではない。それはソヴィエト連邦の成立に具現化した革命の予兆を未然に防ぐための危機管理プロジェクトに他ならない。[*25]すなわち、自陣営に留めおくべき地域住民に対し、物心両面から資本主義社会の持続可能性を説得し、革命が無用なものだと理解させること。それが冷戦戦略の第一目標であり、実力行使はそれが失敗した場合に限られる。冷戦の主戦場は、むしろ日常生活のなかにあるのだ。

「太平洋の要石」とされた沖縄も、その例外ではない。本土同様とまではいかなくとも、「自由」と「民主主義」の果実を享受させることは、沖縄統治の重要な課題の一つだった。米国が沖縄に与えたもう一つの呼称「民主主義のショーケース＝showcase of democracy」は、そのことを如実に物語るレトリックと言える。[*26]

米国にとって沖縄は、自由な軍事活動が可能な「太平洋の要石」であると同時に、「民主主義のショーケース」でなければならなかった。いいかえれば、〝軍事活動の自由〟〝住民との融和〟という両立し難い二つの目標を、同時に追求しなければならなかった。

ここに沖縄占領のジレンマがあった。日本経済からの隔絶、住民自治への干渉、基地建設のための農地接収、思想・言論の統制、出入域の制限、住民に厳しく軍人・軍属に甘い法体系等々、軍事基地の安全を保つための措置は、避け難く住民の不満を醸成し、島ぐるみ闘争や復帰運動に代表される抵抗運動を惹起することになる。そして沖縄占領体制は、住民側の抵抗に対処するなかで不断の刷新を遂げ、やがて一九七二年の沖縄返還において一つの完成型を見るのである。

第一章　基地経済とムラ社会

第一節　島ぐるみ闘争の深層——過剰人口問題

社会不安の火種としての過剰人口

島ぐるみ闘争について考えるためには、終戦間もない頃の沖縄社会が抱え込んだ過剰人口問題から見ていく必要がある。一見して地味で退屈なテーマだが、これこそ米国が島ぐるみ闘争の根底に見出したものだった。

過剰人口問題とは、平たく言えば、域内で扶養できる水準を上回る人口をどう処理するのかという問題だ。後述する理由から近年ほとんど言及されることがなくなっているが、近代以来、沖縄が抱え続けてきた宿痾と言って良い。戦前、とりわけ一九二〇年代後半以降の沖縄は、世界的な糖価暴落の煽りを受け、基幹産業の糖業が崩壊。膨大な過剰人口を抱え込むこととなった。この時期の沖縄社会の窮状は「ソテツ地獄」とも表現される。[1]

当時の沖縄社会は、そうした状況に移民政策で対処した。沖縄で食い詰めた人々は、大量の移民となって日本本土や海外に送り出されたのだ。沖縄からの移民は、一八九九年のハワイ移民（二七人）を嚆矢とし、ソテツ地獄以後急増する。終戦を迎えるまでに、七万二〇〇〇人以上が南北アメリカ大陸や北東・東南アジア、南洋群島などへ送り出された。さらに、これらの海外移民をはるかに上回る規模で、日本本土への出稼ぎがあった。その数は少なく見積もっても一五万は下らないとされる。[2]

こうした移民政策により、沖縄の人口は一定の範囲に抑制されていた。一九〇三年に約四七万七〇〇〇人だった人口は、一九一八年に約五八万人と急激に伸びたが、その後は失速、一九四四年時点でも約五九万人にとどまった。この間、毎年平均五〇〇〇人前後の自然増があったものの、それをほぼ相殺するだけの社会減（流出）があったため、域内人口はおよそ六〇万を超えない範囲に調整されていた。[3] そのため戦後も、この水準が沖縄本来の人口扶養能力の限界と考えられるようになる。

ところが沖縄戦を画期として、沖縄の人口動態に大きな変化が生じる。過酷な地上戦で二〇万もの人命が失われたものの、その後、本土・海外からの引揚・復員があり、これに終戦直後のベビーブーム、医療・衛生の向上による死亡率低下などが重なって、沖縄の人口は急激なV字回復を果たした。戦前六〇万を超えることのなかった沖縄の人口は、一九五〇年に約七〇万人、一九五五年には約八〇万人という未曾有の規模に達する。それはかつて移民政策で処理してきた過剰人口問題の再来を意味していた。

戦争で一切の産業が灰燼に帰した沖縄社会において、急激な人口増は社会不安の火種と見られた。当時の一般的な見方は、「全ての社会悪は人口問題とからみ合って芽ばえ、政治、経済、文化の貧困も人口問題がその遠因をなしている」というように、社会問題と人口問題は同一視されていた。[*4] それは当然、住民生活の安定に責任を負う為政者にとっても由々しき事態だった。琉球政府が作成した『琉球の人口問題』の冒頭には、次のようにある。

> 土地せまく、資源の乏しい上に過剰人口に悩むわが琉球の人口問題は、まさにわれわれ住民大衆の死活問題といわねばなりません〔中略〕人口問題の苦悶は、戦前においては今日ほど痛切に意識されなかったのでありますが、第二次世界大戦は、その事情を一変させました。われわれは好条件であった一切のものを失い、人口だけが著しい社会増、自然増をみることになったので、琉球経済の人口扶養力はますます窮屈さを加えてきたのであります。[*5]

人口問題は沖縄に限らず、同時期の世界情勢を左右する重大なテーマだった。冷戦期の米国は、自陣営＝西側＝資本主義陣営に留めおくべき地域の人口問題に関心を寄せていた。野放図な人口増加は貧困を生み、ひいては共産主義の影響を被る土壌を育てると考えられたからだ。[*6] 特に開発途上地域での「爆発的」な人口増加は、深刻な懸案だった。

冷戦遂行のために人口問題の緩和・解消が不可避と考えた米国政府は、大学等の研究機関や民間財団、ＮＧＯや国連、世界銀行といった国際機構と連携し、人口爆発の抑制に取り組んだ。[*7] その観点からすれば、「太平洋の要石」である沖縄で過剰人口問題を放置することはあり得ない。実際に人口問題の解決は占領期を通じて、そして潜在的には復帰後にも、軍官民共通の問題関心であり続けた。

「海外雄飛」の夢と挫折

終戦直後に過剰人口問題を抱え込んだのは、日本本土も同様である。大日本帝国の崩壊に伴う海外植民地の喪失は、膨大な過剰人口を生み出し、その解消をめぐって産児調節、海外移民、そして国土の徹底利用による人口収容力の増強が議論されていた点も共通する。[*8]

沖縄と違うのは、それらの打開策がそれなりに成果をあげたところだ。まず、日本本土には占領期のうちに優生保護法が整備されており、人工妊娠中絶は実質的に自由だったことが、ことの良し悪しはともかく、過剰人口の抑制に効果を発揮した。また、失われた植民地を埋め合わせるかのように、残された国土の開発が政府主導で進められたことも大きい。

それに対して沖縄では、人口問題に対する有効な打開策をなかなか見出せなかった。繰り返すが、ＵＳＣＡＲや琉球政府が状況を軽視したわけではない。一九五五年一月、琉球政府は人口問題研究会

（翌年九月には人口問題審議会に改組）を設置し、日本本土に倣った解決策を模索している。しかし沖縄では、海外移民、産児制限、国土開発といった方策が、思うような成果をあげなかった。

沖縄でも優生保護法は立法段階までこぎつけるが、ＵＳＣＡＲの反対にあって挫折している。[*9] 本格的な国土開発も、少なくとも一九五〇年代の沖縄では困難だった。当時の琉球政府は外部からの資金援助に恵まれていたわけではなく、財政的な余力を持たなかったためだ。[*10]

日本本土では一九五六年一〇月に国土開発の象徴とも言うべき佐久間ダムが完成しているが、沖縄での大型ダム建設は、復帰直前に着工し、米国から日本へと継承された福地ダムが最初である。[*11]『琉球の人口問題』も、日本本土と同様の国土開発の必要性を提起しているものの、一九七二年の復帰に至るまで、本格的な国土開発は棚上げにされることとなった。

このようなわけで、一九五〇年代の沖縄における過剰人口対策の大本命は、戦前来の移民政策だった。それは政治的立場にかかわらず、幅広い支持と期待を集めた。[*12] 一九五三年一二月、三〇〇〇人を集めて開催された海外移民促進大会（琉球海外協会主催）には、各引揚者団体や市町村長会、商工会議所、新聞社に加え、沖縄教職員会など、二七団体が参加している。

登壇した各団体代表者たちは、口々に基地経済の危うさと過剰人口問題の深刻さ、そして移民促進による現状の打開を訴えている。

「経済は何の根拠もない、何の裏付けもない、一寸触れればバラバラになるような風船玉みたいな膨張をつづけている」（青年連合会代表）、「日本復帰問題に優る民族的な最大の政治問題」（宮古郷友会代表）、「物の代りに立派な人間を作り出し世界のいたるところに移出していきたい」（婦人連合会代表）。

大会決議文には次のような文句が躍る。

我々は狭隘な土地に氾濫する人口を擁しているが㈠我が琉球の現状を以てしては琉球百万の住民の恒久の平和と幸福と繁栄とを目指す一般的な生活水準の向上を図ることは不可能であり㈡従って琉球社会の進歩の停滞や逆行を避け限りない前進への礎石を築くため琉球の過剰人口を海外に送り出す事が欠くべからざる前提であり㈢しかもまた琉球百万の住民も心からそれを望みかつ期待している。[*13]

一九五〇年代前半に実施された移民希望者調査も、相当数の住民が条件さえ揃えば移民を望むという結果を示していた。琉球政府が一九五三年に実施した南洋群島引揚者向けの調査では、二万一四八五人が再移民を希望すると答えている。これは対象者の実に九四％に当たる。[*14]

ところが、移民政策の成果は芳しくなかった。まず戦後と戦前では、移民政策を取り巻く環境が違っていた。かつての移民送り出し先となっていた植民地は、敗戦によって失われていた。希望者が多かった南洋群島への再移民も、実現には至らなかった。

移民先にも過酷な現実が待ち受けていた。一九五四年、琉球政府はＵＳＣＡＲのバックアップのもと、ボリビア移民計画を開始したが、結果は惨憺たるものだった。一〇年間に一万二〇〇〇人という目標に対して、実績は三〇〇〇人台。開始当初こそ期待が大きく、募集枠の一〇倍の応募者が集まったが、直後に一五人が「うるま病」（マラリアの一種）と呼ばれる伝染病の犠牲となり、入植地変更と移民規模の縮小を余儀なくされた。[15]

ある初期ボリビア移民の一人は、家族全員が「うるま病」にかかってしまった当時の様子を次のように回想している。

> 原始林の中の四、五ヘクタールにキャンプを張り、集団生活をしていましたが、掘っ立て小屋屋根もなく、食糧、住居がないがしろにされていた〔中略〕道路をつくり開墾している最中に突然熱病が発生した。「われわれは移民でなく、棄民にされた。沖縄へ帰してくれ」という悲痛な叫びも聞かれた。[16]

このように「海外雄飛」は決してバラ色の未来を約束するものではなかった。この他、アルゼンチンやブラジル、ペルーなど、南米を中心に移民が試みられたが、その実績は一九五〇年代末に至って

図1－1　南米移民船の見送り［『大琉球写真帖』より，那覇市歴史博物館提供］

も五〇〇〇人弱、戦前の一一%に満たない。[*17] 移民のなかには飛行場サイズの大農場の経営者になる者や実業家として成功した者もいたが、先述のような苛酷な環境に直面して沖縄へ帰る者も後を絶たなかった。

　海外移民が振るわないなか、最も重要な「移民先」となったのは、日本本土だった。高度成長に沸く日本本土では、中卒の安価で勤勉な労働力（金の卵）は引く手数多だった。本土側の旺盛な労働力需要と、過剰人口の解消を本土市場に求めた琉球政府の思惑が合致したことで、沖縄から本土への集団就職は加速していく。琉球政府の職業安定行政を経由した者だけ数えても、一九五七年の一二二人から、一九六一年には一〇〇〇人を超え、一九七〇年には一万人に達した。現実には、公的に把握されない地縁・血縁を頼ったインフォーマルな移動がその数倍あったと推察される。[18]

米国施政権下の沖縄にとって日本本土は「外国」であり、出入りも自由ではなかった。そのような統制を課しながらも、ＵＳＣＡＲが渡航を認めていたこと自体、人口問題の深刻さを物語る。とはいえ、そのうちの八割程度が毎年戻ってくる構造になっており、過剰人口の排出という面での効果は限定的だった。[19]移民政策もまた、人口問題を打開するには至らなかったのである。

それでは戦後の人口問題は、どのように処理されたのだろうか。その答えは「基地経済」にある。

第二節　ほころびだらけの基地経済

基地が生んだ「失業なき経済社会」

米軍占領下の沖縄に「失業なき経済社会」が維持されたと聞けば、意外だろうか。終戦直後の混乱期や復帰直前の軍雇用員の大量解雇の時期を除いて、戦後沖縄の完全失業率は平均一％未満で推移した。一九五六年末のピーク時でさえ二％程度、おおむね完全雇用を達成している。ちなみに一九六〇年代に入ってからの県民所得成長率で見ても、日本本土の高度経済成長に匹敵する年平均約一五％を記録した。そう聞くと、米軍統治下の生活も、まんざら悪くなかったように思えてくる。[20]

こうした沖縄の戦後復興・高度成長を支えたのは、皮肉にも米軍基地の存在だった。米国の冷戦戦略のなかに「太平洋の要石」と位置づけられた沖縄は、否応なく基地の存在を前提とした戦後復興の道を歩まざるを得なかった。基地は、一九五〇年代半ば頃までは直接的に、それ以降は間接的に、沖縄経済の発展を支える柱であり続けた。

東アジア冷戦の構図が判然とし、米国による沖縄の長期保有方針が固まってくると、沖縄にも本格的な戦後復興の時代が訪れる。既に一九四八年一〇月の布告第三三号「自由企業」により、名実ともに統制経済が解かれ、民間貿易や私企業の設立も始まっていたが、基地建設が本格化すると、戦後復興も新たな段階にさしかかる。

序章でも述べた通り、米国にとっての沖縄の軍事的価値は、核兵器の配備を含め、他国政府の干渉を受けずに自由な軍事活動が許される点にある。そうした事実上の占領状態を長期的に維持するためには、唯一の施政権者としての正当性を住民に対してアピールし、合意ないし黙認を取りつけなければならない。そうした立場からすると、沖縄の復興を後押しすることも、重要な任務の一つだった。

基地機能の構築・維持と、沖縄の戦後復興をうまい具合に両立するために編み出されたのが、基地の建設・運営に可能な限り地元住民を雇用することで基地関連需要を沖縄の復興に活用するという方策だった。一九五〇年代初頭、恒久的な基地建設に着手するに当たって米軍当局が発した二つの布令――第七号「琉球人の雇用職種及び賃金」および第六号「琉球列島における軍のB円交換率」――は、そうした方策を具体化したものと言える。

前者は基地労働者の賃金を大幅に引き上げることで労働力の確保を可能にし、後者は日本本土からの輸入に有利なB円高レートを設定することで建設資材や生活必需品を域内で生産せずとも安価に入手できるようにするものである。[21] これらの条件づけにより、必要物資をもっぱら日本本土からの輸入に頼り、その支払いに米軍基地関係の収入を充てるという特異な経済構造がつくり出された。これは基地建設に要する予算を沖縄の復興にも役立て、さらには資材と生活物資の輸入を通じて日本本土経済の復興にも資するものであったことから、「ドルの三重使用」とも言われる。[22]

　基地を柱として再建された沖縄の経済構造は、一般に「基地経済」と呼ばれる。[23] 地上戦により生活の基盤を奪われた住民の多くが、基地に関わる仕事に生計の途を求めた。米軍が雇用するいわゆる軍作業員だけでも、ピーク時（一九五二年五月）には約六万七五〇〇人にのぼるとされるが、[24] 実際の経済的インパクトはそれにとどまるものではなかった。

　たとえばセメントブロックなどの建設資材製造業、運輸業、貿易業、さらには軍人・軍属を相手とした飲食店や雑貨屋など、民間にも新たな産業を生み出した。これらを含めれば、基地需要の裾野は沖縄経済全体に及んだと考えられる。

　このような状況については、以下のような評価さえ存在する。

> 事の善し悪しは別として、沖縄経済は基地あるが故に「失業なき経済社会」を築くことができ

たといっても過言ではなかった。極論すれば、沖縄の住民すべてが、基地が生み出す経済的波及効果を直接・間接に享受し、その結果自身の経済生活を維持することのできる基地労働者であった。[*25]

基地は住民生活を脅かす災厄に違いなかったが、同時に貴重な現金収入と急速な復興をもたらした福音でもあったというわけだ。しかし、それも長くは続かなかった。

農村に滞留する潜在失業者

基地は奇跡のような復興を可能にする一方で、沖縄の経済構造に深刻な歪みをもたらした。国際収支面では著しい輸入超過の常態化、産業構造面では米兵相手のサービス業や小売業を中心とした第三次産業への偏重、さらには都市―農村間での著しい所得格差を生じさせた。基地経済の持続可能性については、その形成段階から疑問視する声が多く、米軍当局でさえ基地建設ブーム収束後の沖縄経済の行く末を案じ、基地依存を軽減するための計画を練っていた。[*26]

基地経済の下で維持された「完全雇用」も、実際にはほころびだらけだった。先述したような統計上の「完全雇用」が沖縄社会の実態を反映したものでないことは、誰の眼にも明らかだった。たとえば一九五五年七月、比《ひ》嘉《が》秀平《しゅうへい》行政主席名義で立法院に提出された失業対策立法の要請書には、次のような記述が見られる。

> 沖縄の職業事情は、戦後急激の〔原文ママ〕人口増加と軍施設用地の拡大等によって農耕地の減少を余儀なくされたための過剰労働力や軍工事の完了又は減少等によって生じた都市及び地方における労働力の過剰は、愈々失業現象として比較的深刻を加えてくることが予想されます。[*27]

この時期の沖縄社会を考える上で決定的に重要なのは、失業統計からは見えてこない膨大な潜在失業人口の存在だ。[*28] 潜在失業とは、その名の通り、実質的には失業者として把握されるべきであるにもかかわらず、統計には反映されないものを指す。たとえば、都市部で雇用先を見つけることができず、地元の農村に戻って実家の農業を手伝うといった人々は農業従事者と見做され、失業者には数えられない。「失業なき経済社会」の背後には、都市部で職にあぶれた人々が、農村で家業を手伝いながら、あるいは失対事業の下で日雇い労働に従事しながら、日々の糊口をしのぐ状況が存在した。

特に農村に滞留する潜在失業者は、農村過剰人口とも呼ばれ、問題視されていた。ここで一九五〇年代沖縄の労働人口に占める農林業の圧倒的な割合に注目したい。農林業従事者数は、減少傾向にあった軍工事ブーム期の一九五三年でも一五万八〇〇〇人、一九五七年には一八万九〇〇〇人に達し、一九五〇年代を通じて全就業者の過半を占めていた。[*29] 基地経済とはいっても、一九五〇年代の沖縄社会では、就業先としては依然として農業が極めて大きな存在だったとわかる。

ところが、産業別の国民所得の分布で見ると、農業は全体のわずか四分の一、一人当たりの所得では全体平均の約四〇％に過ぎない。これらの農業従事者の週平均労働時間は、一九五七年で三二時間程度、追加就業・転業希望者は六割を超えている。それにもかかわらず、農業従事者数は一九五〇年代を通じて、じわじわと増加傾向を示している。試みに農業従事者数とその一人当たり所得の推移を対比してみると、図１－２のようになる。これらの数字が示唆するものこそ、農村が抱え込んだ潜在失業人口の存在に他ならない。[*30]

先に紹介した『琉球の人口問題』にも、次のような記述がある。

> 琉球では就業が満足すべき労働条件をそなえておらず、就業の仮面をかぶった過少就業や潜在失業者が都市に農村に満ちあふれている〔中略〕琉球の雇用、失業問題は一時的な建設工事のテコ入れを除いては暗い谷間の連続であり、陽のあたらない広場である。[*31]

その性格上、正確な数の把握は困難だが、琉球政府の推計によれば一九五九年時点で約四万人の潜在失業者が存在したとされる。[*32]

このように基地経済が実現した完全雇用は、農村に失業者を押し込めることで維持されていたに過

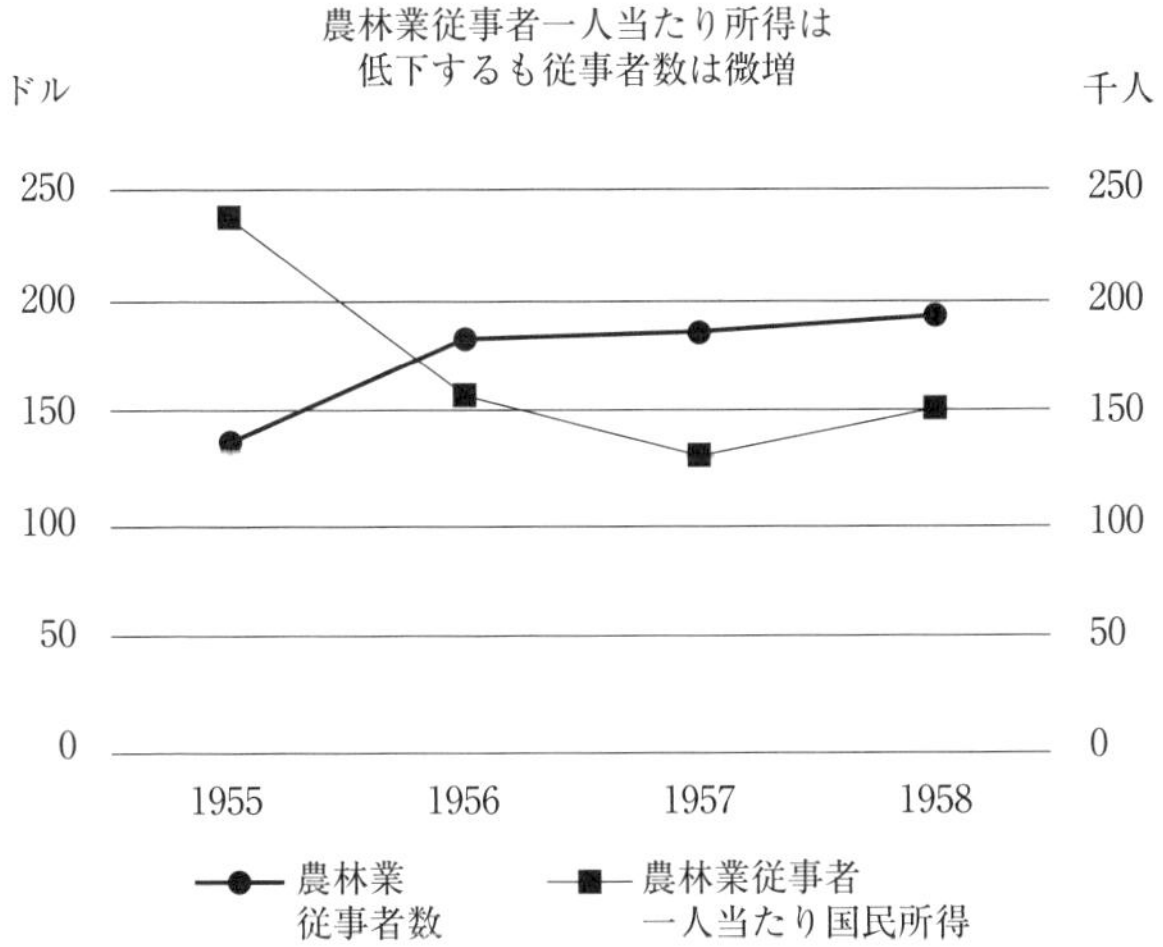

図１−２　農林業従事者数と一人当たり所得の推移
［琉球政府企画統計局『琉球統計年鑑　第２回・第７回』より］

ぎない。その意味では、農業こそが基地経済の隠れた柱だったと言っても良いだろう。先述のように、琉球政府はこうした問題をはっきりと認知していた。が、根本的な打開策を打ち出せず、結果として農村は潜在失業人口の受け皿を担い続けた。

潜在失業問題の存在を念頭におきつつ戦後の沖縄社会を眺めると、一つの重要な特徴が浮かび上がってくる。都市と農村を行き来する流動的な人々のありようである。現代であれば「関係人口」と呼ばれて歓迎されたかもしれないが、当時の多くの人々は、特に意識せずともそのような状況に置かれていた。

こうした状況は沖縄に限らず、近代化途上の社会で一般的に観察される現象と言える。C・E・ブラック（歴史学者）は、生活の主流が農村から都市へと移る（これをブラックは社会の「統合」と呼んでいる）過渡期の社会について、次のように指摘している。

統合度が低い社会でも、広範囲な失業、おそらくより正確にいえば不完全雇用が存在しているが、それは農業部門によってかなりの程度まで吸収され、表面にでないようにおさえられる。発展度の低い社会の都市労働者は、農村社会との結びつきを必ずしもたち切ってはおらず、必要な時には支えを求めてそこに立ちかえることができる。[*33]

こうした指摘は、深刻な潜在失業問題を抱え、農村地域を緩衝材とすることで存立していた一九五〇年代の沖縄社会にも当てはまる。戦後、基地の島へと変貌するなかで、農村から都市への人口流出が生じたが、それによって人々は農村とのつながりを失ったわけではない。そのことが、島ぐるみ闘争の背景を考える上で決定的に重要になってくる。

第三節　「都市のなかのムラ」と「農村の移民」

村落共同体の再編成

沖縄戦を挟み、島の風景は一変した。戦前には純農村県だった沖縄の各地に都市が生まれ、多くの農民が都市生活者に転じていった。それに伴い、農村から都市へ、基地が建設されなかった離島諸地域をも巻き込みながら、大規模な人の移動が生じた。結果、基地に隣接する那覇および中部地域（宜野湾、浦添、コザ、石川など）への急激な人口集中が生じた。

基地は、直接住民に雇用の場を提供するだけではなく、軍人・軍属、あるいはその下で働く地元労働者を顧客とするサービス業・商業の発展を促し、仕事を求める人々を農村から引き寄せた。第三次産業の肥大化は産業構造全体で見れば基地への依存を深める宿痾だが、個々の企業家の観点から言えば、リスクの大きな製造業よりも賢明かつ着実な投資先だった[*34]。

都市の人口規模が大きくなるにつれて、さらに新たなビジネスの機会が生みだされ、都市文化も発展した。都会的な生活様式は、それ自体が魅力となり、ますます多くの人々を基地周辺に引きつけた。「若い人達の場合、中学校を卒業すると、ラジオもテレビもあり、自分の稼いだ金で映画も見られ、ひょっとすると成功するかも知れない都市へ何のためらいもなく出て行く[*35]」。こうして戦前には純農村県だった沖縄各地に、横文字の看板を掲げた店舗が軒を連ねる基地「門前町」が出現した。沖縄の戦後復興は、戦前の姿の復元ではなかったのである。

　農村から都市への人の移動は特筆すべき現象だが、だからといって沖縄からすぐさま農村社会的な性格が失われたわけではない。農村から都市へと流入した人々は、その瞬間に「都会人」へと転身はできない。新たに地域横断的なネットワークを形成し、様々なかたちで故郷とのつながりを保持した。農村社会的なつながりは、かたちを変えて維持されたのである。

　大規模な人の移動と同時並行するかたちで、雨後の筍のごとく組織化された各地の郷友会は、その証左と言える。戦後沖縄社会における郷友会の重要性に最初に着目した石原昌家（社会学者）は、これを「都市のなかのムラ」と呼んだ[*36]。元来、沖縄の地域社会は各々均質で自己完結的な「シマ」と呼ばれる小宇宙を形成しており、そこでは外部との日常的な接触も限定的なものだった。そのような状況で、人々が「沖縄」という単位でまとまったアイデンティティを持っていたかどうかさえ疑わしい。

　ところが、戦後の基地建設は、各村落共同体内で自足していた住民たちの離散と混淆を惹き起こした。この時期の沖縄は、基地化と都市化の衝撃に加え、異文化接触の試練にも耐えなければならなかったのである。郷土の価値観・規範から解き放たれ、異なる出自を持つ他者との共生を迫られた出郷者たちの間には、緊張、葛藤が生じ、社会的逸脱の温床となった[*37]。石原は次のように述べている。

郷里での社会的位置が通用しない出稼地では自分の位置が不確定になり、これまで自らの行動を律していた価値・規範に弛緩が生じて、「旅の恥はかきすて」式の逸脱行動が一部のひとたちに生まれたのは、どこの地域にも見られる普遍的な行為様式であった。[*38]

郷友会は、こうした出郷者の流入を促すと同時に規制する機能を果たした。[*39] 居住や就職の情報が公的に提供されない状況で、人々は地縁・血縁などのインフォーマルなネットワークを頼った。[*40] 先導者が後続者を呼び寄せるかたちで、連鎖的に農村から都市への移住人口は増加していった。また、郷友会は出郷者の群れを受け入れるのみならず、出自に由来する偏見の払拭と、社会的地位の向上のために新たな掟の確立を志向した。「姿勢を正し、同じ沖縄人として立身出世を目指そう」というわけである。[*41] そのようにして戦後沖縄の出郷者たちは、郷友会を媒介に郷里との紐帯を保ち、都市のなかに新たなムラ（シマ）を構築した。その意味で戦後の都市化は農村社会の解体ではなく、その再編を促すものだった。

伝統的な村落社会に由来する人のつながりは、都市化の只中にあっても、かたちを変えて生き延びていった。[*42] このように戦前来の伝統的な農村社会とは異なりながらも、その要素を多分に温存させた戦後の沖縄社会を、「ムラ社会」と呼ぶことにしたい。戦後の社会変動と、米国の熱心な情報宣伝活動は、個人の自由を重んずる価値観の普及を促したが、郷里や周囲の人とのつながりに価値を置く沖縄社会の共同体的性格は、容易には拭えなかった。それが徐々に変化してくるのは、島ぐるみ闘争後、米国統治の方針転換を経てからである。

「農村の移民」の限界

場所としての農村から出て行くことは、必ずしも農村共同体からの離脱を意味するわけではない。そのことを別の角度から眺めれば、軍作業員や都市労働者も、出稼ぎ農民としての性格を帯びていたということでもある。後に沖縄保守政界のホープとして頭角を現す西《にし》銘《め》順《じゅん》治《じ》は、海外・本土へ盛んに移民を送り出していたソテツ地獄の時代を振り返りながら、次のように書いている。

> 過去において農村の疲弊は、日本その他海外への移民となって現れたが、この移民も農村経済の疲弊を本質的に解決するものではなかった〔中略〕この農村の移民は、今日軍作業、土木工事などに吸収されているが、平和の到来とともに失業人口として顕現することは必至であり、これがひいては大きな社会不安を醸成することは、火を見るより明らかである。[*43]

この文章が書かれた一九五〇年の沖縄が、西銘の眼には、依然としてソテツ地獄の時代と地続きにあったことがわかる。基地建設と周辺地域の都市化とともに広がった労働市場は、海外・本土への移民に代わる、過剰人口の新たな受け皿に他ならない。それが占領下の「失業なき経済社会」を支えたことについては、既に述べた。

その上で西銘が懸念したのは、かつて移民政策によって処理されてきた人口問題が、「平和の到来」、すなわち軍工事ブームの収束とともに、再び顕在化する事態だった。[*44] それは決して杞憂ではなかった。西銘が危惧した「大きな社会不安」は六年後、島ぐるみ闘争として現実のものとなる。

第二章　島ぐるみ闘争の古さと新しさ

序章で述べた通り、島ぐるみ闘争の最大の特徴は、米国の強硬な土地政策に対する異議申し立てでありながらも、問題の当事者である地主農民だけでなく、全島的かつ超党派的な広がりを獲得した点にある。新崎盛暉の表現を借りれば、「言葉としては表現されなくとも、島ぐるみ闘争が、米軍支配に対する総反撃であるということは、多くの人びとに共通の認識であり、自明の前提であった」[*1]。立法院や市町村長会、自他ともに親米保守の立場にあったはずの行政主席をも含め、全島的かつ超党派的な広がりを見せたからこそ、「島ぐるみ」と呼ばれたのである。

こうした全島的で超党派的な動きは、その後の沖縄で何度も立ち現れた。その度に島ぐるみ闘争は、個々の利害損得を超えた統一と団結のシンボルとして、繰り返し参照されてきた。

同時に、「島ぐるみ」という言葉は、住民の一体感を維持することの困難さを想起させる言葉でもあった。一九九五年以後約四半世紀に及ぶ「島ぐるみ」の動きは、決して盤石の統一と団結を維持してきたわけではない。それは一九五六年の島ぐるみ闘争でも同じだった。

島ぐるみ闘争の幕切れは、その始まりほど劇的なものではなかった。当初掲げていた土地政策の全面的な見直し要求を貫徹しようとするブロックと、条件闘争に応じようとするブロックとに分裂し、結果的には土地政策および占領政策の重要ではあるが部分的な変更を引き出したところで、とりあえずの終止符を打った。島ぐるみ闘争の過程で生じた住民間の分断は、その後、復帰運動の時期を通じて強まり、保守／革新という政治ブロックの対立図式へと固着していく。

このように「島ぐるみ」という言葉には、団結・統一の輝かしい記憶と、分断・分裂の苦い記憶とが混じり合っている。その意義と限界を明らかにすることは、沖縄戦後史研究にとって重要な課題であり続けてきた。新崎盛暉が言うように、単に過去を美化・懐古することに意味はない。が、島ぐるみ闘争が困難になっていく過程を検証する上では、闘争そのものの生成・退潮の過程を見ておくことが不可欠だ。島ぐるみ闘争の背景にあった社会経済構造に関する前章での考察を踏まえ、本章では、実際の闘争の展開を見ていきたい。

第一節　沖縄戦後史の「暗黒時代」

銃剣とブルドーザー

サンフランシスコ講和条約の締結とともに沖縄の長期保有方針が固まると、米国は本格的に「基地の島」の造成に取りかかる。軍用地の安定的な確保は、その一丁目一番地だった。戦争にもルールがある。日本と講和を結んだ以上、沖縄の土地をいつまでも占拠し続けるわけにはいかない。そこで米軍は、すでに占有していた土地と、新たに必要な土地について地主と賃貸借契約を結ぶことで、実質的な占領状況の合法化を図った。

ところが、その際に提示された地代は、一坪当たり「コーラ一本、タバコ一個も買えぬ」と言われるほどの低額だった。さらに、契約期間も二〇年と長期に及び、事実上の買い上げと言うべきものだった。自らの生活基盤である農地を安価に買い上げようとする提案は、地主農民を納得させるものではなかった。

地主の合意が得られないとわかると、ＵＳＣＡＲは「土地収用令」（一九五三年四月）を公布し、契約に応じない地主の土地を強制的に接収する方針を打ち出した。真和志村（現那覇市）の安謝と銘苅、天久（現在の新都心あたり）を皮切りに、小禄村具志、伊江村真謝・西崎、宜野湾村伊佐浜と、反対する農民に銃剣を向けて追い払い、その家屋をブルドーザーで取り壊しながら土地接収を強行した。

ＵＳＣＡＲは土地と家屋を奪う代わりに、新たな土地と転居費用の提供を申し出たが、望んで応じる農家は少なかった。もとより農業に適した土地の少ない沖縄のなかからＵＳＣＡＲが見繕ってきた土地は、奪われた農地に代わるものではなかった。加えて、農業は村落共同体で行うものであり、他の部落に代替地を確保してすぐさま元のように暮らしを再建できるわけではなかった。土地接収に反

図2－1　宜野湾村伊佐浜の接収予定地［沖縄県公文書館提供］

対する理由を説明するために、住民の代表が作成した資料には、「部落の伝統的紐帯が今尚極めて強いので、旧共同体から脱して他の共同体に加わることが困難であり、移動に伴う諸問題の解決が共同の力を必要とし、代替地が共同体の配慮による以外得る途がない」と記述されている。[*2]

この時期には約五万戸の農家が土地接収によって元いた場所を追われたが、適した移転先を見つけられない者のなかには南米への移民を決断する者も少なくなかった。その頃には、すでに「海外雄飛」の夢破れた人々を通じて現地の苦境は沖縄にも知られ始めており、未踏の大陸に賭ける決断は決して明るいものではなかった。

琉球大学の学生時代、非合法共産党と行動をともにした川満信一（思想家・ジャーナリスト）は、伊佐浜区民の土地を守る戦いに参加した経験をルポルタージュにまとめている。そこには、抵抗虚しく土地を追われた後に、琉球政府からボリビア移民を勧められ、「そのような恐ろしい病のあるところへみすみす死にに行くようなものだ」と悩んだ末、ブラジル移民を決めた区民との別れが、次のように記されている。

> 陸で見送る人々の数も多くはなく、そこには「いざ行かん我らが家は五大州」などといった海外雄飛の勇ましさはない。ただもう、とめどもなく溢れる涙を払いながら、生れ島から引き裂かれていく頼り気ない顔があるだけだった[*3]。

住民側の異議申し立ての声を封殺しつつ、粛々と土地接収が進められた一九五〇年代前半の時期は、沖縄戦後史の「暗黒時代」とも呼ばれている。眼の前の不条理に憤りや怒りを覚えたとしても、米軍のやり方に異議を唱えれば、問答無用で弾圧されるという空気が沖縄社会を覆っていた。

歯向かう者みな共産主義者

当時の息が詰まるような空気感を象徴する出来事が、「人民党事件」である。瀬《せ》長《なが》亀《かめ》次《じ》郎《ろう》率いる人民党は、占領統治に対する最も批判的な政党として知られ、ＵＳＣＡＲからは事実上の共産主義政党と見做されていた。土地問題についても、条件闘争には応じず、土地接収そのものに真っ向から反対する立場をとっていた。一九五〇年代前半には、軍基地関係の労働現場で労働争議を指導・支援し、労働者を守る法制度の整備を求める現場の声を政治の舞台に届けるなどの活躍を見せ、労働者を中心に支持を広げつつあった。[*4]

共産主義を抑え込むための軍事的防波堤である沖縄で共産主義政党の影響力が拡大することが、米国にとって耐え難いものであることは言うまでもない。一九四八年四月に任を解かれた初代軍政府長官へイドン陸軍准将（Frederic L. Hayden）は、離任に際して「共産主義が琉球に入ることを極力防いで下さい。共産主義侵入の知らせ程、合衆国の友情を急激に失うものはありません」との「助言」を住民側の指導者に与えている。[*5]

労働者や農民の味方として、また現状に対する不満の代弁者として、人民党の人気が高まることを恐れたＵＳＣＡＲは、これを共産主義政党と名指しして弾圧を企てた。一九五四年一〇月、退去命令が出ていた「外国人」を匿ったとして、ＵＳＣＡＲは人民党の幹部三〇名余りを一斉に検挙してしまった。[*6]瀬長を含めた人民党の主要幹部が獄中にいる間に、米軍は「銃剣とブルドーザー」による土地の接収を進めた。

他方で立法院は、接収最中の一九五四年四月、「軍用地処理に関する請願」を全会一致で採択し、土地問題に対する住民側の統一要求とも言うべき「土地を守る四原則」――⑴地代の一括払い反対、⑵適正補償、⑶損害賠償、⑷新規接収反対――を固めた。同時に、四原則を実現するための組織として、行政府、立法院、市町村長会、土地連合会から成る四者協議会（通称：四者協。後に市町村議長会が加わり、五者協議会になった）も結成された。

　しかし、この時点の土地闘争は、島ぐるみの統一戦線とは程遠い状況だった。特に立法院決議にある「一括払い反対」の方針に強くこだわったのは人民党であって、超党派的に支持を得たものとは言い難かった。比嘉秀平行政主席をはじめとする住民側代表の対米交渉の基本スタンスは、一括払いに「原則反対」としながらも、条件次第ではこれを受け入れる、というものだった。[*7]

　指導者層の煮え切らない態度は、抵抗する地主農民を憤慨させた。伊江島土地を守る会の阿波根《あはごん》昌鴻《しょうこう》は、後に「いままで偉いと思っていた人びとの言動が軍をおそれ、はっきりした発言をしないのには、歯がゆい感じと情けない頼りない感じを受けた」と語っている。[*8]

第二節　島ぐるみの「総反撃」

農村の再起と都市の呼応

　接収の当事者である農民たちでさえ、決して一枚岩ではなかった。それどころか、粘り強く抵抗を続ける集落に対して、とばっちりを恐れた近隣集落から圧力が加えられるケースもあった。[*9]

　孤立し諦めかけていた農民たちが再起したきっかけの一つに、国場幸太郎《こくばこうたろう》（同姓同名の國場組〈建設業〉創業者の親戚筋に当たるが、別人である）をはじめとする人民党の若手活動家の支援があった。

国場は東京大学卒業後、一九五三年の秋に沖縄に戻り、瀬長と行動をともにしながら農民の支援に当たっていた。人民党事件により主要幹部の身動きが取れなくなった後も、国場は残されたメンバーとともに農民の支援を続けた。[*10] 日常の農作業を手伝い、農民同士の交流を促し、時に政治家に引き合わせることで、抵抗する農民の孤立を防いだ。[*11]

一九五五年一月、宜野湾村伊佐浜の農民たちが土地の賃貸借契約に応じたと聞いて駆けつけた国場に向かって、村落のリーダー格の人物は、重々しく口を開き、「国場さんもうだめだよ」とこぼした。その時のことを、国場は次のように回想している。

> なにがだめかと聞くと、「だって俺たちだけじゃないか。だいたい村長もだめだし、村議会も頼りにならない、立法院もだめになっているし、主席はもともとだめだし」というわけです。組合もみんなつぶされているし、人民党も弾圧されている。もう頼るのはどこもない。[*12]

国場は、憔悴し切った農民たちに立法院議員を引き合わせ、双方の奮起を促した。国場に半ば強引に連れ出された立法院議員の一人が、当時、中道的な立場を取っていた社会大衆党の西銘順治だ。西銘は決してラディカルな思想の持ち主ではなかったが、農民たちの窮状を目の当たりにして一念発起し、土地接収反対という原則的立場に立ち返るよう、条件闘争に傾いていた立法院議員たちに訴える側にまわった。[*13]

一度は抵抗を諦めた農民たちも、再び立ち上がった。とりわけ伊佐浜では、やけくそになって接収に応じた男性指導者層に不満を抱いていた村の女性たちが運動の前線に立った。米国が説く「男女同権」が真実ならば、自分たちが同意していない契約は無効のはずだ。そう主張し、男たちの妥結を覆すべく陳情活動を展開した。

伊江島の農民たちも、粘り強く陳情活動を続けた。行政府前に座り込み、あるいは沖縄中を練り歩き、その姿を大衆の眼前にさらしながら、自らの苦境を訴えた。

「土地を取り上げられるとベビーもママーも死んでしまいますからとらないで下さい」とお願いしましたら、米軍が今南ベトナムでやっている惨虐行為と同じように軍の工作隊長になぐりたおされ、軍靴でいためつけられたあげく豚みたいに荒縄でしばりあげ、その上から毛布をまきつけ金網（カナアミ）の中にほうりこまれました。私たち区民はこのあさましい非道な暴力にたえられず、沖縄全島をまわってこの非道な事実を訴え、全県民の協力を求めたのであります。[*14]

だが、国場や西銘の働きかけが孤立した農民たちを再起させたとしても、それはあくまで一つのきっかけに過ぎない。より重要なのは、当事者である農民を超えて、全島的な関心事として土地問題を共有せしめた当時の沖縄社会の性格である。

農民たちの境遇を他人事と割り切れるほど、当時の沖縄社会は共同体的な性格を失っていなかった。現在では想像しづらいかもしれないが、農民たちの生の声を通じた訴えに、道行く人々は足を止め、カンパを寄せた。[*15] 伊江島陳情団を囲んだ人々の様子について、阿波根は次のように書き留めている。

> わしらが訴えると、婦人などは涙を流して聞いていました。金を持ちあわせていない人はわざわざ家に財布をとりに行き、警官は自分でカンパするのは具合が悪いので隣りで聞いている女の人にカンパを託し、また自分ではやらないがいっしょにいるハニー（愛人）に金を渡してカンパする米人もいました。一、二時間のうちに当時の金で六〇〇〇円から八〇〇〇円のカンパが集まったこともありました。[*16]

第一章でも述べたように、当時の基地周辺都市で暮らす人々にとって、農村は決して遠く隔たった場所ではなかった。人々の生活と意識の上で、都市と農村は強く結びついていた。農民たちの境遇は、多くの住民の共感を呼び、やがて全島へと広がっていった。

図2－2　那覇の街頭に立つ伊江島陳情団と群衆［わびあいの里提供］

抵抗の根拠

世論に背中を押されながら、政治家たちも本腰を入れて動き出した。一九五五年一月には「円満解決」と報じられた伊佐浜の土地問題について、立法院の軍使用土地委員会は再びこれを取り上げ、翌月には「部落婦人たちの声を支持する方針」を打ち出し、米側に接収中止を要求した。[*17] 続いて五月には、琉球政府のトップ・比嘉秀平行政主席を中心とした折衝団が渡米し、米本国政府に沖縄住民の総意としての「土地を守る四原則」を伝えるとともに、現地の実情調査と軍用地政策の再検討を求めた。

一九五五年一〇月、住民の求めに応じるかたちで、米国下院軍事委員会から調査団が沖縄にやってきた。これは米国議会下院議員メルビン・プライス（Melvin Price）が団長を務めたことから、プライス調査団と呼ばれる。

調査団は二四日から二日間、那覇で公聴会を開き、住民代表から意見を聞きとった。民主主義を奉ずる米本国から派遣された調査団に対して、住民たちは「きっと解ってくれる」と淡い期待を寄せた[*18]。住民側は、現行の土地政策を強行することの人道上・国際法上の問題を訴えるだけではなく、それが沖縄経済を破綻させかねないことを調査団に力説した。

土地問題は元来、地主農民だけの問題ではない。農村は基地周辺や都市部の労働者にとっての避難場所＝潜在失業人口の受け皿として、基地経済を陰で支える柱だった。土地接収の強行は、これを破壊し、限界を迎えつつあった基地経済をいよいよ破綻に追い込む暴挙に他ならない。住民側が強く訴えたのも、そのことだった。調査団に提出した資料から、関係する箇所を抜粋してみよう。

> 農業は企業として営まれるのではなく、家族生活の拠り所としてこれを保障することが考慮されている〔中略〕農業は年令性別教育、技能の如何に拘らず家族員の誰にでも安定した雇用と収入を与える唯一のものである〔中略〕沖縄では他に安定した恒久的な職業が少く、また賃金水準

が低くそれのみでは家族を養うことはできないので、家族の誰かで現金収入を求めて他の仕事にありついても、残余の家族員は農業を継続して食料を確保しなければならない。即ち、沖縄では一家を挙げて離農することは極めて稀で、殆んどの農家が事情の如何に拘わらず、その農地を固守せざるを得ない。[*19]

もっとも、これは住民が土地に固執する理由を、米国側が理解できる言葉で説明したものだ。住民にとって土地の価値は、より直観的なものだったと思われる。同資料では、土地接収に反対する「経済的理由」と、「土地は先祖から子孫への伝承物としてそれを手離すことには罪悪感が伴う」というような、土地に対する伝統的価値観が入れ代わり立ち代わり登場する。[*20] 農村が基地経済の限界を取り繕う潜在失業人口の受け皿として機能しているという客観的な状況の説明と、そうした条件のもとで温存されてきたムラ社会的な価値観の発露が混在しているのである。たとえば同資料は、農民たちが今いる場所を動こうとしない理由について、次のようにも語っている。

> 沖縄の地域社会は、その成立発展の歴史から地域的、同族的、伝統的な紐帯が根強く残っており、部落及び市町村が閉鎖的共同体として個人の日常生活を規制している。即ち軍用地による立退き等何らか事ある場合には自主的に協同作業相互扶助等集団的に行動し、共同の利益を擁護す

る。[21]

こうした記述に見られるムラ社会的な諸要素こそが、土地闘争を島ぐるみ闘争へと発展させる上で、決定的なバネの役割を果たすことになる。

全島的な熱狂へ

調査団が沖縄を去って約七か月間の沖縄は、「嵐の前の静けさ」とも言われる小康状態を保っていた。[22] 住民たちは、調査団が現状打開の手を打ってくれると信じ、その報告を待っていた。ところが、一九五六年六月に発表された調査団の報告書（通称：プライス勧告）は、そうした期待を裏切った。文面上は住民側に同情的で、地代面や接収面積の最小化といった点では若干の譲歩の姿勢も見せていたが、基本的に現行の土地政策を支持するものだった。[23]

これに対して住民たちは、失望するというより、決然と対峙する構えを見せた。プライス勧告の内容が沖縄側に伝えられた一九五六年六月、ついに住民たちは島ぐるみ闘争に立ち上がる。

同月一六日、四者協は、行政主席を筆頭に行政府幹部、立法院議員、全沖縄の市町村長の総辞職の覚悟を固め、プライス勧告阻止のために「あらゆる手段をつくす」とする「決意表明書」をモーア民政副長官（James E. Moore）に突きつけた。[24] 二〇日には沖縄の全六四市町村中、五六の市町村で一斉に住民大会が開催され、その五日後には那覇・コザで第二回の住民大会が開催された。第一回大会に二〇万、第二回でも一五万人もの人々が参加したと報じられている。[*25]

会場を取材した記事は、会場の熱気を次のような抒情的な文章で伝えている。

> こんなことは沖縄では初めてだ――仕事帰りの労務者、市場帰りらしいお主婦さん、高校生たちが初めてみる珍らしい風景に目をみはっている。やがて円陣を作り入れかわり立ちかわりプライス勧告反対の演説が行われ、団結こそ勝利のキー・ポイントだと強調される。押しかけた参加者からも拍手がまきおこり、手笛が鳴り響き、プラカードが左右に揺れる〔中略〕資金カンパの小箱が琉大生によって回され、五円、一〇円、二〇円……学生も、オフィスガールも、労務者、着流しのオッサンもなけなしの財布をハタイている。[*26]

孤立無援の絶望的状況から始まった農民たちの闘いは、ここに至って文字通り「島ぐるみ」の土地闘争に発展したのである。その日は、米軍基地の受益者層であるはずの「基地の街」コザ（現、沖縄市）の人々も、土地問題を「他人事」とは考えなかったようだ。「日頃不夜城をほこるキャバレーも閑散、中には店を休んで住民大会に出かけたところもあったようである」と報じられている。[*27]

図2－3　6月20日，那覇高校での集会に参加した琉大生たち
［那覇市歴史博物館提供］

農民以外も「総反撃」に加わったのはなぜか

何がそのような空前絶後の大規模な抗議行動を可能にしたのか。

既述のように、土地接収は基地経済を陰で支えた農業を直撃するものであり、沖縄経済全体を揺さぶる事態だった。その意味では、土地問題が全住民共通の関心事になる客観的条件は元々存在していたとも言える。

しかし、これは島ぐるみ闘争の客観的な条件を説明するものであっても、なお十分とは言えない。というのも、住民たちが自らの置かれた状況を理解すれば、自動的に共通の目的のために連帯して行動すると想定されているからである。

たとえ潜在的には土地接収に反対することで得られる共通の利益があったとしても、その実現のために住民たちが一致団結して行動するとは限らない。社会学の古典的な知見を踏まえて言えば、共通の利益の存在は、必ずしも常に連帯行動を生み出すわけではない。とりわけ自らの損得勘定に従って行動する合理的な個人の群れから成る集団では、島ぐるみ闘争のような大規模な集合行為を組織することは、論理的には不可能だ。もしも人々が合理的に振る舞ったならば、米軍の監視下で抗議を行うリスクや外出の手間を勘定に入れ、闘争の成果だけを得ようとするためである。[*28]

共通の利益を持つ人々が、それを獲得するために集団として行動するのは、そうした傍観者＝「フリーライダー」的な振る舞いを抑止する何らかの要素が存在する場合に限られる。すなわち、集団に貢献することへの報奨か、もしくはネグレクトに対する制裁を加えるといった選択的誘因が存在する場合にのみ、共通目標を達成するための社会運動が生成し得るのである。[*29]

では、島ぐるみ闘争を可能にした選択的誘因とは何か。最も有力な候補は、土地闘争のなかで表出したムラ社会的な諸要素――伝統的価値観および村落的な規範と紐帯――だろう。

島ぐるみ闘争の言葉遣いに目を向けると、「先祖伝来」や「子々孫々」など、伝統的共同体の価値観に訴えるフレーズが多用されていることに気がつく。たとえば一九五六年九月、五者協名義で発表された「プライス勧告に対する反論」は、住民側と米側の対立の根底に「基本となる思想の相違」を指摘した上で、次のように述べている。

軍用土地問題は、米琉双方の利害が相反しているので、或る程度相互の主張に対立のあることは、止むを得ないことである。しかし、勧告の底に流れる思考と我々の思考との間に相当のへだたりのあることが両者の大きな対立の原因となっていることも亦否めない事実である〔中略〕土地の収用、使用に当っても、われわれの目は、その土地の過去との関係から信仰的、家宝的価値判断をその土地に下すが、米国政府の判断は、その土地の交換、価値の判定に重点がおかれ、その収用に当っても交換価値を補償することで事足れりとするが、われわれとしては、そのような交換価値の補償だけでは、満足できない精神的なものが残り、その損失を極度にいみきらうことになる〔中略〕沖縄においては土地は祖先からうけついだものであり、かつ、子孫に引き渡すべきものである。それは、財産的価値をもつのみでなく、その中に先祖の歴史があり、魂がふくまれている。それ故に沖縄住民は、収用される土地に関係のないものであっても土地が失われると言うことに対しては、強い反対を表明するのである。*30

「先祖伝来」や「子々孫々」といった伝統的価値観に訴えるワーディングは、自らの利害損得に忠実な合理主義者には不合理に聞こえかもしれない。しかし、それが当時の沖縄社会を生きる多くの人々の心を捉えたからこそ、島ぐるみ闘争は現実に生起し得たのである。

第一章で述べたように、基地経済を柱とした戦後復興は、物理的な景観の変化や人の移動を惹起しつつも、伝統的な農村社会的性格を完全に拭い去ることはなかった。都市労働者にとっても、故郷の村とのインフォーマルなつながりは、不安定な生活を支える重要なセーフティネットだった。島ぐるみ闘争の水面下には、そのように維持されてきた村落社会特有の濃密な人的紐帯と規範が存在した。

そして戦後新たに再編された「ムラ社会」は、相互扶助の規範を維持すると同時に、個々人の身勝手な行動を規制する方向にも働く。そうした共同体社会の特徴について、沖縄初の芥川賞作家である大城《おおしろ》立裕《たつひろ》は端的に「助けあうかかわりに干渉する」と述べている。

> しいて挨拶をするときは、たいていの場合、「マーカイガ？（どこへ行くか）」という言い方をする。これなど、プライバシーの侵害も甚だしいものである。どこへ行こうと勝手であって、他人に伝える義務はないし、相手も訊く権利はないはずである。しかし、訊く権利はないはずなのに、訊くことを許されるのである。多少のプライバシー侵害を許されるのが、村落共同体なのである。[*31]

対面的紐帯にもとづく日常的な監視体制は、個人主義を重んじる社会では疎ましく見えるかもしれないが、社会運動の最大の障害となるフリーライダー問題を克服するための強力な組織化原理に転化し得る。島ぐるみ闘争においては、土地問題をわがことと受けとめる感性に加え、傍観者然とした態度を許さない共同体的規範が働くことにより、強力な大衆動員が可能になったと考えられる。[*32] いわば、戦前来の古い伝統的諸要素が、戦後の基地化という新たな状況と結びつくことにより、個々の村落（シマ）共同体を超えて島ぐるみ闘争という特異な抵抗運動が生み出されたのである。

もしそうだったとすれば、島ぐるみ闘争に表出した住民と米国の対立は、単なる損失の「補償」をめぐる商談で解決できるようなものではなかったはずだ。闘争の火種を除去するためには、双方の価値観の「へだたり」を埋めなければならない。そして島ぐるみ闘争後の沖縄統治は、まさにその方向へと展開していくのである。

第三節　闘争の鎮静化

アメとムチによる闘争の分裂

島ぐるみ闘争を受け、米国は従来の統治方針の全面的な見直しに着手する。それは大きく、短期的な事態収拾策と、長期的な統治体制の再編の二つのレベルに分けられる。後者は本書の主眼であり、第三章以降で集中的に扱うとして、ここでは前者の短期的な対応について簡単に見ておこう。

「米軍支配への総反撃」に直面したＵＳＣＡＲが最初に試みたのは、「アメとムチ」による分裂工作だった。一方では地代の見直しや一括払い方式の撤回など、住民側の要求に歩み寄り、他方では「反米的活動」に関与した琉球大学学生の退学処置、直接統治強化の恫喝、さらには基地周辺歓楽街への米兵の立ち入りを禁じる「オフリミッツ（OFF LIMITS＝立入禁止）」によって住民の分断を図った。

オフリミッツは本来、風俗・飲食店など、軍人・軍属を相手にする基地周辺業者に衛生管理・性病予防を徹底させることを目的に発令されるものだ。米兵の出入りする店舗は、ＵＳＣＡＲ公認（Approved for US Forces）を示す営業許可証「Ａサイン」の取得と掲示を義務づけられていた。[33] 店側はＡサイン取得のために保健所の定める衛生基準を満たした上、ＵＳＣＡＲの抜き打ちの衛生検査を経なければならない。また、米兵の性病感染が発覚した場合には、感染経路の追跡調査が行われ、感染源と見做された店もオフリミッツの対象とされた。[34]「基地の街」に暮らす人々は、経営者であれ、従業員であれ、その生計をＵＳＣＡＲに掌握されていたのである。[35]

オフリミッツは性病対策・衛生管理という目的にとどまらず、しばしば住民との揉め事を解決する手段として用いられた。住民と意見が折り合わないような状況に立ち至ると、ＵＳＣＡＲは基地の街をまるごとオフリミッツの対象とし、事実上の経済制裁を加えた。それは住民間の利害対立を煽り、分断する意味を持っていた。当時を知る人物は、その威力を次のように証言している。

> 事件が起こったり、反米的な傾向が見られたりすると、たちまちオフリミッツである。だから、反米デモの話でも聞こえると、市当局や通り会は、それをやめさせるのに躍起になったものです。[36]

常日頃からオフリミッツに脅かされていた「基地の街」の住民たちが、「反基地」・「反米的」な主張を声高に叫ぶ人々に神経を尖らせたのも無理はない。

オフリミッツは島ぐるみ闘争の団結に対しても有効だった。一九五六年八月七日、米軍は「住民大会やデモ（示威行進）における煽動的意見、または行動の結果、発生するかもしれない琉球人と米人間の衝突を避けるための予防措置として」、中部地域一帯に無期限のオフリミッツを敷いた。[*37] コザで琉球大学学生会が中心になって準備していた土地問題解決促進大会の前日のことであり、大会への牽制を意図したことは明白だった。大会当日、二五〇〇人ほどの参加者が集まったが、これを一〇〇〇人ものＡサイン業者が取り囲むという異様な事態に発展した。[*38]

結局、大山朝常《おおやまちょうじょう》（立法院議員・社大党）が「デモの中止はオフ・リミッツ解禁の鍵」と学生側を説得し、デモ行進を断念させることでその場を収めた後、コザ市長が「詫び状」を入れることで、ようやくオフリミッツは解除された。石川市、具志川村、嘉手納村もそれにならった。

以上のようにＵＳＣＡＲは、一方ではオフリミッツに象徴される「ムチ」を振るい、他方では土地政策の見直しという「アメ」を振りまくことで、住民を分断することに成功する。

土地闘争は〝純粋〟な気持ちで――「アカ」狩りの浸透

オフリミッツの駆使、農民要求の一部受け入れというアメとムチに加え、ＵＳＣＡＲは「アカ」狩りによる闘争の分断を試みた。これは、島ぐるみ闘争後に現れる米軍の新統治形態の先触れとして、特筆に値する。

たとえばプライス調査団が開いた公聴会の場で、米側は執拗に土地闘争に外部者が介在し、農民を煽動しているのではないかと住民側代表を問い糾した。[*39] ここでの「外部者」とは、もちろん人民党・非合法共産党などの活動家を指す。質問に対し、立法院土地委員長として参加していた大山は、「共産党というものが煽動しておったかどうかそこは知りません」と答え、問題はあくまでも土地を奪われた農民たちの生活補償だとして、土地闘争＝共産主義者の煽動という見方を斥けようとした。ところが米側は、土地闘争の参加者を庇おうとする大山自身に対しても疑いを向け、公聴会で「最大の緊迫の応酬」とも言われる状況をつくりだした。[*40]

このように、土地闘争を通じて共産主義勢力が増長することに対するＵＳＣＡＲの警戒は相当なものだった。この時期、ＵＳＣＡＲはしきりに〝純粋〟という言葉を使っている。「土地問題は純粋な気持でやらなければいけない」（モーア民政副長官）、「軍用地問題なら純粋の軍用地問題として取上げるなら分る」（バージャー主席民政官）といった具合である。こうした文脈で登場する「純粋」という言葉は、すなわち共産主義者の煽動によるものではない、という意味を持つ。つまり、それは共産主義者と手を切るなら、相応の譲歩を用意できるというメッセージでもあった。[*41]

より露骨な例だと、米軍は中部一円にオフリミッツを敷いた際、その解除条件として日本政府との折衝のために上京中の瀬長亀次郎と兼次佐一《かねしさいち》を住民の代表と認めない旨の声明文を提出させている。[*42] 島ぐるみ闘争の先頭に立っていた比嘉秀平（琉球政府行政主席）も同様に、反省文のような談話を発表させられた。

> これ（＝オフリミッツ）は軍用土地問題に対する最近の住民の運動の在り方が、五者協議会で声明した「土地問題解決の基本的運動方針」から逸脱し、基地反対、日本復帰、対米非協力といった目標を外れた運動の様相を呈して来たので、民政府や駐留三軍を憂慮させた結果であると思っている（中略）この際住民各位は、沖縄の置かれている環境をよく認識して土地問題に対する行き過ぎに対しては、お互いに警戒して冷静に行動して貰うよう切望する。[*43]

このようにUSCARは、闘争の争点を「純粋な軍用地問題」に絞り、そこから「逸脱」しようとする者を排除するよう促した。それと同時に、より穏健な親米保守勢力には耳を貸し、これらのグループを交渉窓口として土地問題の妥結を図るようになっていく。

これに呼応するかたちで、土地闘争の性格も変化する。まず、「土地を守る四原則」の貫徹を主張するブロックと、米側に譲るべきギリギリの線を見極めようとするブロックの対立が鮮明となった。後者には「一括払い阻止」にも消極的な当間重剛《とうまじゅうごう》新行政主席のような立場から、その一線を死守しようとする吉元栄真《よしもとえいしん》（市町村会長・土地連会長）のような立場まで幅があったが、結局は最低限度の新規接収は甘受し、一括払い方式については反対するという立場に収斂する。野党側の強固な反対を押し切るかたちで、これが住民側の新たな統一要求となった。

住民どうしの相互監視

ここで一旦島ぐるみ闘争の文脈を離れ、住民側の統一戦線を分裂に導いていくＵＳＣＡＲの手腕、とりわけそこで用いられた「アカ」という言葉に注目してみたい。それはＵＳＣＡＲによる一方的なレッテル貼りと呼んで済まされない面を持っている。

たしかにＵＳＣＡＲは、必ずしも共産主義者とは言えない者まで反米的な言動を理由に「アカ」と呼び、そのために住民との間に不要な対立を招くことも多かった。しかし上述してきたように、それが実際に島ぐるみ闘争を分断する上で一定程度効力を発揮したのも事実である。もしも「アカ」狩りが為政者による一方的で根拠のないレッテル貼りに過ぎなかったとすれば、そのような効果は望みえなかっただろう。

たとえば高江洲昌哉は、「自由主義の守護神であり、沖縄の支配者であるアメリカ軍の意向を勘案する人たちが〔中略〕「アカ」探しを懸命に行い、忠誠度をあげようとしたことも想像に難くない」[*44]とし、住民のコミットメントを示唆している。「アカ」というレッテルは、それが住民間に浸透した時にこそ効力を発揮するのである。

我が身を守るために為政者の意向を勘案・忖度し、「アカ」と呼ばれかねないような言動を避けるよう細心の注意を払う。逆に、身の回りに失墜させたい人物がいれば、その言動から「アカ」と言えそうな特徴を探す。そして周囲に対する不信の眼は、自らの振る舞いに対する自己監視となって跳ね返る。このように住民同士が互いを律する相互監視状況をつくり出すことで初めて、「アカ」狩りは住民間の連帯を断ち切る効果を持つ。[*45]

「アカ狩り」が住民間の相互監視機能を生み出す仕組みを理解する上で、未発に終わった立法院での防共法制定の動きは示唆に富む。これは一九五四年、ブラムリー民政官（Charles V. Bromley）が自身の離任会見の際に「私は共産分子を公職から追放すべきだと思っており、そのための立法が制定されることを期待している」と述べたことに端を発する。注意したいのは、こうした声明を発しながらも、ＵＳＣＡＲ自ら手を下すことなく、これを住民側の立法院に委ねたということだ。

ＵＳＣＡＲ自ら布令によって防共法を制定することを躊躇した直接の理由は、米国務省の慎重な態度にあった。防共法制定に際して、国務省は労働者を含めた現地各界の指導者層との調整と、軍用地代の値上げや主席公選などの自治権拡大、そして日本復帰を要求する人々をすぐさま反米・革命分子と同一視するのをやめるといった条件をつけていた。[*46]

国務省の立場は、島ぐるみ闘争後の沖縄統治の基本線を予示するものと言える。後段の議論を先取りしつつ、その発想を敷衍すれば、次のようになるだろう。すなわち、現状に不満を抱える住民たちを頭ごなしに弾圧すれば、それこそ米国の敵を増やし、共産主義者に付け入る隙を与えることにしかならない。弾圧対象をなるべく狭く、過激派に絞り込む一方、現実的な要求には耳を貸してやる方が、より効率の良い統治のやり方というわけである。

「赤い市長」の誕生——行き当たりばったりな統治の帰結

もっとも、ＵＳＣＡＲによる「アカ」狩りは、最初からうまくいったわけではなかった。当山正喜（ジャーナリスト）は、一九五〇年代半ばを「少しでも悪いことをすれば「共産党だ」と批判されるような時代」と回顧しているが、[*47] 米側の頭ごなしの弾圧は、人民党に対する共感を広げる方向にも作用した。特に土地問題の収拾に際しては、それがＵＳＣＡＲ自身の立場を危ぶめる事態を招いた。

当時、ＵＳＣＡＲが「アカ」呼ばわりした人物は多くの場合、自らの生活を守ろうとする一般住民の声を代弁したに過ぎなかった。あるいは瀬長のように、共産主義者と見做す理由が多々ある人物にしても、その支持者がすべて共産主義者であるわけでもなかった。ありていに言えば、この時期までのＵＳＣＡＲは、既定の政策に歯向かう者と、共産主義者の区別がうまくつかなかったのである。

結果、住民側の異議申し立てに聞く耳を持たないＵＳＣＡＲや、その立場ばかりを慮る親米保守勢力に対する不信は、米軍統治に対する最もあけっぴろげな批判者である人民党への信頼に転化した。

そのことを象徴するのが、一九五六年末に行われた那覇市長選での瀬長亀次郎の勝利である。人民党事件で投獄され、四月に出獄してきたばかりの瀬長の勝利は、ＵＳＣＡＲのみならず、米本国をも動揺させた。「太平洋の要石」であるはずの沖縄の首都・那覇における「赤い市長」の誕生は、あってはならない事態だった。

事態の収拾を急いだＵＳＣＡＲは、那覇市向けの復興援助を停止し、その銀行口座を凍結、さらには市議会での不信任決議を強引に通過させることで瀬長を追放した。ところが、そうした強硬な姿勢は、米軍統治をますます不人気なものにしていった。市議会では瀬長支持勢力が拡大し、続く那覇市長選では瀬長の後継候補が勝利を収めた。

こうして、一九五〇年代後半に起きた一連の出来事は、弾圧一辺倒での事態収拾が困難なことをＵＳＣＡＲと米本国政府に思い知らせた。住民の反発を押し切って基地機能の構築・維持を遮二無二追求することは、かえって基地の安全を危ぶめることにしかならない。島ぐるみ闘争は、そのことをまざまざと見せつけた。それは同時に、新たな統治体制を呼び込むことにもなった。すなわち住民同士の相互監視のなかで〝過激派〟を孤立させる一方で、穏健な――つまり基地の機能維持に差し障りないような――要求には耳を貸すというものである。

土地政策に関しても、米国はそれまで固執していた一括払い方式を断念した。賃貸料も一九五三年当初提示していた額の約六倍を計上し、その五年ごとの見直しにも応じるとした。結果、米軍用地の

The Washington Daily News

27th Year—No. 57　DI. 7-7777　Entered as Second Class Matter at D. C. Post Office

CITY EDITION　MONDAY, JANUARY 13, 1958

ANTI-U. S. MAYOR IS ELECTED IN OKINAWA

Reds Win Okinawa Election

NAHA, Okinawa, Jan. 13 (IP)—Communist-backed Saiichi Kaneshi, 49, beat U. S.-supported Tatsuo Taira, 65, for mayor of this island capital by nearly 1,000 of the 70,446 ballots cast.

DEFEAT FOR U. S.

tical defeat for the United States in this strategic outpost from which intermediate range missiles can reach nearly every potential trouble spot in the pacific.

Kaneshi, who claims to be anti-communist Socialist despite his Red backing, and Mr. Taira, also a Socialist, favor return of the Ryukyuan Islands, including Okinawa, to Japan.

Both concede the United States should not be expected to hand over the islands immediately, but Mr. Kaneshi wants administrative control turned over to Japan at once.

American administrators of Okinawa officially kept hands off the elections yesterday, but unofficially backed Mr. Taira heavily as the lesser of two evils.

In a victory statement from his small headquarters over a bicycle shop Mr. Kaneshi told shouting followers he hoped there would be no more "power-backed" suppression of democratic rule in Okinawa.

"Mr. Taira was the best man the Conservatives could get to oppose me," he said. "He was their strongest man, backed by much power and money."

Mr. Kaneshi, a defector from the Socialist Masses Party founded by Mr. Taira, had the organized support of the leftist Okinawa Peoples Party headed by ousted Mayor Kamejiro Senaga.

CHANGED RULES

U. S. High Commissioner Lieut. Gen. James E. Moore had changed the city's constitution to allow the city assembly to get rid of Mr. Senaga, who was accused of being a communist.

Mr. Kaneshi's supporters flocked to polling places wearing headbands featuring the Japanese rising sun flag as a symbol. Their votes said, "Yankee, go home."

Mr. Kaneshi was once a newspaperman and a soldier in the Japanese army. Born in a hut on Okinawa's Mount Ibe, he went to Japan to study when he was 15. He served with the Japanese Sixth Army Transport Batallion from 1930 to 1932 and returned to Okinawa to work on the newspaper Okinawa Shimbun.

Called back into service in 1938, he took part in several battles on the Central China front as a member of the medical corps. He entered the political field in 1941, moving up from town assemblyman to the Ryukyuan legislature.

4

図2−4　沖縄で〝アカ〟（＝共産主義者＝瀬長）が選挙に勝ったと報じる紙面
［沖縄県公文書館提供］

九七％は米国が任意契約にもとづいて使用できるようになった。他方で住民側も、米軍がどうしても必要とする土地については、新規接収を認めるという譲歩を強いられた[*48]。こうして島ぐるみ闘争は、米琉双方の痛み分けのかたちで終止符を打った。

米側の方針転換に伴い、住民側にも重要な変化が生じた。第一に、米側との協調にもとづいて現状の打開を図る立場（＝保守）と、よりストレートに住民側の要求を訴える立場（＝革新）の分裂が鮮明になった。こうした保革対立図式は、その後、復帰運動の時期を通じてより強固になっていく。

図2−5　ムーア高等弁務官と当間重剛行政主席の握手（土地問題の妥結を印象づける USCAR の広報写真）［沖縄県公文書館提供］

しかし、より重要な変化は、住民の心性のなかで生じた。政治家たちがどれだけ親米的であったとしても――あるいは反米的であったとしても――その背後に大衆的支持が伴わなければ意味がない。島ぐるみ闘争後の米国の沖縄政策のターゲットは、闘争のなかで表出した超党派的な連帯意識を培った社会・経済構造そのものを、根底からつくり直すことだった。

第三章　〝ポスト島ぐるみ〟の沖縄統治――その思想的背景

序章で述べたように、沖縄基地の軍事的価値は他国政府の干渉を排して無制限に使用できる点にある。島ぐるみ闘争の引き金となったプライス勧告は、その維持に必要な条件について、次のようにあけすけに述べている。

われわれが沖縄にいるのは沖縄がわれわれの世界的規模にわたる防衛の不可欠の一部をなしているからである。世界の他の地域におけると同様、日本とフィリピンにおいても、われわれが基地を保有しているのは、友好政府が継続して存在することに依存している。琉球諸島においてはわれわれが政治的にコントロールを行っている事情と、挑戦的民族主義運動が存しないため、勿論わが国策に従ってであるが、極東、太平洋地域の海上連鎖諸島嶼における前進軍事基地の長期間使用に対する計画を立案することができる。ここではわが原子兵器の貯蔵ないし使用の権限に対し外国政府による制限が存在しない。[*1]

ここに出てくる「挑戦的民族主義運動（belligerent nationalistic movement）」とは、東側陣営に接近する可能性を持つ民族主義を指す。表向きは土地の歴史と文化に根ざした「中立主義」を掲げることが多かったが、米国側は東側陣営の実質的な勢力拡大を覆い隠す「煙幕」に過ぎないと見ていた。[*2] 反対に、西側陣営に協調的な民族主義は、「穏健な民族主義」などと呼ばれる。

第二次世界大戦が終わる前から、米国政府は旧植民地地域を中心とした「挑戦的民族主義運動」の勃興を予見し、その穏健化を冷戦戦略上の課題に据えていた。[*3] 先の引用が明確に語るように、米国は沖縄を（日本も）、穏健な民族主義の側に入ると見ていたため、島ぐるみ闘争は想定外の事態と映ったようだ。

一九五六年七月一〇日、アリソン駐日大使（John M. Allison）は、ダレス国務長官（John Foster Dulles）に宛て、次のように打電している。

> プライス勧告は沖縄政策の大きな含意を指摘したが、その結論の重要な前提は「挑戦的な民族主義運動の不在」という条件のもと、経済が主要な動機である限り、我々が望むことをなんでもやれるということだった。この前提は、今では明らかに変わってしまった。我々が相手にしているのは、「声高な少数派」（「プライス勧告」七六六〇頁）ではない。土地への愛着やその他の長

年にわたる不満の蓄積に深く根を下ろした広範な憤懣である。我々が他の分野で沖縄人にもたらした物質的利益では、それを埋め合わせることはできない。[*4]

ここで島ぐるみ闘争は、単なる一部の「声高な少数派」――つまりは共産主義者――の煽動が引き起こした偶発的な出来事ではなく、米国沖縄統治の根幹を揺るがす事態――「挑戦的な民族主義運動の不在」という前提条件の瓦解として受けとめられている。「挑戦的な民族主義運動の不在」は前提ではなく、あらためて獲得すべき目標となったというわけだ。[*5]

島ぐるみ闘争後の沖縄統治の方針転換には、そうした危機感が色濃く反映している。一九五〇年代後半以降、米国はほとんどすべての政策分野にまたがって、統治体制の抜本的再編成に着手する。なかでも島ぐるみ闘争後の沖縄統治の柱として、本書ではさしあたり次の三つの統治課題を重視したい。

一. 基地経済の刷新=「沖縄版高度成長」の維持
二. 労働政策の転換=「自由で民主的な労働運動」の訓育
三. ムラ社会の再編=「考える農民」の育成

このうち、第一の課題「基地経済の刷新」は、先行する研究史でも比較的重視されてきた。対して、第二の課題「労働政策の転換」および第三の課題「ムラ社会の再編」は、それほど重視されてこなかった。しかし、島ぐるみ後の沖縄統治像を掴む上で、これら三つの統治課題は是非とも同時に検討しておかなければならない。

その理由を説明するために、本章では島ぐるみ闘争後の沖縄統治方針の――あるいは米国の冷戦戦略そのものの――背景にあった世界観・歴史観を紹介しておきたい。島ぐるみ闘争は沖縄固有の文脈で起こったが、沖縄だけの問題ではない。冷戦期の米国は世界中で似たような現象に直面し、それらを抑え込むために「近代化論」と呼ばれる特有の思考法を発達させた。先に設定した三つの統治課題も、近代化論流の世界観・歴史観を前提としたものだ。それを踏まえておくことで、島ぐるみ闘争後の沖縄社会を米国がどのように変えようとしたのか、その大枠が見えてくるだろう。

第一節　復帰に向かう二つのシナリオ

島ぐるみ闘争後の米国は、その鎮静化と再発防止のために統治方針の転換に踏み切った。これまでの研究史で方針転換の中心軸と考えられてきたのは、経済分野の政策である。簡単に言えば、島ぐるみ闘争を住民の不満の表れと捉えた上で、暮らし向きの改善によって事態の収拾を図ったというわけだ。詳細については次章に譲るとして、ここでは最小限の注釈を加えておこう。まず政策転換の意図に関する通説的な記述を琉球銀行調査部編『戦後沖縄経済史』から引用してみたい。

米国民政府が沖縄統治の手段としてもっとも重視した要素は〝経済政策〟であった。「基地の安全保持」をはかる一つの要諦は沖縄住民の寛容性ないし、黙認を得ることにあるが、そのためには琉球政府の自治権を徐々に拡大するとともに、住民の福祉や暮らしなどの経済的諸条件を改善することが決定的に重要であるとの論理に立脚していたからである。これらの政策を適切に展開することが本土復帰運動や基地反対闘争を緩和することになり、ひいては基地の安全保持につながるというものであった。こうした見地から、米国民政府は軍用地闘争を契機に経済政策をあらためて重視するところとなり、一方では日本政府の経済援助をも受け入れつつ、他方では米国民政府自体が従来の経済政策の枠組みを再編し、さらに一連の施策を展開拡充するに至った。[*6]

こうした叙述は政策転換の〝意図〟の解説としては適切かもしれない。が、実際の展開に照らしてみると、すぐに疑問が湧いてくる。一九六〇年代の沖縄は、〝高度成長の時代〟であると同時に、〝復帰運動の時代〟でもあるからだ。「本土復帰運動や基地反対闘争を緩和する」はずが、統治方針の転換後に、むしろそれが激化しているように見えるのである。

このような一見して捻じれた展開は、何を意味しているのか。注意したいのは、引用文中にある「緩和」という言葉の内実である。それは復帰運動を雲散霧消させるという意味ではない。そうではなく、運動の性格を内側からつくり変えてしまうような、微妙な統治のあり方を示しているのである。

保守の復帰運動、革新の復帰運動

あらためて復帰運動について簡単に説明しておこう。その名の通り、沖縄の施政権を米国から日本に返すよう要求する運動なのだが、その内実は見かけほど単純ではない。運動を構成した人々は必ずしも一枚岩ではない上に、時期によって性格も変化する。復帰運動が抱えた亀裂と時の経過に伴う変化については終章で扱うが、ここでは最低限の整理をしておこう。

まず、復帰に向けたアプローチには、住民間でも大きく言って二つの異なる立場があった。復帰のために積極的に活動したのは、社会大衆党や沖縄人民党（現在で言うところの日本共産党沖縄県支部）、社会党などの革新政党、沖縄教職員会や労働組合、農民組合、婦人団体、学生団体、人権団体などの「革新」勢力だった。これらの組織が集まって、一九六〇年に復帰運動の推進基盤となる沖縄県祖国復帰協議会（復帰協）を結成する。

運動の代表的スローガンをタイトルにしたパンフレット『生活と権利を守るために祖国に復帰しよう』（一九六一年）から、運動の目的について述べた箇所を抜き出しておこう。

> 高等弁務官がどの程度住民の福祉向上をはかっているか、統治責任を果たしているか、それは日本国民の福祉水準、生活水準と比較すれば明瞭に判断できることだ。高等弁務官は沖縄県民の

> 生活水準を本土の日本国民並みにもっていく義務があり、同時に民主的諸権利を保障する義務がある〔中略〕私達の復帰運動は生活と権利を守る斗（たたか）いであり、日本の完全独立を達成する民族自決の運動である。私達が真に日本国民としての権利義務を行使しようとする当然の要求から生まれる運動である。

住民利益の代弁者を自称する高等弁務官は、現実には住民の生活と権利を顧みていない。その協力者である親米保守政党も同様である。そうした認識のもと、同パンフは住民生活のほぼ全分野にまたがる問題点を列記している。すなわち、渡航の制限や言論・出版の統制など基本的な自由に対する制約、本土に比べて割安な賃金と割高な物価、重い税負担と、その割に貧弱な政府財政、そこから派生する社会保障制度・労働法制の欠陥、さらには住民に厳しく、米軍人・軍属に甘い法体系などである。これらの問題を解消し、本土並みの生活水準と権利を獲得するためには、日本に復帰するしかない——これが復帰運動の基本的な考え方である。

他方、米国に対して協力的なスタンスを取っていた保守政党も[*7]、日本復帰を全く考えなかったわけではない。将来の復帰を前提としつつも、日米両政府の意向に配慮し、交渉可能な範囲で沖縄の地位向上を図る漸進主義を基調とする復帰論を持っていた。これはつまり、米国の沖縄政策の根本である基地機能の維持について譲歩する用意がある(復帰には賛成だが基地の存置とは別問題)ということだ。

保守側の復帰論をまとめたパンフレット『祖国への道』は、その立場を「実現可能な道を選んで、基地と施政権分離による復帰を促進する」こととし、次のように述べている。[*8]

> 沖縄の基地には絶対反対、アメリカ人は帰れ、沖縄を即時日本へ帰せ、こう叫ぶのを民族解放の英雄だと思いこんでいる人達に限って、基地がなくなり、米人が帰り、即時復帰によって、われらの生活がどうなるかという点については一切言わない〔中略〕もとより、基地があるということは、種々の弊害こそあれ、決して好ましいものではない。たった一つの取柄は、金が落ちることだけであるが、沖縄の現状は、その金が落ちることによって経済が支えられすぎるという点に問題がある。故に、経済拡大を図って基地収入の占める割合を大幅に縮めることが急務であり、その為にも先だつものは、資金である。[*9]

こうした復帰論は「積み重ね方式」の呼び名でも知られる。一九六〇年代以降、日米両政府は住民との全面対決を回避し、妥協可能な分野について交渉することで、基地機能の維持を図るという線で結託するようになる。「積み重ね方式」に立つ復帰論は、これと正確に対応するものだったと言える。

しかし「積み重ね方式」の復帰論は、日米両政府や現地の保守層にのみ共有されていたわけではなかった。それは現実の復帰が近づくにつれて、復帰運動に取り組む革新陣営や、その支持層を内部から揺さぶるようになっていく。つまり復帰運動の「緩和」とは、その沈静化ではなく、基地機能を残したままの施政権返還という保守路線の復帰構想に近づけるよう、復帰運動を穏健化することに他ならない。

スカラピーノのシナリオ――基地と復帰の両立

島ぐるみ闘争後の統治課題を「基地つき返還」に向けたソフトランディングに設定する考えは、既に一九五〇年代のうちに米国内部で提起されていた。一九五九年、米上院外交委員会の依頼を受けた調査会社コンロン・アソシエーツが作成した調査報告書は、その代表例だ。

執筆したのは、当時カリフォルニア大学で教鞭をとっていたロバート・スカラピーノ。沖縄の早期返還を強く主張していたライシャワー駐日大使（Edwin Oldfather Reischauer）に教えを受けた日本研究者だ。同報告でスカラピーノは、島ぐるみ闘争がまずもって米国側の失策に起因するものと捉えるとともに、不平不満を訴える住民が必然的に米国の敵＝「左翼」となるわけではないことを、繰り返し強調している。

沖縄人は穏和な民族で、そう簡単には激しない人々だとふつう規定されている。土地問題をめぐる紛争では、われわれはとうとうかれらの沸騰点がどこにあるかを発見するところまで行き、穏和な民族ですら「左翼支持」の投票をすることがあるのを知った〔中略〕われわれは土地政策のような基本問題を適切かつ時宜をえた方法で処理するのを怠ったために、極左運動の起こりそうもないこの土地でそれを起こすお手伝いを大いにした。[*10]

住民は決して本来的に反米的なわけではない。那覇市長選での瀬長の勝利も、必ずしも左翼勢力が沖縄を掌中に収めたことを意味しない。適切な施策を打ち出すことができれば、住民の間に広がった「左翼支持」の機運も鎮められる。そうすれば、プライス勧告で言われたような「穏健な民族」の本性に立ち返らせることも不可能ではないというわけである。[*11]

さらに同報告では、施政権返還の可能性を真剣に検討するよう勧告する。「沖縄の漸進的かつ究極的な日本復帰を事実として認め、アメリカの長期的な利益の確保に必要なタイミングと調整を考慮にいれた政策をいまから作成すること」が「唯一の現実的道」であり、「あまり遠くない将来のある時点に、沖縄を日本当局に返還し、それと同時にアメリカ軍事基地保有の協定をも結ぶことが、おそらく好ましいであろう」と明言している。[*12]まるで、一九七二年の復帰を予言しているかのようだ。

こうした奇妙な楽観は何に由来するのだろうか。肝になるのは、同報告が重視する「アメリカ統治下の巨大な社会＝政治的変動」である。これは生産性の増大や衛生・保健の改善による生活水準の向上、そして伝統的な権威の失墜という広い意味での近代化と民主化の進展を指す。いわく、これらの変化により住民たちの意識は伝統的な村落社会的性格を脱し、自らの利害関心に沿って思考・行動するようになり、経営者団体や労働組合をはじめとする利益集団へと組織されていく[13]。

さらに同報告は、以上のような変化が復帰運動につながることを否定しない。「これらの変化は自動的に復帰を支持するものではないけれども、その一般的影響がそのような方向に向かうのはほとんど確実である」[14]。しかし同時に、そうした変化の結果である限り、復帰運動は米国の冷戦戦略にとって深刻な脅威とはならない、とも釘を刺している[15]。したがって、これを共産主義運動と同一視するのも誤りである。

米国の沖縄政策の成否は、沖縄社会に望ましい変化をつくり出すことにかかってくるのであり、「それまで〔沖縄返還および基地保有協定を結ぶまで〕の間は、われわれはその好意をつねに必要とする沖縄人にたいして、われわれの立場をきわめて受け容れやすく有益なものとするのに必要な政治的経済的措置をとらねばならない」[16]。それがコンロン報告の下した結論だった。それはプライス勧告が前提視した挑戦的民族主義の不在という状況を、意識的に創出すべき目標として再設定するものと言える。

国場幸太郎のシナリオ――革命へと続く復帰運動

島ぐるみ闘争後の統治方針と沖縄社会の変化について、コンロン報告＝スカラピーノと同様の――

しかし逆の立場から――診断を下したのが、非合法共産党の若手幹部として島ぐるみ闘争の組織化に携わった国場幸太郎である。

国場は米国が新たな統治方針を打ち出した時期、入れ違うように党と沖縄を離れ、東京で二本の論文を執筆する。[*17]「沖縄とアメリカ帝国主義」（『経済評論』第一一巻第一号、一九六二年一月）と、「沖縄の日本復帰運動と革新政党」（『思想』第四五二号、一九六二年二月）である。[*18]前者の「沖縄とアメリカ帝国主義」は、島ぐるみ闘争後の沖縄統治の性格について、次のように述べている。

> その方策の基本は、基地経済に依存して成長してきた資本家層をよりどころとしながら、資金難にあえぐ零細企業者や、軍事基地地帯の商人、サービス業者、その他基地収入に直接的に依存して生活している勤労者層や、その他の中間層（沖縄社会大衆党に代表される階層）の経済上、政治上の不満を緩和して、この階層を味方に引きつけ、そうすることで人民党を中心にした左翼勢力を孤立させることにあった[*19]

その上で国場は、復帰運動に二通りのシナリオが開かれたことを指摘した。一つは社会主義革命へと続く復帰運動であり、いま一つは復帰それ自体を目的とした復帰運動である。

一方で国場は、「祖国日本」が「平和憲法」の看板の陰で米国との「反共軍事同盟」の強化に努め、

「アジアの諸国に対する一種の集団的植民地主義」を追求し、そのために必要な限り沖縄基地の維持に積極的に協力する態度を鮮明にしていることに注意を促す[*20]。そんな日本への復帰を目的に据えた復帰運動は、スカラピーノなら歓迎しただろうが、国場にとっては受け入れられるものではなかった。

　他方、社会主義革命へと続く復帰運動——米国が嫌った「挑戦的な民族主義運動」としての復帰運動——の可能性も消えたわけではなかった。ただし、その可能性を掴み取るためには、島ぐるみ闘争を批判的に乗り越えなければならないというのが、国場の診断だった。

　もう一つの論文「沖縄の日本復帰運動と革新政党」でも、国場はそのことを繰り返し強調している。それによれば、島ぐるみ闘争は住民間の利害関係が不分明な状況下で醸成された「精神主義的な民族主義」に立脚した闘争であり、米国の政策転換によって継続不可能になったという。革新勢力に求められているのは、正確な現状認識と、それにもとづく「比較的長期にわたるたえまない理性的なイデオロギー活動」であり、それによって初めて「沖縄の日本復帰運動は、労働者階級の主導権のもとに質的な発展をとげ、それが日本の革命運動ならびに世界の平和擁護運動と正しく結合されることによって、アメリカ帝国主義の占領統治政策を打ち破る力量をもつようになると考えられる[*21]」。

　そう言いながらも、国場は状況を楽観してはいなかった。島ぐるみ闘争後の沖縄で生じつつあった住民心性の変化について、次のように警鐘を鳴らしている。

革新政党がこうしたふだんの理性的なイデオロギー活動を軽視したり、ゆるがせにしたりするならば、民衆は「現実主義」ないしは「実利主義」の考え方にひきずられながら頽廃的で寄生的な反共の「帝国主義」イデオロギーにおかされるか、あるいは創価学会など自己偽瞞的な宗教信仰にひきずりこまれるかして、反革命的イデオロギーのとりこになる危険な社会的条件におかれていると考えられる。[*22]

復帰運動をめぐる綱引きの始まり

このようにスカラピーノと国場は、よく似た現状分析にもとづき、各々異なるシナリオを思い描いていた。

国場は、沖縄の住民が「現実主義」ないし「実利主義」に引き寄せられつつあることに繰り返し注意を促し、「理性的なイデオロギー活動」の重要性を強調した。そうした人心の変化に適切に対応できない場合、革新政党は孤立するか、あるいは大衆迎合の末に実質的に保守化する危険な状況にある、と。

スカラピーノが復帰運動の行く末を楽観できたのも、同様の認識にもとづいてのことだった。人民党の勢力は明らかに低下し、社大党は「その名に似ず急進的ではなく改良主義的で」、「最近のアメリカ政策に起こった変化によっていっそう穏健になってきている」というのが、その見立てだった。[*23] 国場の切羽詰まった調子の警告と、スカラピーノの楽観的な勧告は、表裏の関係にあった。

もっとも、既存の革新政党が国場の議論を真剣に受けとめたようには見えない。国場論文に対しては、牧瀬恒二や新里恵二《しんざとけいじ》など、日本本土共産党の立場で沖縄問題を扱った論客による反批判がある。しかしその内容は、国場の警句を過去の闘争の成果（と人民党・共産党の指導の正当性）に難癖をつけるものとして棄却することに終始した観がある。

たとえば新里は、「戦後二〇年になんなんとする沖縄県民の解放闘争の歴史や、日本国民の沖縄返還闘争の大きな成果を、まったく非歴史的な方法で、清算主義的に否定しさり、あたかも『何もかもこれから始まるのだ。これまではすべて誤謬と偏向の積み重ねだったのだ』といわんばかりの論調」の一事例として片づけている[*24]。

他方の米国は、島ぐるみ闘争の再発防止と復帰運動の穏健化のために必要な介入に注力し続けた。特に注意したいのは、国場が復帰運動の真の主力と見做した労働者と農民を潜在的な協力者と見做し、米国側の味方につけようと注力したことだ。

復帰運動は、国場が主張したように革命に向かう「挑戦的な民族主義運動」として発展するのか、それともスカラピーノが予見したように日本復帰だけを目的とした「純粋な復帰運動」とでも言うべきものへと穏健化するのか。

こうして既存の革新勢力と米国との間で、労働者と農民をめぐる綱引きが始まった。労働者・農民は、国場の言うように潜在的には体制変革の担い手となり得るが、必ずしもそうなるとは限らない。少なくとも米国は、それを未然に抑止するための知識と経験を備えていた。

第二節　近代化論――民族主義に「建設的な吐け口」を開く

冷戦期米国のソフト・パワー

序章で触れたように、そもそも米国の冷戦戦略の要諦は、資本主義社会の利点と持続可能性を証明することにある。そして西側＝資本主義陣営の結束を強め、東側＝共産主義陣営と第三世界の人々を革命路線から離反させるための手段は、なにも軍事力ばかりではない。

かつてジョゼフ・ナイ（国際政治学者）は、軍事的な牽制・恫喝や経済的な誘導・制裁を伴う「ハード・パワー」とは別に、価値観や文化を源泉とした影響力を「ソフト・パワー」と呼び、それらのベストミックス（スマート・パワー）に冷戦期米国のグローバルな覇権の源泉を見出した。[*25] ハード・パワーが相手の抵抗を排して服従を強いる力だとすれば、ソフト・パワーは自発的な協力を引き出す力である。

もちろん米国は、場合によっては実力行使も辞さなかった。が、露骨な軍事介入はむしろ反米感情を高めるため、賢明とは言えない。島ぐるみ闘争に対するＵＳＣＡＲの強硬な姿勢が「赤い市長」を生んだことを想起しよう。権力に関する古典的な理解を踏まえて言えば、それが最も安価かつ安定的になるのは、「音もなく静かに作動」する場合だ。[*26] すなわち権力とは、自身にとって好ましい態度を無理強いするのではなく、それを自発的に選択するよう仕向けることで、最も優れた政治的・経済的コストパフォーマンスを発揮するのである。

冷戦期米国がそのような意味での権力（ソフト・パワー）を獲得する際に問題となったのは、まったく異なる価値体系を持つ伝統的社会の住人を、いかにして自陣営に惹きつけるのかということだった。米国が沖縄で直面したのも、同じ問題だった。

ＵＳＣＡＲはひっきりなしに「個人の自由」や「民主主義」の価値を住民に説いて聞かせた。基地との共生を強いられることも、それらを守るための尊い犠牲だとして正当化を図った。あるいは米軍基地の経済的な恩恵をけたたましく宣伝し、住民の実利的関心に訴えた。しかし、そうしたアピールが万人に響くとは限らない。

クロフォード・マクファーソン（政治学者）は、第三世界に代表される伝統的社会について、一九六五年のラジオ講演で次のように語っている。

> まず最初に言っておかなければならないのは、低開発諸国は、大体において、自由主義的—民主主義のもっとも重要な特質であるものを、拒否しているということである〔中略〕それらの国

は一般的に富を手にいれることに本質的な価値があるとは考えなかったし、また個人的利得の動機になんの尊敬も抱いていなかった。平等と共同性、共同体のなかでの平等ということが、伝統的に個人的自由よりもずっと高く評価されていたのである。[*27]

資本主義のもたらす経済的繁栄や、個人の尊重、民主主義の擁護といった教説も、そうした場所では効果をあげ得ない。島ぐるみ闘争に際して、住民側がしきりに伝統的価値観を盾に米側の申し出を固辞していたことを想起しておこう。伝統的な価値観と、その基盤となっている社会構造を安全に解体・再編し、米国が普遍的価値と見做すものを受け入れる土壌を耕す——あるいは植えつける——ことが、冷戦を遂行する上で不可欠の課題だった。「穏健な民族主義」の育成とは、そうした課題を言いかえたものに他ならない。

民族主義の管理

冷戦期の米国にとって、「穏健な民族主義」の育成は、沖縄に限った問題ではなかった。アジア、アフリカ、そしてラテン・アメリカ地域（＝第三世界）で勃興する民族主義運動が「挑戦的な民族主義運動」に転化し、東側陣営になびくのか、それとも「穏健な民族主義運動」として西側陣営に留まるのかという紙一重の状況を、当時の米国は注視していた。冷戦遂行のためには、これらの民族主義の存立構造を理解し、その発展の方向を制御する必要があったのである。

そうした課題を学術世界で引き受けたのが、近代化論である。その主要な関心は、代表的論客であるウォルト・W・ロストウらの言葉を借りれば、民族主義《ナショナリズム》に「建設的な吐け口」を設け、その暴発を未然に抑止することにあった。あるいは、ハリー・ハルトゥーニアン（日本思想史）の批判的な言葉を借りれば、「伝統社会にみられた無秩序という化け物を排除し、またその徘徊を未然に防ぐ」こと、そして「「伝統的な人間」から「近代的な人間」への変化」、すなわち「特殊な忠誠心や家族、同族、村への帰属意識からより広範な階級、民族、「普遍的価値への依存」といった非人称的な関係への画期的な跳躍」を促すことだった。[*28] 要するに、話の通じない未開社会の住人を交渉可能な近代人に鋳直す手法の開発を使命とした学問だ。

　近代化論は純粋な学問的営為にとどまらず、冷戦期米国の対外政策の指針を示すという実践的な関心を兼ね備えていた。そのため冷戦期米国の地域介入政策の――したがって米国の対沖政策の――背景にあった世界像、歴史像を理解し、島ぐるみ闘争後に米国が背負い込んだ統治課題がどのようなものだったのかを考える上でも格好の補助線となる。

　さて、先にも出てきたロストウは、「一つの非共産主義宣言」の副題を持つ主著『経済成長の諸段階』でマルクス主義に対抗するための歴史像を提示したことで知られる。同書は通俗的なマルクス主義的歴史理解を「封建主義／ブルジョア資本主義／社会主義／共産主義」の継起的発展論に整理した上で、独自の「成長段階」論――「伝統的社会／先行条件期／離陸／成熟・高度大衆消費社会」を対置する。

ロストウが要約する「マルクス主義思想」は、資本主義社会の発展は必然的に労働者を貧困に追いやり、その購買力を低めることで国内市場を狭め、市場・資源の獲得をめぐる世界戦争を引き起こし、その過程で被抑圧階級のグローバルな連帯の客観的条件を生み出すというもので、いわば近代化に伴う革命の必然性を想定している。これは戦後の社会運動を方向づける大まかな歴史の見取り図として、広くグローバルに流通した。

対してロストウにとって共産主義は、資本主義がその内的矛盾のために必ずや行きつく終着点などではなかった。それは健全な経済成長の段階を踏み外すことで生じる「過渡期の病」に過ぎない。

歴史必然的な労働者の蜂起という展望に対してロストウが突き出すのは、「労働者は、わずかでも一応規則的な進歩があれば、それに満足する」という単純な事実である。「マルクス主義思想」のなかで革命の担い手に据えられた労働者たちは、革命を志すより、むしろ現状維持を望んでいるというのである。その心性をロストウは次のように描写している。

労働者およびその子供にとって世の中がだんだんよくなっていくという気持、大体において彼は社会全体の仕組みの中で公平な分け前を得ているという気持、私有財産制の下における政治的

われわれの共通の熱望

W・W・ロストウ

図3－1　ロストウの講演録を掲載した『守礼の光』誌面（1966年6月号）
［沖縄県公文書館提供］

民主主義の規制の範囲内で彼の欲するものを求めて闘おうとする気持、いわゆるいたるところで踏みつけにされた工業労働者という抽象的世界に自分をなぞらえて考えるよりは、彼の属する国民社会の一員として自分を考えようとする傾向、紛争や不公平はあっても彼の仲間を殺そうと企むよりは共に生きていこうとのぞむ気持などである。[*29]

こうした心性を備えた労働者は、「労働者階級」の一員として資本主義社会の転覆を志向するより、むしろ「中間階級《ミドルクラス》」に属する一個人として振る舞うようになる。近代化論における「中間階級」とは、単に所得水準が中位といった客観的現実を指す用語ではない。主観的な意識の中に存在する、想像の階級とでも言うべきものだ。資本主義社会が階級対立の先鋭化によって自壊するという革命の展望は、中間階級を自認する人々から成る「高度大衆消費社会」の成立によって挫かれるというのがロストウの展望だった。

伝統的共同体を安全に解体する

かくして問題は、近代化途上の地域で「過渡期の病」の発生を避けるために米国が行うべき介入のあり方である。既述の通り、ロストウの近代化論は単なる学術研究の成果物ではない。アイゼンハワー政権からジョンソン政権に至るまで、ロストウは政権ブレーンとして働いた。[*30]「過渡期の病」という診断も、その進行を抑えるための処方箋＝対外政策とセットになっている。

アイゼンハワー政権で大統領補佐官を務めたC・D・ジャクソン（Charles Douglas Jackson）の依頼を受け、ロストウが大学の同僚マックス・F・ミリカンとともにまとめた『提言――効果的な対外政策の鍵』[*31]は、より直接的に近代化途上の社会が抱える危険と、それを回避するための方策について論じている。

同書は、対外援助のあり方に主眼を置き、それを被援助国の歓心を買う手段とする、広く見られる「誤解」を断固として斥けている。いわく、「米国の根本的政策目標は、あてにもならない友情を獲得することではない」。むしろ、援助の結果として「忘恩ともみられる事柄」に直面することも覚悟しなければならない、とも釘を刺している。[*32]そのような近視眼的な態度を諌めた上で強調するのは、対象地域の人々の心性に働きかけることで得られる、より長期的な効用である。

ロストウ＝ミリカンは、対外援助のターゲットとなる人々が置かれた状況の危険性について、次のように述べている。

> 経済開発の努力は、それまで安定を保証していた確信や慣習を駆逐し、潜在的不安をつくり出す〔中略〕人々はこれまで、伝統的に拡張された家族制度、もしくは自治的村落構造の中で、経済的・心理的に、安んじて育てられたのであるが、いまやそこを追いたてられ、未知の環境へ移動させられ、個人的勢力の競争の場へ放り込まれる。しかも、温情主義的小集団に頼ることはできないし、人々の金科玉条とする価値なり、信念なりも絶えず挑戦せらるのである。彼らは、必死になって新しい共同目標を求め、共通な努力に従事しようとし、何らかのグループに忠誠を尽さんとし、それによって、彼らの確信や、彼らの個人的・社会的調和感を、再び確立しようとする。これらのものが、既存の社会政治機会によって充たされないとすると、たとえば、その地域事情に応じて、共産主義が主張するように、全く新しい機構を夢みるようになるであろう。[*33]

この記述は、かつてエーリッヒ・フロム（社会心理学者）がナチズムの根底に析出した「権威主義的パーソナリティ」の発生メカニズムを彷彿とさせる。伝統的な共同体社会の価値観・規範・紐帯から解き放たれた個人は、自由と引き換えに孤独と不安に苛まれるが、そうした喪失感を埋め合わせるべく、より大きな権威の下に新たな居場所を見出すという周知の議論である[*34]。

ロストウ＝ミリカンの議論は、これを近代化途上の社会における「挑戦的な民族主義」の発生メカニズムの分析に引き移したものと読むことができる。「全く新しい機構」の実現を企図する急進的な動きを阻むためには、不安と孤独を埋め合わせる手段を「既存の社会政治機会」として——つまりは資本主義社会の枠内で——与えなくてはならない。その成否が、「健全」な近代化の道と「過渡期の病」に至る道との分水嶺になるというわけだ。

ただし、それは物質的な豊かさを享受させれば済むという問題ではない[*35]。問題は、伝統的な共同体のもとで維持されていた安定的な社会構造を、近代化を遂げる社会のなかで擬似的にでも再現することにある。たとえその過程で「忘恩ともみられる事柄」、つまり反米闘争と見紛うような抵抗に直面したとしても、それは遠大な目標のために甘受すべき瑣事に過ぎない。

もっとも近代化論者の仕掛けた戦略は、見た目には極めて陳腐なものだった。それは現在ではあまねく社会に普及し、我々の意識の上でもありふれたものとして定着している。次節では、〝マイホーム〟という言葉をキーワードに、その具体像を提示しよう。

第三節　〝階級なき社会〟で——故郷喪失者のマイホーム

米国的生活様式《American Way of Life》の正体

冷戦期、米国が自国の文化や生活様式（American Way of Life）を世界中に広めようとしたことはよく知られている。先に紹介したジョセフ・ナイも、ソフト・パワーの主要な源泉を映画や音楽、あるいは米国留学経験などを通じた米国文化との接触に求めている。

ＵＳＣＡＲも同様の活動に力を入れた。島ぐるみ闘争後に発刊された『今日の琉球』（一九五七―一九七〇年）や『守礼の光』（一九五九―一九七三年）などの情報宣伝誌では、相当な紙幅を米国的生活様式の紹介に費やしている。[*36]

一例を引いてみよう。『守礼の光』創刊号（一九五九年）に掲載された「米国労働者の生活」には、次のような描写がある。

> 働く人々は次第に空気もよく生活条件もよい郊外へと移り住むようになった。その後にもう一つ大きな変化をもたらしたのは自家用自動車の急激な普及である〔中略〕今日では大部分の労働者が清潔で便利にできた自分の家に住んでいる。室内の調度や台所の設備は非常に改善され、主

> 婦の重荷となっていた家事は楽しみに変りつつある。〔中略〕現在では九割が専用浴室をもっている。電気冷蔵庫も同様で、これのない家は特別例外ということになって来ている。五軒に四軒は電話があるし、ラジオやテレビの普及率も非常に高い。街角のドラッグ・ストアには廉価版の本があふれているし、ラジオ、テレビの視聴者数、映画や音楽会の入場者数を見ると、文化というものがもはや少数者の特権ではなくなって来ていることがわかる。[*37]

これは単に米国人労働者の優雅な生活を描写しているわけではなく、世界中の労働者に向けたメッセージだ。革命を経ずとも労働者のユートピアは実現できる、というわけだ。

ちなみに米国的生活様式の普及のために米国が行ったのは、言葉による説得だけではない。米国の伝説的なジャーナリストで、ケネディ政権下で米国情報局（ＵＳＩＡ）の長官を務めたエドワード・マロー（Edward R. Murrow）は、まず直接対話が可能な「最後の三フィート（Last Three Feet）」の間合いに入り込まなければならないと語った。[*38] 世界中の人々に西側諸国の盟主として冷戦を闘う米国の正統性を訴える最良の手段は、対面接触を伴う草の根の交流だというわけである。

ＵＳＣＡＲの情宣活動も、冊子や演説による言語的コミュニケーションに留まらない。国民指導員制度と称した渡米研修プログラムをはじめ、料理教室やファッション・ショー、コンサート、ダンス・パーティ、相互の家庭訪問等々、住民と接する機会を頻繁に設け、「米琉親善」の精神を鼓吹し

図3−2　琉米国際婦人クラブがUSCAR高官夫人を招いて開催したファッションショー（1961年3月）［沖縄県公文書館提供］

た。

　そうした活動のかいもあって、米国社会のイメージは、徐々に住民たちの暮らしにも取り入れられていった[*39]。米国的生活様式の普及は、軍民双方で沖縄社会の近代化と同一視されたが、住民の生活様式が米国風になるかどうかは本質的な問題ではない。問題は、紋切り型の「米国的生活様式」が、ロストウが近代化の目標地点に想定した「高度大衆消費社会」のイメージそのものだという点にある。すなわち、階級意識を払拭した「中間階級」のアメリカ人が豊かな郊外生活を送る社会のイメージだ。

　米国的生活様式の核心をつかむための補助線として、スティーブン・S・コーエンらによる別バージョンを引用してみよう。

郊外へ大移動したことで、最底辺を除くすべての階層のアメリカ人家庭が自分たちの居場所を見つけ、その居場所を全員が同じ名前で認識していた。「中産階級のアメリカ」だ。おそろしく多数のアメリカ人が自分は中産階級であると言い切ってはばからない様子と、その理由について、社会科学者たちが理解に苦しんだほどだった〔中略〕住宅と庭、自動車、そして大量生産によって生み出された品物の数々がいろどる郊外の姿は、種類ではなく程度の差があるだけで、基本的にはみな同じという意味で民主的だった。[*40]

ここに描き出されたような社会に生きる者にとって、貧富の差も深刻な問題にはならない。経営者だろうが、労働者だろうが、「基本的にはみな同じ」であり、隣人は同じ価値観と世界観を共有する良きライバルなのだ。さらに続きを見てみよう。

自動車と住宅と居住地区が示す富の差と順位づけを、誰もが受け入れていた。また、少しでも上をめざすべきだという義務感を誰もが抱いていた。だが、それは程度の差であって、種類のちがいではないことも、誰もが理解していたのである。郊外にいる自分たちは全員が全員、同じ中産階級のアメリカに生きている――彼らはそう確信していた。[*41]

現在の生活水準の違いはあくまで「程度の差」であって、社会構造の矛盾ではない。生まれにかかわらず万人に教育機会が保障され、能力と業績に応じた上昇移動の回路が開かれ、企業間・労使間で対等な立場での競争関係が保たれている――そのような社会で必要なのは勤勉な努力であって、既存の秩序の転覆ではない。[*42] ここにあるのは、生活家電に満たされた郊外のマイホームからマイカーで職場に通い、ライバルと切磋琢磨しながら妥当な報酬を受け取る勤勉な米国人労働者という、革命の闘士とは無縁なイメージだ。

このような〝勤勉に努力すれば報われる〟という信念を、本書ではマイホーム主義と呼んでおきたい。米国的生活様式とは、それが具象化したものに他ならない。

人々の内面におけるマイホーム主義の浸透度合を推し量ることは難しいが、その物的兆候としての米国的生活様式の普及を仮の指標と見做すことはできるだろう。ここで一九六二年元旦の『沖縄タイムス』紙面を見てみよう。

> 戦後の暮らしはめざましいテンポで向上している〔中略〕戦後一七年を迎え、衣食住の面で充実したわれわれの消費生活は、テレビ、ステレオ、電気洗たく機、冷蔵庫など〝家庭電化ブーム〟に拍車をかけつつあるが、反面〝月賦貧乏〟が悩みのたねになりそうだ。[*43]

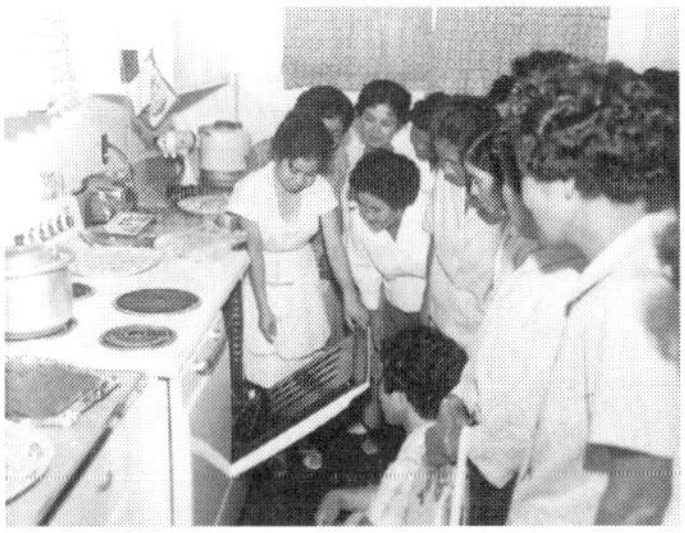

図3－3　米国的生活様式の見学
［沖縄県公文書館提供］

図3－4　沖縄的生活様式の見学
［沖縄県公文書館提供］

図3－5　街頭のテレビに見入る群衆
［キーストンスタジオ所蔵，那覇市歴史博物館提供］

なかでもマスメディアの普及は、マイホーム主義の浸透を先導する役割を果たす点で特別の注意を要する。たとえば近代化論者の一人であるロナルド・ドーア（社会学者）は、一九五〇年代の日本本土の農村に米国的生活様式を媒介として上昇志向と競争意識が浸透していく様子を次のように叙述している。

昔の百姓は大名の生活の内容を知る方法はあまりなかったのですが、現在映画を見ただけで東京の慶応ボーイや慶応ガールの消費生活のすみず

> みまで見せられる〔中略〕つまり新聞やラジオを買ったり映画を見たりする事が出来る所まで生活水準が上昇して来ると、生活標準の上昇が累進的な気配を帯びてくるわけです〔中略〕いやそれ以上にアメリカでいう「隣のジョーンズ氏には負けるまい」というような競争的な色彩さえ帯びて来ていると思います。[*44]

このようにマスメディアの普及は、単に住民の生活が豊かになっていったことの証左というだけではなく、マイホーム主義の浸透を促す地ならしとして理解する必要がある。沖縄本島でテレビ放送が始まるのが一九五九年。以降、都市部を中心に普及していき、一九六〇年代半ばには農村でも半数近くの家庭にテレビが設置されたという。[*45] 早くも一九六一年九月の『今日の琉球』には、「テレビ、ラジオは都市から農村へ」という記事が出ている。[*46]

ここから島ぐるみ闘争後の沖縄でも、マスメディアに先導されるかたちでマイホーム主義が浸透していくという、仮説的な図式が見えてくる。

マイホームはなぜ魅惑的か

しかし、マイホーム主義――と、その具象化としての米国的生活様式――が魅力的に見えるのは、なぜか。人々がそれに惹きつけられるのは、単に米国が体現する物質的豊かさに対する憧れのためばかりではなかったと思われる。
ここで、伝統的な村落共同体の解体と個人の流動化が社会を不安定にさせるという、ロストウらの指摘に立ち戻りたい。社会が不安定になる「過渡期」にこそ、米国に仇なす「挑戦的民族主義」が生じ得るため、かつての共同体が備えていた安定化機能を別の方法で担保しなければならない。それに成功すれば、人々は革命の危険を冒すことなく、豊かな郊外生活を享受することができる、というのがロストウら議論の骨子だった。

それを踏まえて強調したいのは、マイホーム主義が、それ自体として魅力を持つのではないということだ。人々をマイホーム主義へと駆り立てるのは、それに先立つ故郷喪失の経験である。言いかえると、伝統的共同体《古い故郷》の解体こそがマイホーム《新しい故郷》主義に魅力を与えるのであり、失われた故郷《ホーム》の機能を代替するからこそ、新たな家郷《マイホーム》が抗い難い魅力を放つのである。

念のために言えば、ここで言う故郷喪失の経験は、必ずしも農村から都市への物理的な移動を伴うものではなく、近代的社会関係のなかに身を置く誰もが抱える宿痾と言える。ピーター・L・バーガー（社会学者）らは、入れ替え可能な存在として匿名化され、複数の規範・価値観の狭間で揺れ動く近代人の心性をHomeless-nessという言葉で表現した。これは「安住の地の喪失」とも訳され、強烈な現状否定のエネルギーに転化し得るものとして設定されている。そしてバーガーらもまた、そうした衝動に対する緩衝材として、外界から隔絶された私的領域としてのマイホームを想定した。

> 私的領域は、近代社会の巨大な機構の生みだす不満を補償するような意味や活動を提供することによって、一種の平衡機関としての役割をはたした。抑圧されていた非合理的衝動が私的領域では、表立つことが許される。個別的な私的アイデンティティは匿名化の脅威に対する防波堤となる私生活の透明さによって、人は公的生活の不透明さに耐えうるようになる。ほとんど自分からすすんで選んだ、数の限られたきわめて意味ある人間関係が、「外界」の、多相関的現実に対処する情緒的拠点となる。[*47]

間宏（社会学者）による、より親しみやすい叙述も紹介しておこう。間は、「郊外の、高度に電化され、またマイカーのあるような、夫婦を中心とした家庭（いわゆる核家族）の甘い生活」という例の紋切り型のイメージを参照し、それが自身の労働や周囲の人間からの疎外感に苛まれた人々に避難場所を与えるとして、次のように述べている。

> 簡単にいえば、仕事も職場の人間関係も人間らしさを欠いた、つまらないというよりも不快なものになる傾向にある。このことが、労働者に、仕事以外の場での生活、とりわけ家庭生活に積極的な姿勢をとらせるようになった。つまり、自発性や人間性を守る最後のトリデとしてのマイ

ホーム作りに、専念させるようになったわけである。[*48]

そしてマイホームの創設は、個人にとって「自発性や人間性を守る最後のトリデ」であるだけではなく、資本主義社会の持続可能性に関わる死活問題だった。

周知のように、戦後日本の高度成長は農村から都市への労働力供給を前提としたものであり、膨大な数の故郷喪失者の群れを産み落としながらも、ロストウ＝ミリカンの言うような「全く新しい機構を夢みる」ような事態はおおむね回避された。

その理由について見田宗介（社会学者）は、高度成長に伴う故郷《ホーム》喪失の経験から生じた体制変革の潜在的なエネルギーが新たな家郷《マイホーム》の獲得へと解消されたとして、次のように述べている。

「遠きにありて想うもの」としてのふるさとの観念的な機能すら色あせはてていく中で「退路を断たれた」日本の労働者・ホワイトカラーの群れの多くは、〈群化社会〉のただ中に、ささやかな〈家郷〉を築く途をえらんだ。しかもこの第二の家郷の物質的基盤はもはや、農業社会における「田畑山林」ではなくて、近代の経済体制に見合った形態――貨幣的富としてこそ追求される。過去の家郷から未来の家郷へのこのような「決死の跳躍」の時にあたって、タイムリーに掲げられた池田政権の「所得倍増」――福祉国家の vision こそ、ささやかな家郷創設者の群れにとって、どれほど力強い心の支えとなったことであろう〔中略〕もしこのヴィジョンが全く掲げられていなかったならば、〈第一の家郷〉を失い退路を断たれて放出されたエネルギーは、絶望の相互的な増幅による体制的なアノミーの昂進もしくは、体制のトータルな変革を前提とするあらたな家郷の創造へと奔流していたかもしれない。しかし事実は、これらの遊離エネルギーの大部分は、すみやかに未来の〈小さな家郷〉づくり（ホーム・ビル!!）へと吸収されていったのである。[*49]

高度成長そのものが現体制に対する人々の支持を取りつけ、社会の安定に寄与するわけではない。成長が安定につながるのは、それが〈家郷〉の基盤を形成し、失われた故郷の疑似的回復を促すからに他ならない。経済的には急速な成長を遂げながらも、政治的には一定の安定を維持した日本の戦後経験は、「近代化の教科書」（ライシャワー）とも言われるが、そこにはたしかに近代化論者から見れば理想的な条件が揃っていたのかもしれない。

米国の冷戦戦略の究極的な目標は、同様の社会構造と人間類型を世界中に普及させることだった。再びロストウらの言葉を借りれば、「その国のあらゆる市民に対して、彼らの経済的、社会的、ならびに政治的改善への新たな渇望が、開発の進行にともなって、少くともある程度、満足される、という希望を与え」、「暴力を用いなくとも、急速な変化が可能である、という意味で安定した社会、あらゆる市民の渇望に応ずるような進歩が可能であるという意味で、円滑な社会、最終的権力が、社会全体に分れているという意味で、民主的な社会」の建設を促すことである。[*50]

島ぐるみ闘争後の沖縄で、「近代化」の名のもとに米国が追求した統治課題は、こうした意味でのマイホーム主義者が構成する、〝階級なき社会〟を建設することだった。

ただし、それは持続的な経済成長を維持し、労働者の階級意識を解体し、誰もが宿命的に抱える故郷喪失感を埋め合わせるための新たな故郷の創出という、容易ならざる条件を必要とした。そして、これらの条件を米国単独では満たせないことが明らかになってくるなかで、現実的な選択肢としての日本復帰が浮上してくるのである。

第四章　「沖縄版高度成長」の実像

島ぐるみ闘争によって統治方針の見直しを迫られた米国が真っ先に手をつけたのは、基地経済の再編だった。第二章で述べた通り、島ぐるみ闘争は基地経済の構造的欠陥に根を下ろしていた。その鎮静化と再発予防のためには、基地経済を持続可能なかたちに再編することが不可欠だったのである。

一九五七年六月にドワイト・アイゼンハワー大統領（Dwight D. Eisenhower）が発した行政命令は、沖縄経済の再編に本腰を入れて取り組む姿勢を内外に示した。それは唯一の施政権者としての米国の責任を強調し、従来の「戦前同様の琉球列島生活基準の確立」という控え目な達成目標を一段引き上げ、「琉球列島住民の福祉及び安寧の増進のために全力を尽し、住民の経済的及び文化的向上を絶えず促進しなければならない」と宣言するものだった。[*1]

宣言通り、米国は対沖縄経済政策を大きく転換していく。一九五八年の沖縄援助法案（通称：プライス法）の上程を皮切りに、その要求根拠となる長期経済計画の策定、法定通貨のドル切り替えにもとづく外資導入の積極化、長期低利融資を担当する琉球開発金融公社の設立など、一連の施策が矢継ぎ早に打ち出された。

これらの施策は一定程度奏功し、一九六〇年代を通じて住民所得の年平均成長率は日本本土の高度成長にも匹敵する約一五％を記録した。沖縄もまた、日本本土の後を追うように、「戦後復興」の段階から「高度成長」の段階へと移行したのである。

特に米国が意識したのは、池田勇人政権が打ち出した「所得倍増」というスローガンだった。それは占領下に取り残された沖縄住民の羨望を掻き立て、現状に対する不満を増幅し、復帰運動を勢いづける燃料となっていた。そのためＵＳＣＡＲは、住民たちが日本本土の高度成長・所得倍増から取り残されたと感じないよう、それと似たような現象を沖縄で再現することにこだわった。

たとえば一九六五年二月、オーバ・Ｆ・トレーラーＵＳＣＡＲ経済局長（Orba F. Traylor）は、琉球商工会議所メンバーの前で次のような講演を行っている。

> 一〇年前の一九五五年をふり返って見るとき、一〇年の間に成し遂げた琉球経済発展は実に驚くべきものがあります。国民所得は一〇年間に二倍半もふえ、一億一七〇〇万ドルから二億九四〇〇万ドルになりました。一人当たり所得は一四九ドルから三一九ドルになり、二倍以上もふえました。一人当たりの貯蓄は四倍以上もふえ、一八ドルから七三ドルになっています。一方、輸出は一一〇〇万ドルから六六〇〇万ドルと六・二倍もふえたのに反し、輸入の方は四倍の増加に

とどまっています。重大な失業問題もなく消費者物価指数は一三・五パーセントふえただけです。これらすべては資本が不足し、その上天然資源に乏しい琉球経済にとってはまさに驚くべき進歩を記録しております。琉球住民の暮らしは一〇年前と比べても、また過去のどの時代に比べても、楽になっています。したがって、今日の時代を「所得倍増の時代」と呼ぶこともできましょう。[*2]

最後の一節では、英語講演でも“You might call this the SHOTOKU BAIZO（Double Income）period of Okinawa”と、あえて日本語の「所得倍増」という言葉を使っている。ここにも本土に対する住民の憧憬を断ち切る意図が読み取れる。[*3]

ただし留意したいのは、経済成長が即時的に住民の態度を現状維持的にするわけではないということだ。第三章で議論したように、冷戦戦略の真髄は、勤勉に努力すれば革命を経ずとも報われるという信念を人々の間に培うことにあった。経済成長の創出は沖縄社会を本土同様の経路で近代化させるために不可欠ではあったが、数ある条件の一つに過ぎない。持続的な成長を維持し、その成果を労資間・産業間・地域間である程度公正に分配することが、マイホーム主義者から成る無階級社会の存立条件なのである。本章では、そうしたプロジェクトの第一ステップとして「沖縄版高度成長」を位置づけた上で、その内実を見ていく。

アイゼンハワーの行政命令は、沖縄で持続的な経済成長を追求することを掲げたが、本土のような高度成長を沖縄で再現することは容易ではなかった。米国は一九五〇年代半ばまで、自力更生による基地経済からの脱却＝沖縄経済の自立化を考えたが、島ぐるみ闘争後には方針を転換する。外国資本や日本政府援助など、外部の助けを得ながら、しゃにむに外見上の成長を維持することに甘んじるようになる。結果、自立を目指した沖縄経済は、なし崩し的に「人工栄養の経済」として歪な成長過程を辿っていく。その顛末を見ていくことで、米国が沖縄の施政権を手放さざるを得なかった経済的背景と、返還後に日本政府が米国から引き継いだ課題も明らかになるだろう。

第一節　基地経済から「自立経済」へ

島ぐるみ闘争後の米国の対沖縄経済政策の基本方針は、「自立経済」の確立である。そう聞くと、意外に思えるかもしれない。日本復帰後、現在に至るまで、「自立経済」は基地に反対する側のスローガンでもあったからだ。復帰後の沖縄では、日本政府の財政援助に対する経済的依存が政治的従属につながり、基地問題に関する異議申し立てを封じ込める、という構図がある。特に一九七〇年代半ば頃に論壇に登場した経済自立論議を経て、基地撤去に向けた道程のなかに自立経済の確立という課題を据えることが一般的になっている。[*4]

米国が言う「自立経済」の意味は、当然それとは異なる。ＵＳＣＡＲ自身の言葉で正確に言いかえると、「健全かつ持続可能な経済 sound and viable economy」というものだ。一九五八年九月に発した布令一一号「琉球列島における外国人の投資」の序文で、USCARは自らの使命を次のように説明している。

> 琉球列島米国民政府及び琉球政府の根本目的は、輸入への依存度を減少し、輸出による所得を増加し、かつ琉球住民の適切な生活水準を維持するための健全かつ持続可能な経済を発展せしめるため琉球の資源を最大限に活用することを援助することである。[*5]

第一章で既に見たように、終戦直後の沖縄経済は生活物資を域外からの輸入に頼り、その支払いに基地関連収入を充てるかたちで復興を遂げ、結果として「基地経済」と呼ばれる特異な経済構造を発達させた。しかし、それが持続不可能なことは、島ぐるみ闘争によって早々に明らかとなった。「健全かつ持続可能な経済」とは、基地経済を乗り越えた先にある、新たな沖縄経済のあり方に他ならない。島ぐるみ闘争の根本原因が基地経済の構造的欠陥にある以上、それを真の意味で鎮静化し、再発防止を図るためには、「健全かつ持続可能な経済」の実現は米国にとって不可避の課題だったと言える。

以下、「健全かつ持続可能な経済」という煩雑な呼称を避けるため、これを端的に「自立経済」と呼ぶことにする。

米国はなぜ沖縄経済の「自立」にこだわったのか

基地経済からの転換を図る必要があるにしても、それはなぜ「自立経済」でなければならないのか。まずは、この点から整理していこう。

そもそも沖縄経済に関する米国の態度には、矛盾しているように見えるところがある。たとえば米国は、一方で沖縄住民に経済の自立が急務と説きながら、他方では、自国政府や現地の軍人・軍属の支出が沖縄経済を支えているのだと誇示してはばからなかった。

図4−1　米国の沖縄援助の大きさをアピールする冊子
［沖縄文化研究所提供］

米国が〝沖縄経済は米軍基地に依存している〟というイメージを意図的に作り出していたことは明らかだ。沖縄を統治している間、米国はひっきりなしに基地の存在から得られる経済的恩恵の大きさを住民に理解させせようとした。住民たちは米国政府からの援助がどれほど莫大であるのか、沖縄で暮らす米軍人・軍属の落とすドルが地域経済をどれほど潤してきたのかを聞かされ続け、それが一定程度は「アメリカが出て行ったら困る」という態度を培うことにもつながった。[*6]

それでも米国は沖縄経済の「自立」を訴え続け、そのための施策を打ち出してもいた。というのも、実際に米国が沖縄に注ぎ込める経済的リソースには限りがあったからだ。

実は米国が沖縄統治の転換に踏み切った時期は、米国の対外収支が慢性的な赤字に転じる時期に重なっている。一九五〇年代後半になると、世界経済における欧州・日本のプレゼンスが高まり、相対的に米国の地位が低下、その対外援助を支えた輸出力にも陰りが見え始める。[*7] 貿易収支が黒字から赤字に転じた一九五八年は「ドル危機の始年」とも言われ、この頃からドル防衛と対外援助の見直し論議も活発化する。[*8] 要するに、無条件に対沖援助を拡大できる状況ではなかったのである。

特に日本本土の地方圏が中央政府から受ける支援に比べれば、沖縄に対する米国援助は明らかに少なかった。そのことが復帰運動の火種になっていることは、米軍当局や陸軍省も十分に理解していた。たとえば陸軍省次官ステフェン・エイルズ（Stephen Ailes）は、一九六二年八月八日の米下院歳出小委員会で次のように証言している。

> 琉球人はわれわれに援助を求めている。同時に、彼らは日本の繁栄と安寧を見ている。日本政府が各県のために行なっている支援と割当金を知っている。これらの経済的要因は琉球人の間に不満を醸成し、日本復帰の感情を刺激している〔中略〕琉球人は、例えば教師の給料とか退職金

制度の問題について、琉球の状態と日本の状態とを直接に比較することができる。そして彼らは、貧乏な県が中央政府から交付金の形で受けているものを見て、こういった比較をする。その額を、経済援助の形で米国によって与えられる額と比較してこう云う。「結局、われわれが日本の一部であれば、それを得られるはずなのだ」と。[*9]

米国の対沖援助額の多寡は、住民の不満と復帰運動の説得力に直結し、ひいては施政権の保持に差し障りかねないため、多いに越したことはない。それが基地機能の維持に直接責任を負うＵＳＣＡＲと陸軍省の立場だった。

別の委員会でエイルズは、対沖援助を米軍基地を維持するための「火災保険のようなもの」とも表現している。それも「非常に安いプレミアム、それも世界の他の地域で基地を維持していくのに、同様に高い費用を払っていることから考えれば、特に安いものである」と。[*10]住民向けには米国の沖縄援助の寛大さをアピールしたが、本国議会向けには破格なのだと説得していたわけである。

しかし、米本国議会は沖縄援助を小さな出費だとは考えなかった。対沖縄援助額を決めるのは軍部ではなく、本国議会である。そして議会は軍部とは反対に、当時の沖縄援助を過大と考える傾向にあった。たとえば先の歳出小委員会でのエイルズの主張に対し、委員長を務めたオットー・パスマン下院議員（Otto Passman）は、「琉球の多くの人々は米各州の一部の人々より良い暮らしをしている」、「キャビアや極上のシャンペンやひれ肉の味を覚えたので、ハンバーグステーキに戻りたくはない、というわけか」と、冷淡な態度で応じている。[*11]

ちなみに、これらのやりとりは一九六二年度の沖縄援助予算の支出上限額および同年の支出額をめぐるものだったが、前者については六〇〇万ドル→二四〇〇万ドルと四倍増のはずが、半分以下の一二〇〇万ドルに減額修正、後者についても当初要求の一四二八万ドル→八九〇万ドルと、大幅に減額されてしまった。[*12]

このように住民に向けては気前の良い援助者を演じていたUSCARも、ドル不足にあえぐ本国から無尽蔵の援助を引き出せたわけではなかった。こうした事情から、米国援助は高度成長に沸き返る日本本土と同等の生活水準を求める住民を納得させられるような規模にはなり得なかった。来間泰男（経済学者）が端的に言うように、「アメリカ軍は沖縄経済を経営したのではないし、その力量もなかった」のである。[*13] 経済的恩恵についての過剰なアピールは、そうした現実から住民の目を逸らすための苦し紛れの方便ともとれる。

とはいえ、急速な成長を続ける日本本土と占領下の沖縄との「格差」を、いつまでも小手先のレトリックだけで誤魔化し切れるはずはない。米国援助を補うために注目されたのは、日本政府の沖縄援助だ。米国政府内において、国務省筋では日本の関与を一定程度強化することに積極的な意見が強かった。一九六一年一月に大統領に就任したジョン・F・ケネディ（John F. Kennedy）も、その立場を採っていた。ケネディは一九六二年三月、「琉球諸島を日本国の完全な主権の下へ復帰せしめることを許す日を待望している」と声明し、日米協調路線を打ち出した（ケネディ新政策）[*14]。

ところが、一九六〇年代前半頃までは、日本政府の沖縄援助も抑制傾向にあった。これは日本政府が金を出し惜しんだというより、ＵＳＣＡＲが敬遠したためだ。繰り返し述べてきたように、米国にとって沖縄の軍事的価値は、他国政府の干渉を排して自由に使用できる点にある。日本政府が経済面で関与を強めれば、米国の統治政策に口を挟むきっかけを与えかねない。そのためＵＳＣＡＲはケネディ新政策の履行に後ろ向きだった。そうした態度は、頑強な離日主義者であるキャラウェイ高等弁務官（Paul W. Caraway）が沖縄を去る一九六四年頃まで続くことになる[*15]。

以上を踏まえると、ＵＳＣＡＲが掲げた「自立経済」という目標の内実も判然としてくる。すなわち、容易に財布の紐を緩めない米本国政府にも、信用ならない日本本土政府にも頼り過ぎずに、日本本土に匹敵する経済成長を実現し、島ぐるみ闘争で揺らいだ統治体制を再建することである。

ところが、そうした意味での「自立経済」という目標は、早々に別物に変わってしまう。

棚上げされた「自立経済」

「自立経済」の確立は、住民生活の安定に責任を負う琉球政府にとっても不可避の課題だった。一九五五年六月の『経済振興第一次五カ年計画書』（振計）で琉球政府は「自立経済」の建設という目標を鮮明に打ち出した。しかし計画実施途上では、「自立なき成長」とでも呼ぶべき現象が生じることとなる。その経緯を理解するため、ここで振計の実施・修正過程を概観しておこう。

振計は策定当初、基地経済固有の「三つのひずみ」――産業構造面での第三次産業偏重、所得配分および対外収支の不均衡――に照準を合わせ、これらを輸出増進および輸入代替に資する産業の振興によって是正することを目標に設定していた。[*16]

振計はまず、一九五三年時点の全産業分野を「生産業」（農林水産業と鉱業・製造業など）と「非生産業」（第三次産業、建設・運輸業、軍作業など）に二分し、国民所得構成上、前者が後者の三分の一を占めるに過ぎない現実に警鐘を鳴らす。当時の沖縄の「非生産業」はほとんどが米軍から発生する需要に応じるものであり、国民所得が非生産業に偏重していては経済の将来性がない。そこで、第一次産業の生産性を高めて生産高を伸ばし、かつ第二次産業を育成することで、生産業の比率を少なくとも四割まで引き上げる目標を掲げた。[*17]

振計の発表時期はスクラップ・ブーム[*18]と軍工事ブームに重なっていたが、振計に楽観的な態度は見られない。一九五六年には屑鉄が輸出総額の六割弱を占めたが、「将来性のない輸出」と断じている。[*19]

振計は全編を通して「軍工事ブームはもうこない」、「一円でも多くの金を生産事業へ廻し、経済の基礎を強化しなければならない」など、外在的・偶発的な要因に支えられた沖縄経済の現状に対する危機意識を滲ませている。

振計のもう一つの特徴は、現状打開のために住民自身の奮起を促すアジテーション調の文体に貫かれている点だ。

> われわれは、われわれの努力と米国の直接間接の援助によって今日の発展を見ることができた。しかしいつまでも援助に頼ることはゆるされることでもないし、またそれでは自立できない。かりに、当分復興するまで援助を受けねばならないとしても、われわれは、自らの努力はつくさないで頂いていけばよいといった考えかたではなしに、「天は自ら助くる者を助く」という心構えで努力しよう（中略）さあ、用意はできた。畠に鍬を打振る農夫も、大洋に網を投ずる漁師も、工場にハンマーを握る職工も、家庭を守る主婦も、みんなが力をあわせてはたらこう。増産することのみがわれわれの経済をよくする途だ[*20]。

資金計画に関する箇所でさえ、「金は工面できる」「やればできる」と精神論的アピールを繰り返している[*21]。これは外からの助けを頼ることのできない背景を反映したものと解釈できる。策定当初の振計は、米本国政府などの追加援助を期待することなく、自助努力と自力更生を訴えるものであり、その点で島ぐるみ闘争以前に米国が採っていた考え方に対応していた。

ところが振計は、島ぐるみ闘争後の米国の政策転換に歩調を合わせるように改訂を重ね、その過程で当初掲げた目標を棚上げにしてしまう。まず一九五八年九月の第一次計画修正書は、「復興」段階から「発展」段階への移行期に入ったとの現状認識にもとづき、「工業化による産業構造の高度化」を謳っている。[*22]

現実の経済の動きに目を移してみると、計画期間中には、たしかに工業化の兆しを確認できる。同期間中、製造業の総出荷額は三七二一万ドル、二・五倍近くの増加を記録している。[*23] 沖縄製粉（一九五五年一〇月）やオリオンビール（一九五七年五月）、琉球セメント（一九五九年一〇月）など、この時期に設立されて沖縄を代表する企業へ成長したものも多い。

また、外資導入路線に沿った本土資本の沖縄進出の成果として、製糖・パイン加工工場の大型化が進み、食品製造業が一躍本土向けの輸出基幹産業に躍り出た。これらの産業に押し上げられるかたちで輸出は大きく伸び、一九五九年には総額で約二一一六万ドル、一九五五年時点の一・六倍近くに達している。[*24]

工業化路線は、沖縄の食品製造業の基盤を生み出すなど一定の成果をあげたものの、生産業の振興という振計の当初目標を達成できたわけではない。注意したいのは、製造業部門を中心に第二次産業が伸長する間に、農林業を中心とした第一次産業が停滞し、サービス・小売業を中心とした第三次産業が膨張し続けた点だ。これは明らかに当初計画の目標に逆行している。試みに当初計画が用いた自立経済の基準——国民所得に占める生産業／非生産業の割合——を適用すると、計画開始時点の三

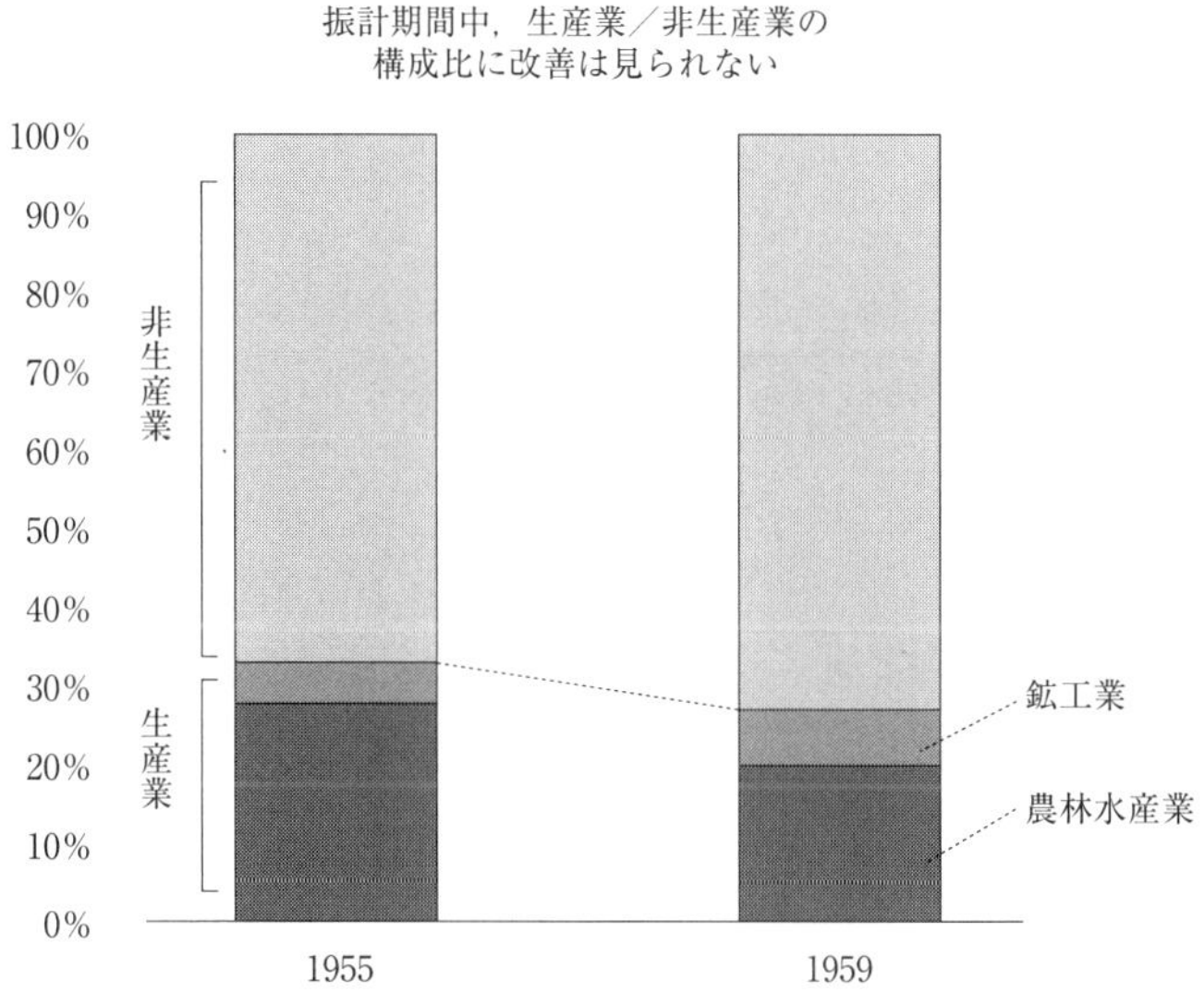

図４−２　生産業／非生産業の構成比
［琉球政府企画統計局『琉球統計年鑑』（第４回）より］

三／六七から、五九年時点で二七／七三と、改善が見られない。育成するはずだった農林業部門の停滞と、圧縮するはずだった第三次産業の膨張により、製造業部門の伸長が相殺されてしまったかたちである。

　このことは、生産業振興・非生産業偏重の是正という当初目標の挫折を意味するが、第一次修正以降、むしろ「工業化による産業構造の高度化」として、積極的に捉えられた。成果報告書でも、第二次産業部門の伸長だけを強調し、「逐年計画の線に沿うて実績をあげながら好調裡に進展し、今日の経済発展に大きな役割をはたしてきとります」と総括している。[*25] 経済の「自立」という当初目標に対する手段だったはずの「工業化」が、修正過程で自己目的化してしまった感がある。[*26]

第二節　自由化体制の理念と実体

もっとも、一九五〇年代後半の工業化が結果的に沖縄経済の自立化につながったのなら、これをことさら批判する必要はない。では、その内実はどうだったか。

ここで注目したいのは、先にも触れた外資政策である。振計実施期間中の一九五八年、米国は沖縄経済を自由化体制へ移行させるべく、一連の施策を打ち出した。USCARはまず、布令一一号「琉球列島における外国人の投資」および一二号「琉球列島における外国貿易」によって投資と貿易に関わる制限を緩和した。これは精神論的鼓舞だけではなく、民間外資の力を借りることで沖縄経済の自立化を図ったものと言える。同時期に布令一四号「通貨」によって法定通貨をB型円軍票（B円）からドルへと切り替えたのも、自由化体制への移行を促す意味があった。

琉球銀行調査部編『戦後沖縄経済史』の表現を借りれば、「基地経済の限界と米国援助の縮小を背景に、他人のフンドシ的発想から海外の生産要素の導入に腐心せざるをえなかった」[*27]ということだが、日米両政府の公的援助を頼れない状況を打開するために、民間資本の動員を図るのは自然の成り行きとも言える。図式的に整理しておくと、〈基地経済の限界→ドル切り替え→（投資・貿易）自由化→

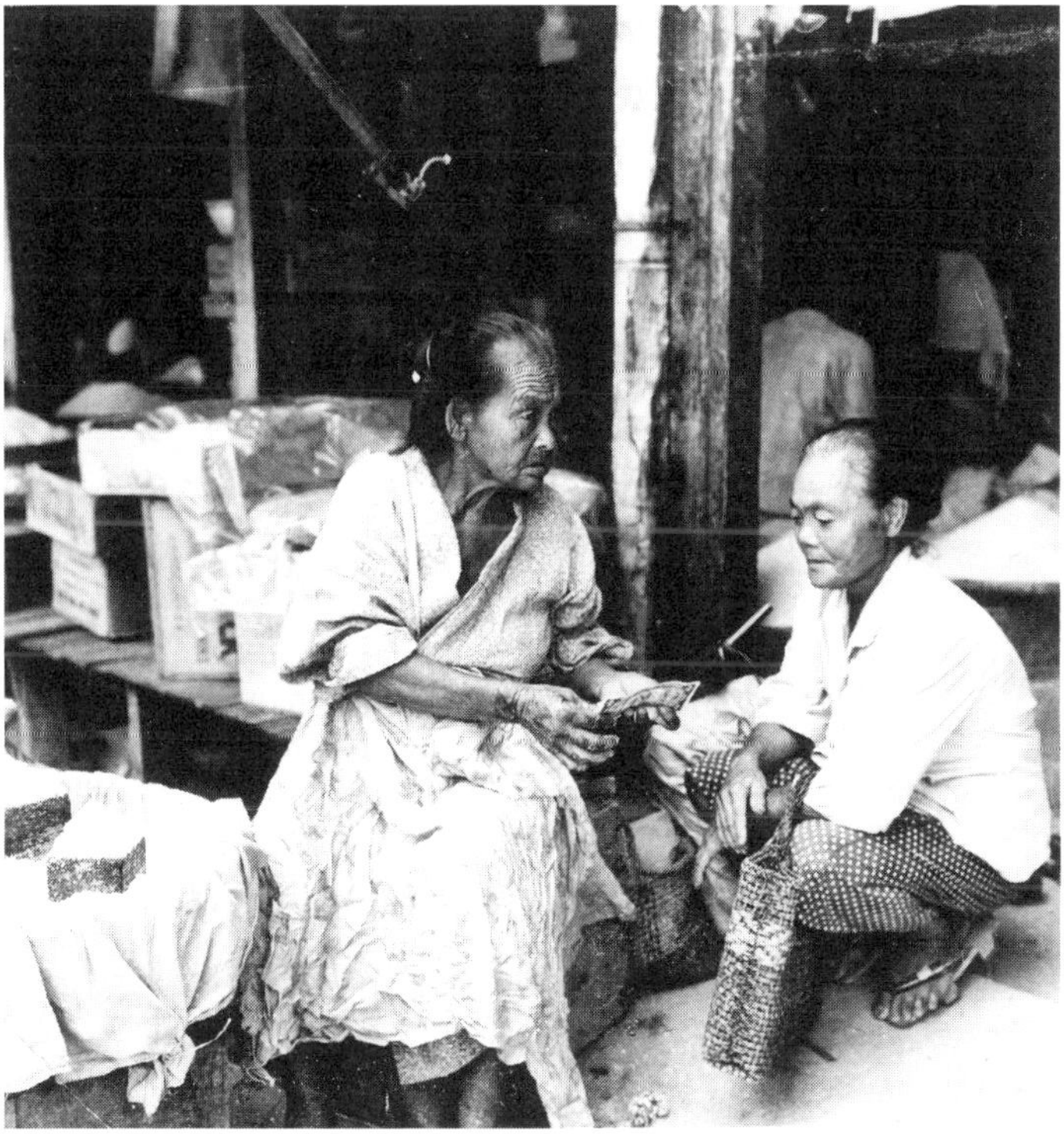

図4－3　生活に浸透するドル紙幣［那覇市歴史博物館提供］

〈産業構造〉工業化→沖縄経済の自立化〉ということだ。

外資導入によって沖縄経済の工業化を図り、基地経済から自立経済への転換を果たすことができれば、島ぐるみ闘争で揺らいだ沖縄統治を再建し、ひいては施政権返還のスケジュールを先送りにできるはずだった。しかし現実の展開は、期待通りにはならなかった。

沖縄は米国の経済的植民地か

ところで自由化体制への移行が打ち出された当初、その意図は別のところにあると見られていた。地元沖縄（と沖縄に関わる日本本土論壇）では、これを外国資本による沖縄からの経済的収奪に道を開くものと見る向きが強かった。とりわけドルへの切り替えと同時期に米国銀行が沖縄進出を企てたことが、多くの人々を警戒させた。その代表として、人民党のリーダー瀬長亀次郎が一九五九年に発表した次の文章を引用してみよう。

> ワシントン政府自体の政策が、このマンモス銀行の政策としているのであってみれば、〔中略〕アメリカ銀行が沖縄に進出して、従来の琉銀の役割を引き受けるというよりはむしろそれに命令し、その金融支配のシステムの中に組み込まれない保証は何もないのである。一九五八年八月、全県民の世論に一顧も与えず、祖国の民主、平和勢力の反対を押し切って敢行されたドル切替えは、アメリカ金融資本に進入路を開いてやったというより、むしろその「あとにひかない要求」に押されてワシントン政府が敢行した沖縄の金融属領化政策であったといえよう。*28

ここで言うところの「マンモス銀行」とは、一九五九年一〇月に沖縄進出を果たしたBank of America（ＢＯＡ）を指す。当時、世界最大の資金量を誇っていたカリフォルニアの民間銀行である。

また戦後の沖縄では、一九五〇年四月からAmerican Express Co.（Ａｍｅｘ）が在沖米軍、軍人・軍属、および米企業を相手として銀行業務を営んでいたが、ＢＯＡと同時期に住民向けの営業に乗り出している。[*29] 瀬長は外資政策の転換の主要な動因を、これら米銀の「あとにひかない要求」に求めた。それにせつかれた「ワシントン政府」が、ＵＳＣＡＲに一連の施策を講じさせたというわけだ。

外資導入に対する懸念は、瀬長より穏健な立場の論者にも共有されていた。たとえば久場政彦（経済学者）は、外資導入をめぐる紙面論争のなかで、「純粋に貨幣的利得の収得」を目的とする民間資本に対し無条件に門戸を開けば、沖縄の地元零細企業を淘汰し、無産労働者へと転落させかねないとして、公的援助をベースに沖縄経済の育成を図る方が望ましいと主張した。[*30] 富原守保（琉球銀行総裁）をはじめ、銀行協会や商工会議所も、当初は米銀進出に反対の姿勢を明確にしていた。[*31]

一九六四年四月の立法院議会では、Ａｍｅｘの営業範囲を住民経済圏にまで広げることについて「ひさしを貸して母屋を取られるという言葉があるんですが〔中略〕もう次第に軍事権力に支配されるだけじゃなくして、経済力においても支配される」（前川守仁・社大党）、「まさにこれは植民地の金融支配の確立であります」（岸本利実・社会党）と、盛んに反対論が展開された。[*32]

こうした理解に異を唱えたのが、第三章でも紹介した国場幸太郎の論文「沖縄とアメリカ帝国主義」である。いわく、「植民地地域におけるように資本の超過利潤の追求が、アメリカ軍の経済政策の基本になっているのではない[*33]」。米国の対沖経済政策は、あくまで統治の安定＝基地の温存を主軸としたものであり、外資導入の狙いも、島ぐるみ闘争に表出した基地経済の限界を取り繕い、沖縄統治の再建を図ることにある。とすると、米銀の沖縄進出の意味も、おのずから異なってくる。国場は次のように述べている。

> 一九五九年にはアメリカのマンモス銀行バンク・オブ・アメリカ（B・O・A）が沖縄に支店を設けることが認可になり、地元銀行と協調融資を行うという線で営業を開始することになったが、それは通貨切替えに伴なって中央銀行的色彩を失ない、純然たる商業銀行化の傾向を強めた琉球銀行に代り、沖縄の中央銀行的存在となる要素を多分にもっている。アメリカ政府としては、B・O・Aの金融操作を通じて沖縄経済の動向を規制する一方、沖縄を経てドルが外国、とくに日本に流出するのを抑制する意図をもっていると思われる。[*34]

米銀側の「あとにひかない要求」が米国政府の政策転換を促したとする先の瀬長の議論とは対照的に、国場は「アメリカ政府」の主導的役割を強調した。米国政府とUSCARの側が沖縄経済の自立化を図るために――すなわち、工業化を促し輸出振興と輸入抑制を図り、ドルの域外流出を防ぐために――「中央銀行的存在」としての役割を米銀に担わせようとしたと言うのである。[*35]

実際にUSCARは、外資の利益よりも、沖縄経済の再編と統治の安定を優先した。しかし、そのためにＵＳＣＡＲの外資政策は、大きな困難を抱え込むことになった。

米国ビジネス 対 ＵＳＣＡＲ

布令一一号「琉球列島における外国人の投資」の序文には、「健全かつ持続可能な経済」の確立という「根本目的」に加え、「その目的の達成に全面的実質的寄与をすると同時に投資者側も適当な利益を受ける如き外国資本の投資を歓迎する」というように、投資者側の利益にも配慮する旨が併記されている。[*36]

ＵＳＣＡＲの外資導入の意図は明快だが、当の導入外資の立場はどうだったのか。[*37] 久場が指摘したように、民間資本は経済的価値を追求するものであって、軍事的価値を追求するＵＳＣＡＲとは本質的に立場が異なる。そのためＵＳＣＡＲは、様々な広告媒体を用いて沖縄への投資を呼びかける一方、その活動が沖縄統治の妨げにならないよう統制を加えるという、二重の役割を引き受けなければならなかった。

ＵＳＣＡＲは自国企業といえども特別扱いしなかった。他の導入外資同様、米国企業も適切な動機づけと統制によって管理すべき対象だった。ＵＳＣＡＲが奨励したのはあくまで沖縄経済の工業化・自立化に資する分野への投資であり、米銀の進出を後押しした目的もそこにあった。両者は表向き良好な関係を維持していたが、ＵＳＣＡＲ経済局の内部文書を見ると、水面下では微妙な緊張関係があったことがわかる。

外資側から見れば、ＵＳＣＡＲによる統制は、沖縄の地元資本を優遇することで自由な市場競争を妨げるものと映った。在沖米国商工会議所（Chamber of Commerce）は、自国政府の出先機関から満足のいく支援が得られないことに慢性的な苛立ちを抱え、規制緩和を要求したが、ＵＳＣＡＲの態度は冷淡なものだった。

先にも登場したＵＳＣＡＲ経済局長のトレーラーは、輸出振興と輸入抑制という外資政策の基本目標に対して在沖米商工会議所のメンバーは「リップサービス」を送るばかりで、ＵＳＣＡＲが奨励する分野への投資申請はほとんどなされていないと苦言を呈した。[*38] サミュエル・オグレズビー経済局長（Samuel Oglesby）に至っては、不平を申し立てているのは、いずれも外資導入の本来の目的に貢献する気のない企業であって、「外資というより従軍商人（Camp follower and not foreign investor）」の類に過ぎないと断じていた。[*39]

そうしたＵＳＣＡＲの態度は、しばしば米国企業とのあいだに摩擦を生み、本国議会で追及されることさえあった。先にも登場したパスマン議員は、一九七〇年度下院歳出委員会小委員会で、当時の高等弁務官ランパート（James Benjamin Lampert）に以下のような批判をぶつけている。

> 高等弁務官および民政府は、外資導入の発展と自治経済の促進が、彼らの主要な任務であり、

義務のひとつであることを公然と認めてきた。積極的な外資導入政策は増大してやまない沖縄援助の負担を大いに軽減するはずである。しかし、今日まで、この問題には口先のお世辞が与えられてきただけである。現在、ＵＳＣＡＲは、外資導入の促進に監督権を失い、関心も持っていない。[*40]

これに対してランパートは、ＵＳＣＡＲがこれまで米国企業に対して積極的に沖縄への投資機会を宣伝し、実際に受け入れてきたこと、その意義を琉球政府側にも理解させるよう努めてきたことを強調した上で、次のように述べている。

> 合衆国の軍事的使命と直接衝突しない問題については、琉球政府に、ますます多くの政府権限と責任とを認めるのが、一九六二年以来の合衆国の公式的な政策である。この政策に即応し、外資審議会の従来の民政府代表は引き揚げられ、同審議会の行動はＧＲＩ〔=琉球政府〕の管理下にある。[*41]

つまり、ＵＳＣＡＲは「一九六二年以来の合衆国の公式的な政策」=ケネディ新政策が打ち出した自治権拡大路線に沿った外資政策を敷いているに過ぎないというわけだ。

「与えられた成長」

貿易に関しても外資政策と同様に、地元産業保護が基調となっていた。醤油、麺類、塩、ビニール・パイプ、食用油、鉄筋、瓶の王冠など、域内で自給可能な商品の輸入は規制され、それ以外の輸入品に対しても物品税や酒類消費税、煙草消費税など、様々な参入障壁が設けられた。たとえば酒税であれば、地元のビールに一〇〇リットル当たり二六ドル、輸入ビールに四七ドルといった具合である。また、製糖、パイン缶詰、合板、セメントなど、「将来健全な自己の生産基盤に立って自立可能な産業」については、重要産業保護育成法が適用され、税制・金融面での優遇が与えられたほか、競合品の輸入規制によって保護されていた。[*42]

自由化体制への移行後も、輸出増と輸入代替を狙った域内産業の保護育成路線は踏襲された。統計上の数値だけを見れば、それが一定程度は沖縄経済の工業化につながったことも否定できない。一九五五年時点で域内総生産額の五・二%を占めるに過ぎなかった製造業・鉱業は、一九六〇年代後半に入ると一〇%内外にまで上昇している。[*43]

しかし、この時期に創出された第二次産業の将来性は、極めて疑わしいものだった。それらの産業の多くは、復帰に際して保護措置が撤廃された分野から順に淘汰されていった。[*44] 一九五〇～六〇年代の沖縄で一定程度進展したかに見えた「工業化」も、参入障壁に守られた域内市場や、特恵措置に守られた本土市場ありきのものだったと見ることができよう。高度成長真っ只中の一九六四年一二月に発行された『琉銀ニュース』にいたっては、「琉球経済の高成長は自力で達成したというより、与えられた成長の感が深い」と断じている[*45]。

結論的に言えば、自由化・工業化を掲げた経済政策の転換は、統計上は一定の成果をあげたものの、その内実は「健全で自立的な経済」とは程遠く、むしろ「与えられた成長」とでも呼ぶべきものだった。

第三節　「人工栄養の経済」

砂糖とパインの沖縄経済

「健全で自立的な経済」の矛盾を象徴するのが、外資導入・工業化路線の最たる成功事例とされた砂糖・パイン関係の食品製造業である。これらは計画期間中に製造業の出荷総額の六割内外、輸出総額の過半（一九六〇年代に入ると七割内外）を占める輸出基幹産業へと成長した[*46]。それは単に国際収支の改善に寄与するだけではなく、原料生産農家に現金収入をもたらすものでもあり、文字通り沖縄経済の新たな柱となった[*47]。

しかし問題は、これらの輸出基幹産業の持続可能性が見通せないことだった。砂糖・パイン関係の輸出品は、国際商品として世界市場での競争に耐え得るようなものではなく、これらを国内産品として扱う日本政府の特恵措置に支えられ、辛うじて存立したに過ぎない。たとえば一九五七年一〇月、琉球糖業振興会会長名義で作成された日本政府宛ての「請願」は、次のように国内産糖としての保護を求めている。

> 黒糖の場合も、分蜜糖の場合も、戦後荒廃からの急激な立上りを要請せられたため、応急的施設が大部分であり、大規模な耕地と、機械力によりその栽培が合理化された原料を、近代的施設をされた工場によって生産される外国産糖とは、コストの点において遥かに高く、国際市場における自由競争には到底対抗出来ない。[*48]

こうした沖縄産糖の地位については、米国でも公式に認知されていた。一九六四年、下院歳出委員会でパスマン議員が日本が沖縄から砂糖を輸入する理由を尋ねた際、エイルズは率直に、「日本政府による沖縄産糖の購入は、一種の沖縄援助である」と説明している。[*49]

特恵措置が適用される日本本土以外に「輸出」先を持たない点は、パイン缶も同様だった。島ぐるみ闘争後に登場した新たな基幹産業の脆弱さは、日本本土で農産物の輸入自由化が取り沙汰された一九六〇年代初頭には早くも露呈することになる。一九六一年一〇月、立法院で決議された「請願書」も見ておこう。

> ようやく本土政府の特恵措置によって軌道にのりかけたものの、政治的経済的その他種々の悪条件は未だに国際商品として自立困難の段階にあるのが琉球パイン産業の現状である（中略）今後共本土政府の政治的配慮がなされるならば琉球の基幹産業として安定するが、若し、現状を考慮せず自由化品目に指定するならば、それは琉球パイン産業の破滅をきたし生産者は勿論、琉球の金融経済各面に決定的打撃を与え、ひいては琉球政治の困乱〔原文ママ〕が憂慮される。[*50]

一九六〇年代を通じて、この類の救済請願は繰り返し行われた。砂糖とパインは延長を重ねる救済措置のおかげで辛うじて存立し得たに過ぎず、エイルズの言う通り「一種の援助」というべきものだった。[*51]

一九六〇年代後半、砂糖・パイン加工品を軸とした成長が翳りを見せ始めると、それと反比例するかのように援助主体としての日本政府の役割が増大していく。対沖援助額の推移は、日本政府の沖縄統治に対するコミットメントの度合いを示すおおよその目安と言える。既述のように、元来ＵＳＣＡＲは排他的統治にこだわり、日本政府の対沖援助増大に慎重な立場を取ってきた。ところが頑強な離日主義者だったキャラウェイが沖縄を離れると、沖縄統治の費用分担に変化が生じる。

一九六四年八月、キャラウェイの後任として赴任したワトソン高等弁務官（Albert Watson II）は、「池田首相とケネディ前米大統領との共同声明にうたわれた精神に基づく政策」に則ると明言した。[*52]

宣言どおり、ワトソンの任期中には沖縄統治に関わる日米間の役割の再調整が進み、日本政府の沖縄援助は急激に増大していった。その額は、一九六二年時点で琉球政府予算の〇・二％にも満たなかったが、翌六三年には四・六％、六七年には一五・九％に達して米国援助を超え、以後も増加の一途を辿る[*53]。こうした日本政府援助の増大が、砂糖とパインに代わって一九六〇年代後半の「沖縄版高度成長」を下支えした。

「沖縄版高度成長」は、とりあえず一九六〇年代を通じて持続したが、来間泰男によれば、その内実は時期ごとに異なる。すなわち、砂糖・パインなどの食品製造業を中心とする製造業の伸長が経済を牽引する前期（〜一九六四年）を経て、ベトナム戦争特需（ベトナム・ブーム）に支えられた中期（〜一九六七年）を挟み、後期に入ると日米両政府の対沖援助増大を背景とした財政主導型経済へ移行する[*54]。米国統治期の沖縄経済は、内実を変えながらも一貫して外的要素に依存するかたちで成長してきたとも言える。

沖縄経済を支える外的要素を「人工栄養」という言葉で表現したのが、復帰後の沖縄開発構想にも深く関わることになる大来《おおきた》佐武郎《さぶろう》（エコノミスト）である。いわく、「人工栄養」の注入量の減少は沖縄経済の停滞に直結し、ひいては基地機能の維持に差し障る事態にも発展しかねない。

今後ベトナム戦の終結とともに基地支出が横ばい、減少することになると沖縄経済は停滞する

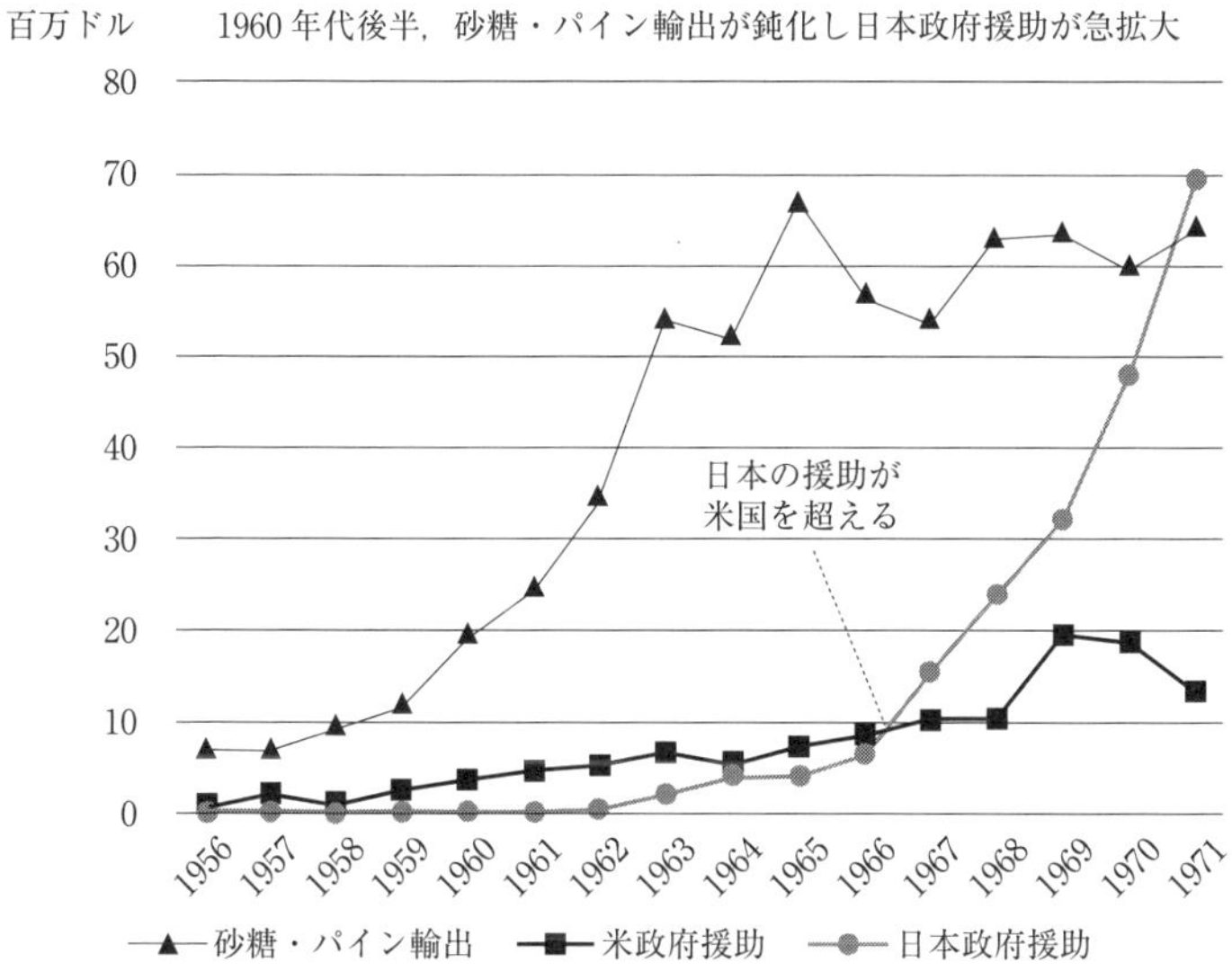

図4－4　砂糖・パイン輸出額と日米両政府援助額の推移
［琉球政府主席官房情報課『琉球要覧』（各年版）より］

可能性がある。そうなるといままで隠れていた政治上の不満が人権問題とともに本土との格差の拡大という経済問題も含んだ形で顕在化してくるかもしれない。そうなることは米国にとっても決して好ましいことではなく、物的に基地を確保し得ても人心が離れていくとはたして基地が使用できるかどうか問題になってこよう[*55]。

だからこそ、絶えざる「人工栄養」の供給による経済成長の持続は、日米両政府にとって死活問題だった。一九六〇年代後半に入って日本政府援助が増大し始めることは、「人工栄養」の供給を米国単独では担い得なくなっていたことを示唆している。

このように見ていくと、一九七二年の施政権返還がしばしば「日米共同の沖縄管理体制」と言われる理由も判然としてくる。日本政府にとって復帰とは、施政権を取り戻すだけではなく、米国に代わって「人工栄養」の供給役を引き受けることを意味していたのである。

島ぐるみ闘争の再発防止装置としての沖縄振興開発体制

復帰に際して大来は、「少くとも本土なみの経済成長が起こるような手当てが必要」だと述べた。大来の言う「手当て」を具体化したのが「沖縄振興開発計画」を中軸とする開発レジームだ。同計画は冒頭、本土との「格差を早急に是正し、自立的発展を可能とする基礎条件を整備」することが「長年の沖縄県民の労苦と犠牲に報いる国の責務である」と謳っている。[*56] 宣言通り、復帰と同時に日本政府は沖縄への財政援助を他府県並みに強化した。

結果、沖縄の財政規模は復帰後急激に膨張した。一般会計の規模を見れば、一九六八年（琉球政府時代）の一二三五億円から、一九七八年（沖縄県時代）には二四一三億円と、復帰を挟む一〇年間で一・八倍に膨らんだ。当然その背景には、日本の国庫から流れる資金の激増がある。一九六八年時点では、琉球政府一般会計に占める日米両政府の援助額は合計しても四一七億円に過ぎない。それが一九七八年には、一八六八億円と、四・五倍になっている。そこに市町村や政府の出先機関――沖縄開発庁沖縄総合事務局、労働基準局、各郵便局、琉球大学、等々――に流れる資金を合わせると、六三七六億円。県外への移転を差し引いても四七四〇億円にのぼる。県外受け取りに占める割合で見ても、軍関係受け取りが（軍用地料の激増にもかかわらず）二四％→一〇％と縮小しているのに対し、財政移転は五三％→六四％と大幅に増大している。[*57]

たしかに来間泰男が慎重に指摘したように、日本政府の沖縄に対する財政援助が他府県に比べて過大というわけではない。[*58]しかし、日本政府援助が復帰後の沖縄経済を支える新たな「人工栄養」として機能したことも否定できない。労働者の勤め先で見れば、一九七〇年／一九七四年比較で公務が約一万四〇〇〇人→二万七〇〇〇人と二倍近く、建設業三万九〇〇〇人→五万一〇〇〇人と一万二〇〇〇人増と、財政膨張に連動した雇用部門の増大が目に付く。ちなみに同期間に農業は一〇万一〇〇〇人→五万二〇〇〇人と半減、製造業も三万二〇〇〇人→二万八〇〇〇人と数を減らしている。[*59]

このように復帰前後には産業と雇用の構造が大きく変化するが、それが過剰人口問題の暴発を抑止するという、島ぐるみ闘争以来の対沖経済政策の基本線を外していないことに注意したい。安東誠一（経済学者）は、占領期の沖縄では「基本的には基地経済が島内の労働力人口に一定の雇用をつくり出した」と指摘した上で、復帰後の財政膨張の役割について次のように述べている。

> 軍用地料の大幅増額や公共事業等、日本政府からの財政資金は増え、米軍統治の雇用維持の機構は、軍雇用の縮小→他の財政関連部門の雇用拡大にともなう強い摩擦を経つつ、機能的にはそ

のまま日本政府によって受けつがれた。[60]

過剰人口は「沖縄版高度成長」によって解消されたわけではなく、水面下に隠されていたに過ぎない。[61] その表面化を回避すること――「失業なき経済社会」を是が非でも維持し、基地の安全を確保すること――が、島ぐるみ闘争後の米国の統治課題だった。

島ぐるみ闘争後の政策転換にもかかわらず、米国は遂に「基地経済」から「健全で持続可能な経済」への転換を果たせなかった。見かけ上は日本本土にも匹敵する「沖縄版高度成長」が出現したものの、その内実は、砂糖・パイン、日本政府援助、ベトナム特需など、いずれも偶発的かつ人為的な要素に依存する「人工栄養の経済」だった。

ここから言えるのは、「沖縄振興開発計画」の掲げた「長年の沖縄県民の労苦と犠牲に報いる国の責務」とは、「人工栄養」を供給し続けることにより、島ぐるみ闘争の再発を防ぐという新たな統治者としての「責務」でもあったということだ。いわば復帰とともに、基地の受け入れに対する地元住民の合意・黙認を調達する役割は、「そのまま日本政府によって受けつがれた」のである。[62]

第五章　「自由で民主的な労働運動」の訓育

かつて沖縄で復帰運動が展開されたことはよく知られている。が、その中心を担ったのが労働者であったという事実は、研究史のなかではあまり注目されてこなかった。[*1]

　沖縄県祖国復帰協議会（復帰協）が結成されたのは一九六〇年四月二八日である。この統一戦線組織結成の基礎には労働者階級の成長があった。[*2]

これは復帰運動が真っ盛りの頃の典型的な文章からの引用だが、復帰協の加盟団体名簿や当時のデモ行進などの写真を見れば、復帰運動の中心に労働運動があったことは誰の目にも明らかだ。

沖縄で本格的な労働運動が展開されるようになるのは、一九五〇年代も終わりに差し掛かってからのことだ。それから一九六〇年にかけて、労働組合の急速な組織化が進む。上記の引用にあるように、復帰運動の推進母体である復帰協が結成されたのは一九六〇年であり、これらの展開はピッタリと重

労働組合		その他団体
沖縄官公庁労働組合	ジョーンズベーカリー労組	沖縄教職員会
全沖縄交通労働組合	沖縄乗合自動車協会労組	沖縄県青年団協議会
自治労沖縄県連	那覇交通（銀バス）労組	沖縄婦人連合会
W・W テーラー労組	全日本海員組合沖縄支部	琉球大学学生会
アメリカン・フォートサービス労組	宮古電力職員労組	沖縄 PTA 連合会
沖縄港湾運輸労働組合	沖縄バス労組	沖縄教育長協会
沖縄繊維労働組合	ファーイースタン労組	沖縄教育委員協会
全沖縄逓信労働組合	バークレーモータース労組	沖縄遺族連合会
全沖縄労働組合連合会	ホテル琉球従業員労組	日本社会党沖縄県連本部
名護鉄工所労組	パンパシフィック労組	沖縄社会大衆党
沖縄タイムス労組	全沖縄理容労組	沖縄人民党
琉球新報労組	ライカム時計店労組	沖縄子供を守る会
紅房労組	琉球石油従業員労組	社会主義青年同盟
コカコーラ労組	琉球大学職員労組	国際大学学生会
ベストソーダ労組	沖縄大学教職員労組	沖縄大学学生会
琉球造船従労組	那覇市職員労組	全沖縄キビ代値上げ農民協議会
沖縄ヒューム管労組		米軍被災者連盟
ラジオ沖縄職員労組		沖縄民主青年同盟

図5−1　復帰協加盟団体（1965年時点）［沖縄県祖国復帰闘争史編纂委員会編『沖縄県祖国復帰闘争史 資料編』沖縄時事出版，1982年より］

なっている。労働運動だけが復帰運動を構成したわけではないが、復帰運動の本格的展開の前提に労働運動の発展があったことは間違いない。この点を強調するのは、労働運動の性格が復帰運動の方向性を左右する重要な要素になったことに注意を向けたいからだ。一九五〇年代後半以降の労働運動の展開を見ていくことが、その延長線上に展開された復帰運動の意味を問うことにもつながるだろう。

第三章で述べたように、島ぐるみ闘争後の米国統治の課題は、〝挑戦的な民族主義の不在〟という条件を回復すること、より直接的な言い方をすれば、復帰運動の穏健化を図ることだった。復帰運動の主要構成部分である労働運動が米国の警戒対象だったことは言うまでもない。

図5－2　組合旗とともに日の丸が翻る沖縄のメーデー（1956－1958年頃）［那覇市歴史博物館提供］

実際、ＵＳＣＡＲは労働運動の動向を注視し、必要に応じて介入を加えた。その意味でＵＳＣＡＲの労働政策は、沖縄統治の安定を維持するための重要な手段でもあった。とりわけ島ぐるみ闘争後の労働政策のあり方は、経済政策同様、従来路線から大きく変化する。一言でまとめると、反共・弾圧路線から穏健化・育成路線へと転轍するのである。

島ぐるみ闘争（一九五六年）の頃まで、ＵＳＣＡＲは労働組合を共産主義者の苗代と見做し、ひとえに弾圧の対象としてきた。ところが一九五〇年代の終わり頃になると、労働組合を潜在的な協力者と捉え直し、その組織化を自ら促すようになる。冒頭に触れた労働運動の急速な組織化も、ＵＳＣＡＲの政策転換に後押しされたものだ。

なぜＵＳＣＡＲが労働運動の組織化を促すのか。

そのことが復帰運動の発展につながったことを踏まえると、ますます意図を掴みかねる。ここで注意したいのは、USCARは労働運動を無条件に奨励したわけではなく、あくまで「自由で民主的な労働運動」を育成しようとした点だ。

「自由で民主的な労働運動」の目的は、社会主義革命ではなく、経営者との対話を通じた労働者の地位の向上＝近代的労使関係の確立である。ひらたく言いかえれば、〝勤勉に働けば報われる〟という精神にもとづく労働運動のことだ。資本家・政府に圧力をかけ、公正な分け前を要求することを躊躇しないが、だからと言って資本主義社会の持続可能性に疑義を呈するところまでは踏み込まない。第三章で紹介した『守礼の光』に登場するような、典型的な米国人労働者像に重なるものと言えよう。

その育成のためには、共産主義政党に先んじて労働者の鬱積する不満に対処し、現在の社会秩序のなかで合理的な解決策を見出すよう促さなければならない。島ぐるみ闘争後のUSCAR労政は、そのように労働者との協調関係の構築を目標とするようになっていく。

ただしUSCARは、必ずしも自発的に労働政策の転換に取り組んだわけではない。その直接的なきっかけは、西側資本主義陣営の労働組合を糾合した国際自由労連（International Confederation of Free Trade Unions：ICFTU、以下自由労連）の介入だった。自由労連は、一九五六年五月に沖縄調査団を派遣して以来、継続的に沖縄に関わり、USCAR労政の刷新と現地の労働組合の育成に注力した。戦後沖縄の労働運動は、労働者自身の自主的な組織活動と、USCARと自由労連の政策的介入が交錯するなかで発展・変質を遂げていくことになる。本章では、こうした労働運動の訓育過程を追っていく。

第一節　労働組合弾圧一辺倒の時代

軍作業――「花形の仕事」か「奴隷労働」か

戦後沖縄の労働は、米軍のもとでの労働、すなわち「軍作業」に始まる。[*3] 一口に軍作業と言っても、雇用上の身分や仕事の内容は千差万別であり、米軍が直接雇用するドライバーやエンジニア、警備員、ＰＸ（基地内売店）のレジ係、軍食堂の調理スタッフ、軍人・軍属が雇用する家事手伝い、さらに米国政府の請負業者の被用者まで、多種多様な仕事を一括して軍作業と呼んでいた。[*4]

軍作業をめぐっては、相反する二つのイメージが存在する。それは一方で圧倒的な物質的豊かさを体現する基地に通勤できる「花形の仕事」であり、他方で差別や危険と隣り合わせの「奴隷労働」でもあった。

地上戦により生産基盤が破壊され、民間に見るべき企業がなかった一九五〇年代前半の沖縄にあって、軍作業は人気の働き口だった。米軍は最も規模が大きく、相当に寛大な雇用主であり、職場では上司や雇い主から好意のプレゼントを受け取る（あるいは米軍から直接盗み取る）[*5]機会にも恵まれていた。いくつか証言を挙げてみよう。

　田舎を出て都会に行ける。しかも、憧れの米国文化あふれる米軍基地だ。喜んで行きましたよ。[*6]

（一九五四年に大宜味村を出て那覇空軍基地の倉庫係に就職）

　ＰＸは花形の職場で、みんな憧れていた。入ったら待遇がよくて給料も高くてね…就職して数年後、父の知人である小学校の校長が「中地君、教員にならないか」と誘ってきた。話を聞いたら給料はＰＸの一〇分の一。ＰＸは米国文化がある華やかな所だったし、断ったよ。[*7]

（一九五一年にコザ高校卒業後、嘉手納基地内のＰＸに就職）

　軍作業に関する証言では、このように「憧れ」、「高給」、「花形」といった言葉が頻出する。他方、仕事中に受けた差別的な扱いや奴隷的な待遇に関する語りもある。一九五七年から牧港補給基地でエンジニアとして働いた人物は、次のように語る。

　毎日朝八時から夜十時まで、労働環境といい業務内容といい、ロボットのように働かされた。基地内の高校に通う兵士の子どもがアルバイトに来ることもあったんだけど、彼らは掃除をするだけで時給一ドルなのに、僕らは七五セントだよ。まったく奴隷だよね。[*8]

また軍作業の現場には、生命に関わる危険もそこら中に存在した。日本本土や米本国では使用されないような猛毒が沖縄の軍作業の現場では平然と使用されているケースも珍しくなかった。猛毒である六価クロムを使った機材洗浄に従事していた元溶接工は、次のように証言している。

六価クロムは骨を溶かす。特に鼻の粘膜など、弱い部分にダメージが出ると言われた。僕らは毎朝、自分の鼻をつまんで骨がしっかりしているかを確認していたよ。使用発覚は復帰後だったけど、日本の安全基準は及ばなかった。もちろん、米国の基準も適用外だ。いったい、僕らの身分は何だったのかな。米軍は、奴隷とでも思っていたのだろうか。[*9]

このように軍作業員は、労働者である以前に軍事基地機能を支える部品のように扱われることもしばしばだった。労働者を集めるために必要な限りで、米軍は相応の待遇を用意したが、労働者の権利主張が基地の機能維持に障る事態は何がなんでも避けようとした。

労働組合を組織する権利は、その最たるものと言える。軍作業員がストライキなど起こそうものなら、それこそ基地機能に重大な損害を与えかねない。「太平洋の要石」と位置づけられた沖縄では、軍作業員の労務管理と基地の機能保全は直結していたのである。

基地を囲む労働戦線の登場

しかし実際には、労働争議は活発化する。一九五二年から翌年にかけて、日本道路社（一九五二年六月）、松村組（同年六月）、ＶＣ（同年一〇月）、ＫＯＴ（同年一一月）、清水建設（一九五三年一月）、カルテックス（同年一〇月）と、労働争議が連鎖的に発生した。いずれも米軍基地関係の建設、運営、原料・燃料調達に携わる労働者による争議だった。まるで労働戦線が基地を包囲するかのような状況が、突如立ち現れたのである。[*10]

それらの直接の原因は、米国や日本本土から進出してきた請負業者による抜き打ちの大量解雇や賃金の遅配・欠配、杜撰な労務管理や差別的待遇にあったが、より根本的な原因は、そうした振る舞いをＵＳＣＡＲが黙認していたことだ。

戦後民主化改革の一環として占領期に労働三法が整備された日本本土と違い、この時期の沖縄では労働者の権利を保護する法制度は実質的に存在しなかった。一連の争議は、そうした状況で放置されていた過酷な労働環境を明るみに出すこととなった。一九五二年六月、日本道路社争議の最中に発表された檄文には、次のような記述が見られる。

図 5－3　カルテックス社による組合員解雇に抗議するハンガーストライキの現場（1953 年 11 月）［那覇市歴史博物館提供］

只でさえ家族も養えない賃銀時間給十二円を一方的に十円五十銭に切下げたのみか、それさえ二ヵ月も支払わず、支払を要求すれば全員首切りを云い渡し、おまけに宿舎でも待遇は、畳はおろか蚊帳も毛布も全然支給せず、雨が降れば降ったで雨もりで中は泥んこ、食事は三度々々盛り切り一杯の砂の様な飯に申し訳だけのソーメン汁、その上食器も四三人にわずか六人前だけで箸もしゃく子もあてがわず井戸水さえ聞くに堪えない悪罵をあびせて汲ますまいとするし、病気で仕事を休めばなぐるけるの暴行、はては「セメントと一緒にコンクリートに叩き込むぞ」とおびやかす始末。それだけではない。なけなしの給料からさえピンをはねられるというタコ部屋の復活であり、ドレイ扱いであり、日本人労働者（本土から来た労働者）の待遇に比べれば、まるで天国と地獄との違いなんだ。だからこそ今までおさえにおさえた我々の怒りがバクハツしたのだ[*11]。

法的根拠のないまま行われた労働者の闘いは、それ自体不法行為だった。しかし、同様に弱い立場にあった労働者を中心に広く住民の共感を集め、労働者の法的保護を求める世論を喚起することとなった。一連の争議を背景に、立法院や行政府は労働法制の準備を進め、ＵＳＣＡＲと折衝を重ねていった。一九五三年一〇月、そうした努力が実り、ようやく沖縄でも労働組合法、労働関係調整法、労働基準法が施行された。

ところがＵＳＣＡＲは、労働三法の施行に合わせて布令一一六号「琉球人被用者に対する労働基準及び労働関係法」を発し、軍作業に携わる労働者を自らの直接管理下に置いた。同布令の特徴は、個々の労働者の地位・権利については労働基準法に準じて規定しつつも、労働組合法、労働関係調整法に相当する部分について、労働者側に著しく不利な内容となっていた点だ。団体交渉権・争議権の剥奪をはじめ、組合の組織化や交渉力の強化につながる制度は一様に排除されていた。さらに一九五五年三月には悪名高い布令一四五号「労働組合の認定手続」を発し、軍民ともに組合結成時に幹部名簿の提出を義務づけた。[12]

これらの措置は、労働運動に対するＵＳＣＡＲの不信と警戒の反映と見ることができる。この時期のＵＳＣＡＲにとって、労働組合は共産主義者の苗代であって、基本的には弾圧の対象でしかなかったのである。

ＵＳＣＡＲの懸念は必ずしも杞憂ではなかった。先に言及した日本道路社争議では、奄美共産党から琉球人民党（後の沖縄人民党）に派遣された林義巳により、奄美大島出身者を中心とした組織化が水面下で行われていた。また、労働現場で噴出した不満の声を立法院に引き入れ、労働三法の制定を主導したのは、人民党のリーダー瀬長亀次郎だった。[13] 瀬長は、一九五二年五月に開かれた戦後沖縄初のメーデーで登壇し、沖縄の即時日本復帰を堂々と唱えていた人物である。[14] ＵＳＣＡＲが労働運動に対して過剰に神経を尖らせたのも、無理のないことだったかもしれない。

しかし、一九五〇年代後半に入ると、労働組合に対するＵＳＣＡＲの態度は一変する。

第二節　国際自由労連の介入

自由労連が見た沖縄

既述のように、ＵＳＣＡＲは必ずしも自発的に労働政策の転換に踏み切ったわけではない。その直接のきっかけをつくったのは、国際自由労連の沖縄への介入である。

自由労連は、一九四九年一一月に結成された西側資本主義諸国の労働組合の連合体である。戦後の国際労働運動は、いったん反ファシズム、恒久平和の樹立、人種・国籍・宗教・政治的見解を超えた国際的な統一戦線を謳う世界労働組合連盟（世界労連）にまとまったが、共産主義に対するスタンスをめぐって分裂する。世界労連に残留した東側陣営に対し、米国のナショナル・センターであるＡＦＬ（米労働総同盟）とＣＩＯ（米産別会議）を中心に、「全体主義の脅威には非共産主義運動の団結をもって対抗する」というスローガンを掲げて再結集してできたのが自由労連だ。[*15]

その規約冒頭に掲げられた活動目標を抜粋してみよう。

> （ａ）自由にして民主的な労働組合をその構成員としいかなる外部の支配をも受けず、全世界の働く人々の利益を増進し、労働の尊厳を高めることをその使命とする強力で効果的に活動しうる国際的組織を、全世界ならびに各地域をそれぞれ規模として維持し発展させること〔中略〕（ｃ）自由な労働組合の設立維持発展を、特に経済低開発諸国において助長すること〔中略〕（ｅ）労働組合の破壊、その権利の制限、または全体主義その他の反労働者的勢力の労働者の組織内部への浸透と、その従属化を目的とするあらゆる動きに対して、自由な労働組合の防衛にあたり、またそのための協力調整を行なうこと[*16]

ここで言うところの「自由にして民主的な労働組合」は、既述のように共産党指導を排した労働組合の別称であり、反共的労働組合運動の推進勢力として知られる自由労連の合言葉でもあった。その任務は支援を必要とする——と、自由労連が考える——地域への組合指導者の派遣も含み、沖縄への介入もその一環を成す。

ただし、沖縄の文脈に即して「労働組合の破壊、その権利の制限、または全体主義その他の反労働者的勢力の労働者の組織内部への浸透と、その従属化を目的とするあらゆる動き」という文言を敷衍すると、そこには共産主義者による介入のみならず、ＵＳＣＡＲによる弾圧も含まれる。

既に見てきたように、一九五〇年代半ばまでのＵＳＣＡＲは、基地建設・運営を司る独占的な事業者であると同時に、労働法制を握る絶対的な施政者でもあるという二重の立場によって特徴づけられる。自由労連から見れば、沖縄の労働問題の根っこにあるのは、こうしたＵＳＣＡＲ自身の立ち位置だった。自らの生活と権利を守りたいだけの労働者の異議申し立てに耳を貸さず、十把一絡げに弾圧を加えるＵＳＣＡＲの態度こそが、共産主義者に介入の糸口を与えているというのである。

したがって自由労連の沖縄での活動は、①ＵＳＣＡＲの弾圧から労働運動を守る防波堤となり、その育成を図ると同時に、②現地の労働組合から共産主義者の影響力を拭い去るという二正面作戦として展開された。ＵＳＣＡＲと共産主義者、その双方から自立した「自由にして民主的な労働組合」の育成こそが、沖縄における自由労連の使命だった。

USCAR対自由労連

自由労連の沖縄介入は、米軍統治を維持する上で時宜を得たものだった。一九五〇年代半ばの米国は、沖縄内部のみならず、外部からの非難にもさらされていたからだ。一九五五年一月には、『朝日新聞』が「米軍の「沖縄民政」を衝く」と題する長大な特集記事（通称『朝日報道』）で強引な土地接収や奴隷的な労働環境、その他あらゆる人権侵害にあえぐ沖縄の現状を伝えたこともあり、日本本土でも沖縄に注意を向ける人々が出始めていた。[17]

とりわけ労働運動勢力は、沖縄問題を重く受けとめたグループの一つだった。[18] この時期までに、亀《かめ》甲康吉《こうやすきち》と宝樹文彦との連絡・支援体制も水面下につくられている。[19] 亀甲は沖縄電気通信従業員組合（後の沖縄全逓）出身で、後に沖縄県労働組合協議会（県労協）の初代議長を務め、「労働界の英傑」と呼ばれることになる人物だ。他方の宝樹は、本土全逓の委員長を一〇年以上務めることになる人物で、自由労連でも顔が利いた。この二人の接触が、自由労連の沖縄介入の直接の糸口となった。

沖縄の労働者が置かれた状況は、亀甲―宝樹を経由して、自由労連の第四回大会へと持ち込まれた。そこで「沖縄の労働者の組織強化」が提起・決議されると、ＣＩＯ、国務省との調整を経て、同年一二月には沖縄調査団の派遣が正式決定する。[20]

図５−４　熱烈に歓迎された自由労連調査団［那覇市歴史博物館提供］

ＵＳＣＡＲとの事前調整を経て自由労連の沖縄調査団が派遣されたのは、翌年五月のことだった。ジョージ・ウィーバー（George L. P. Weaver・米合同運輸サービス労組）を団長とする調査団は、東京で日本のナショナル・センター（総評・全労・新産別）との意見交換を経て、五月一五日に来島、一〇日間にわたって現地を視察し、ＵＳＣＡＲおよび琉球政府関係者のほか、現地の組合活動家や土地を収用された農民からも意見聴取を行った。[*21]その仔細は連日地元紙で報じられ、住民側の期待を集めていく。[*22]

　翌々月の自由労連執行委員会に提出されたウィーバー調査団の報告書は、沖縄における自由労連のミッションを明示するものと言える。そこで特に問題視されたのは、ＵＳＣＡＲと組合活動家の双方で、「自由で民主的な労働運動」と共産主義運動の区別ができていないことだった。報告書は、「琉球諸島には共産党の勢力は存在する」、「それが、民主主義に不可欠の強力な、健全な自由な労働組合運動の発展に対する障害となっている」としながらも、そのような状況を生み出した根本原因はＵＳＣＡＲの側にあると見ていた。[*23]

> 労働組合主義と共産主義とを同列にみる傾向は、琉球政府よりは軍部の方が大きい。そして彼等は時としてこの問題について神経過敏過ぎる〔中略〕アメリカの軍組織の政策面において労働組合の技術面と近代的労使関係の概念に経験ある職員がいないことが現在の沖縄の労働条件を不満足にしていることを大きく物語っていることは明らかである。[*24]

労働者は過酷な労働環境の改善を要求しているに過ぎない。にもかかわらず、ＵＳＣＡＲの過剰な警戒が、労働者の間で「「赤」だと軍によって考えられないか」という恐怖と、「アメリカ民政府〔ＵＳＣＡＲ〕並びに沖縄における軍に対するはなはだしい悪感情」を醸成している。[*25] したがって、状況を改善するためには、労働分野におけるＵＳＣＡＲの知識・経験不足を補う必要がある。それが自由労連の見立てだった。

そして報告書の結論部分では、「強力にして自由な労働組合運動を組織し、発展させるよう労働者を援助するために、沖縄に経験ある労働組合員を代表として任命することを勧告する」として、自らその役割を引き受けると提言している。この勧告は一九五九年、自由労連沖縄駐在事務所の設置に結実することになる。

ただし、自由労連は米国の沖縄統治そのものを全否定したわけではない。報告書では、次のようにも述べている。

> 自由世界の防衛が、沖縄を軍事支配の優位下に軍事基地として使用することを必要とする限り、決して完全な民主的条件が沖縄に実現されることはないであろう〔しかし〕この軍事支配は、労働組合の結成を奨励するアメリカ政府の政策が実現し損なうことを曖昧にするものであってはならない。[*26]

このように沖縄の軍事的価値と占領の継続、それに伴う住民生活上の制約は、自由労連の報告書でも不問の前提とされていた。報告書は沖縄占領の是非には触れることなく、その補完を自らの任務として提示したに過ぎない。

沖縄から見た自由労連

ウィーバー報告書に対する現地沖縄の反応は、概ね次の二つの立場に整理できる。第一に、「完全な民主的条件が沖縄に実現されることはない」云々という箇所については留保しつつも、原則的には歓迎する立場であり、第二に、自由労連をＵＳＣＡＲの手先と見做して警戒する立場である。

琉球政府労働局が発行していた月刊誌『琉球労働』は、ウィーバー報告書の発表に際して組合活動家や有識者のコメントを集めた特集を掲載しているが、その大部分は第一の立場からのものだった。たとえば安次峰信（沖縄電通労組執行委員）は、「現在沖縄の世相は全く混沌としており、何の希望もなし、また何等頼るべき処もないときに、突如として我々に実に信頼できる友として大なる希望を持って来たのが調査団である」と自由労連の介入を歓迎しつつ、軍事優先を前提視する点については「沖縄に軍事基地が存在する限り沖縄の労働者は決して根本的に救われないと断言しているのに何故勧告において根本的に救う様発言しなかったのであろうか」としている。[*27]

こうした評価は、概ね戦後沖縄労働史では通説として定着している感がある。[*28] 自由労連の介入は、その主観的意図がどうあれ、客観的には労働運動に対するＵＳＣＡＲの弾圧路線に対する防波堤となり、労働運動を「底上げ」したというわけである。[*29]

他方、労働運動に自由労連の影響が及ぶことを警戒し、対決姿勢を構えたのは、一九五〇年代前半に労働運動の指導に当たった人民党・非合法共産党およびその影響下にある組合活動家である。ウィーバー報告書が「民主々義に不可欠の強力な健全な自由な労働組合運動に対する障害となっている」と名指しで糾弾した人民党は、同時期に作成した文書でこれを「語るに落ちる」と斥け、報告書が「軍事優先」を基調とする点を指して「アメリカの力の政策に奉仕する労働貴族ウェバー（＝ウィーバー）団長の面目躍如たるもの」と揶揄している。[30]

また、那覇市職員労働組合出身で、全沖縄労働組合連合会（以下、全沖労連）書記長の地位にあった前原穂積は、自由労連調査団を「アメリカ帝国主義の国際労働運動内部における手先」と呼び、次のように述べている。

> 報告の真意は、沖縄の労働者にアメリカの軍事基地と軍事的・植民地的支配を認めさせ、そのワクのなかでの労働運動をさせるように指導する必要があるということにあった。[31]

前原は過去に非合法共産党の活動に参加した廉で逮捕された経歴を持つ全沖労連内急進派の代表格だ。その立場からすれば、自由労連の介入も警戒すべき外部からの工作以外の何物でもなかった。

とはいえ、自由労連の介入は同時期の沖縄統治の方針転換の一環であり、従来路線のＵＳＣＡＲ労政の延長線上にあるわけではない。たとえば新崎盛暉は、「五六年前半期の米民政府（ＵＳＣＡＲ）に、労資協調主義の組合幹部を養成するなどという高等戦術をとる能力があっただろうか」と述べ、上記のいずれの立場からも距離を取っている。[32]

それでは自由労連介入後のＵＳＣＡＲ労働政策は、いかなる意味での「高等戦術」だったのか。自由労連の介入は、ＵＳＣＡＲの労働政策を補完するものではあったが、前原が「軍事的・植民地的支配」と呼ぶような従来路線をなぞったものではない。むしろ、その刷新なくして沖縄基地の維持はままならないという、米国の危機意識を反映したものだった。

第三節　ＵＳＣＡＲ労政の刷新

そもそも、労働組合の連合体に過ぎない自由労連が、なぜＵＳＣＡＲの労働政策に口を出せたのか。それは穏健な労働運動を育てる方針が、米国政府公認のものだったためだ。自由労連は、一応は国際組織という体裁を取っていたが、その活動は冷戦期米国の対外労働政策の一環を成していた。[*33] 自由労連とＵＳＣＡＲは、しばしば個別の問題をめぐって対立したが、それでも両者は沖縄を「太平洋の要石」として保持し続けるという根本目的を共有していた。[*34]

労働者を味方につける

一九六一年八月、ケネディ政権は、沖縄の経済・社会状況の問題と改善の方策を検討するために、カール・ケイセン大統領特別補佐官（Carl Kaysen）を団長とするタスクフォース（Task Force Ryukyu：TFR）を設置し、同年一〇月に沖縄での調査を実施している（通称ケイセン調査団）。このタスクフォースは国務省、国防省、国際協力庁、労働省など、省を跨いだ構成となっており、さながら一九五〇年代までの沖縄統治の総点検の様相を呈した。ちなみに自由労連沖縄調査団の団長を務めたウィーバーも、労働省次官補として参画している。

ケイセン調査団の報告書は、労働問題について、次のように記述している。

> 労働の分野では、琉球人労働者とリベラルな政治グループのなかに、常に増大する不満が存在している。これらの人々は、USCARが労働組合とその活動を信頼しておらず、過度な規制を課していると感じている。
>
> 我々は、こうした感情は正当なものであり、結果的には米国に対する敵意を生み出すものだと考える。タスクフォースとしては、沖縄の労働者は基本的に反米主義者ではないにせよ、自分たちが不当な政策の被害者だと感じ続けるならば、そうなり得ると考えている。我々は、琉球人労働者との協力から得られるであろう多大な利点があると考える。これは、給与と福利厚生の拡充に関する我々の勧告を支持する一つの要素である。我々はさらに、労働者の協力を獲得するための総合政策を採用しなければならない。これは基地に対する脅威を軽減するための最も効果的かつ安上がりな手段の一つとなり得る。[*35]

これは労働問題に関するＵＳＣＡＲの分別のなさに対するウィーバー報告書の指摘と対応している。タスクフォースにはウィーバーも参画しているのだから当然かもしれないが、ケイセン報告の労働分野に関わる記述は、自由労連の意見を踏まえたものとなっている。そして注意したいのは、ケイセン報告はケネディ新政策の骨子を成す――したがって島ぐるみ闘争後の沖縄統治の基本方針となる――ものであり、そのなかで「自由で民主的な労働運動」の育成が明確に統治目標として位置づけられたということだ。

それではなぜ、「自由で民主的な労働運動」の育成が、新たな沖縄統治の柱に位置づけられたのか。第四章で見てきたように、島ぐるみ闘争後の沖縄統治の主要課題の一つは、基地経済を健全で持続可能な経済へと再編することにあった。だが、それは経済分野で完結する課題ではない。戦後沖縄の経済が、奇形的であれ資本主義経済である限り、これを持続可能なものにするためには、労働分野でも適切な施策を講じる必要がある。

まずは大河内一男（社会政策学者）の古典的な定義を引いてみよう。

> 資本主義制経済におけるすべての社会政策が、すなわち「労働力」の全般的な摩滅と喰潰しとを防止し、「労働力」総体の「健全な」培養を目的とする社会政策の必然性は、〔中略〕資本に対する労働の階級的闘争によってはじめて与えられるものではなく、むしろ資本制的な産業社会

そのものの順当な運営のための経済的必然性に属するものであって、ほんらい、資本主義経済の「自然律」として考えられるものなのである[*36]。

労働者をできるだけ安く・長く使うことが、個々の資本家にとって合理的な判断であるにしても、それは労働者の絶滅ないし反乱につながるため、資本家総体にとっては不合理な事態を招く。したがって持続可能な資本主義社会の存立は、個々の資本家にとっての合理的判断を制して、労働力の保全を図ることができるかどうかにかかってくる。沖縄の文脈に敷衍すれば、基地経済を健全で持続可能な経済へ再編することを決めた時点で、労働法制の見直しは不可避だったということになる。

ところが、軍事基地の建設・運営の事業主であり、労働法制を司る絶対的施政権者でもあるというＵＳＣＡＲの二重の立場は、そうした「資本主義経済の「自然律」」の確立を阻害するものだった。安価で迅速な基地建設を優先した結果、奴隷労働——大河内の言うところの「「労働力」の全般的な摩滅と喰潰し」——を放置し、結果的として労働者の反発を買う羽目になった。状況の改善を求める労働者の異議申し立てにも耳を貸さず、共産主義者と見做して弾圧することで、ますます敵対関係を深刻化させてしまった。

自由労連の介入は、こうしたＵＳＣＡＲの態度を諌め、「健全」な労働者と「自由で民主的な労働運動」の育成に努めるよう促したに過ぎない。

〝赤旗不在〟の労働運動

自由労連とＵＳＣＡＲにとっての模範的な労働運動のあり方は、組合活動家向けに実施された労働教育の内容を見ればわかる。既述の通り、自由労連の介入以後、組合活動家は既に排除すべき内部の敵ではなく、穏健に育成すべき協力者と見做されるようになっていく。とりわけ親米エリートの育成を目的とする国民指導員制度（National Leaders Program）に労組代表が選ばれるようになったことは、労働運動とＵＳＣＡＲとの関係の劇的な変化を象徴するものと言える。一九六〇年二月、一一人の労組代表が初めて国民指導員として渡米して以来、一九六五年六月、一九六七年七月と計三回、二五名の労組関係者が国民指導員プログラムに参加している。[*37]

自由労連とＡＦＬ‐ＣＩＯの協力のもとでＵＳＣＡＲが実施した労働教育プログラムの主な目的は、階級対立の激化と革命を資本主義社会の宿痾とする見方の代わりに、階級なき持続可能な社会というビジョンを普及させることだった。すなわち、限られた取り分をめぐる労働者と資本家の対立という図式を斥け、労使の協調・妥協にもとづく生産性の向上と、その果実の公正な分配を本旨とする「近代的な労使関係」の心得を説くものだった。これは「生産性運動」または「生産性プログラム」の名でも知られる。[*38]

反対に「労資対立」の不可避性を強調する組合活動家は、不必要な対立を煽り、「近代的な労使関係」の構築を妨げる無責任な輩として、排撃の対象となった。一九四八年に書かれた『新しい権力者』

のなかでＣ・ライト・ミルズ（社会学者）は、同時代の米国で盛んに行われた労働運動内の「アカ狩り」の様子を次のように揶揄している。

> すべての紛争の原因は、〔労働者と経営者〕両方の側の「無責任な指導者」の小さな集団である。かれらは、企業と労働者が産業平和とアメリカの繁栄のなかで、礼儀正しい隣人としてあいならんで生活することを認めるのでなく、両者に仮想のたたかいをおこなうように強いるのである〔中略〕双方の側のスポークスマンがおしなべて善意の人であり、知性の人でありさえすれば、勤労市民と財産の管理者のあいだの利害の対立はなくなるだろうというのである。[*39]

国民指導員たちが実地で学んだ米国流の「自由で民主的な労働運動」の基本的発想は、このようなものだった。帰沖直後に設けられたハワード・Ｔ・ロビンソン初代自由労連沖縄初代駐在（Haward T. Robinson・一九五九年九月―一九六一年七月在任）やスタウトＵＳＣＡＲ労働局長（W. D. Stout）が臨席した懇談会の場で、派遣メンバーは次のように語っている。「日本の場合、労組活動の政治目標が社会主義社会の建設にあるようですが、米国の労組活動は資本主義社会の枠内で自分達の問題を解決発展させるということにしぼられるようです」（浜端春栄）、「米国の労働組合は自主独立の気持ちが強く、政党に指導されることはありません」（島袋勇）、「米国の組合は国旗をバックにしており、赤旗というものがありません」（前田朝功）[40]。

もっとも、ＵＳＣＡＲと自由労連が実施した研修プログラムが皮下注射のごとく組合指導者の精神に作用するというのもリアリティに欠ける。ここで目を向けたいのは、労働教育と同時並行して、労働運動に対する監視・統制の権限を、ＵＳＣＡＲから組合指導者へ移譲する動きが進められていたことだ。「自由で民主的な労働運動」の精神は、お仕着せの教育だけで浸透したのではない。それを受け入れる見返りに、ある程度自主的な活動の余地が与えられたがゆえに、半ば自発的に選び取られたのである。

第四節　自粛と前進

既述の通り、自由労連の介入以前のＵＳＣＡＲは、布令一四五号「労働組合の認定手続」によって組合活動を直接的な監視下においていた。この布令は組合結成に際して幹部名簿の提出と民政官による承認を義務づけるもので、もっぱら反共・治安維持的目的から制定されたものと言える[41]。

自由労連は、この組合不信の象徴のような布令の撤廃を最重要目標に掲げ、早くもキャラウェイ施政下の一九六一年二月にはそれを達成してしまう。

布令一四五号の撤廃は、労働運動の前進を標づける出来事とされてきた。「この布令を撤廃させたことは労働組合運動の正当性を改めて確認するとともに、大きな自信を獲得する契機となった」といった具合である。[*42]

布令撤廃は実際に組合組織化の呼び水となったが、注意したいのは、それが布令の目的の放棄を意味しなかったことだ。むしろ、そうする方が効率良く労働組合から共産主義者の影響力を拭い去れると考えられたからこそ、布令は撤廃されたのである。布令の撤廃に至る経緯を見ると、そのことが良くわかる。

布令死文化闘争――共産主義者の排除は自分たちの手で

布令撤廃に向けた労働運動側の働きかけは、「布令死文化闘争」と呼ばれる。これは民政官による承認を経ずに組合活動を進め、既成事実を積み上げることで、布令を事実上無効化させてしまう戦術である。[*43]

初代駐在ロビンソンから布令一四五号の撤廃という任務を引き継いだジェラルド・A・ダニエル(Geraal A. Daniel・一九六一年九月―一九六五年六月在任)は、布令の目的と方法の齟齬について、次のように説明している。

> 布令の意図するところとは反対に、組合側は、彼等は自由な労働組合運動の権利が大いに抑圧

> されていると感じ、その撤廃を求める戦いを進めていく過程において、耳をかしてくれるものなら誰にでも訴えた〔中略〕高等弁務官を含めて、民政府の首脳は組合側の言い分を聞いてやろうとしないので、彼等はただ見解を表明し、民政府労働部長に申請するしかなかった。左翼の政党、特に人民党は組合側に同情の意を表し布令問題に関して熱心に組合側の相談にのってやった。するとたちまち組合は左翼の手先によって支配されていると非難され始めたのである。[*44]

労組が「左翼の手先によって支配されている」ように見えるのは、他の誰も労働者たちに耳を貸さなかった結果に過ぎない。適切な相談役のもとで自制の利いた組合指導者を育成できれば、それが布令の目的を達成する最良の手段になり得る。それが自由労連駐在員たちの考えだった。

それはＵＳＣＡＲから見ても、突飛な考えではなかったはずだ。官公労のリーダーで、復帰協の初代会長代理を務める赤嶺武次は、布令一四五号の撤廃をブース高等弁務官（Donald P. Booth）に打診した際の様子について、次のように語っている。

> ブースに会見を申し入れ、「何故、布令を撤廃しないか」と言えば「その時期ではない」と言う。「健全な労組の見通しがついたら、廃止してもよい」と言うので、「我々は健全な労組だと思っているんだが」と言えば、「まだその時期ではない」と言い、更に「労組の動きをテス

トしているんだ。共産主義の動きがなされないためのものだ」とブースははっきり言っていた。

「沖縄ではそんな動きをするはずがない」とも言ったんですがね。[*45]

「沖縄ではそんな動きをするはずがない」という言葉は、客観的な事実を述べているというより、「共産主義の動き」と見られるような真似はしない・させないという宣誓のようにも聞こえる。組合活動家自身が内部の敵を見定め、労働運動の目的を労働者の地位向上に絞り込む分別を持っていることの証明こそが、撤廃の条件なのである。

労働界のエリート・クラブ

そうした条件をクリアする上で、自由労連の介入は有効に働いた。自由労連駐在のもとには「組合の大物」を集めた諮問委員会が設置され、これが布令一四五号撤廃のための実働部隊となった。[*46]諮問委員会は国民指導員制度の派遣候補者および経験者から構成される労働界のエリート・クラブでもあった。労働運動における指導的地位を自由労連と争った人民党側から見れば、それは米国留学経験者から成るエリート・グループ「金門クラブ」の労働バージョンのように映ったようだ。同諮問委員会に「声もかからなかった」という前原穂積は、諮問委員会のメンバーがたまり場にしていた自由労連駐在事務所の様子を苦々しげに語っている。

一九六二年に私に代わって書記長になった官公労出身の芳澤弘明の語るところによれば、自由労連事務所は、さながら沖縄の労働組合指導者のサロンになっていて、「ジョニ黒」が自由に飲めるのが魅力的であったということである。[*47]

諮問委員会のメンバーは、沖縄労働界の「スポークスマン」として、当局の労働政策のあり方についても意見することを許されていた。その地位は布令死文化闘争を通じて、よりオーソライズされていった。自由労連の指導体制が確立し、その傘下に有力な組合指導者が集うこと自体が、布令一四五号の機能を吸収・代替し、その撤廃を促すのである。

一九六二年一月二五日、自由労連諮問委員会がＵＳＣＡＲ側との最終調整を経てキャラウェイ高等弁務官に提出した「布令一四五号撤廃に関する要請」は、死文化闘争を通じた労働組合――自由労連――ＵＳＣＡＲの関係の変化を最も明瞭に語る資料と言える。[*48]

沖縄の労働組合運動は年々進展してきており、特に全沖縄労働組合連合会の結成以来、労働組合運動はその自治を完全に再建した。われわれは、組合員の生活水準の引上げと向上のみを目的として採択された組合の方針に準拠して活動しており、将来もまたかかる基本的規定に準じて運動をつづけてゆくであろう。われわれ自由労連諮問委員会は自由労連沖縄事務所の全面的協力をえて、われわれの労働組合を更に一層自治的に運営してゆけると確信している〔中略〕われわれは、その組合を自由にして民主的な方法で管理できるまでに成長しており、加盟組合が政党その他の組合員以外のいずれかの要素から支配されることを防ぐために、民政長官の援助は必要としないことを、自由労連諮問委員会は、ここで明言する。[*49]

この文書について、前原穂積は「要請書というよりは誓約書とでもいうべき内容」と揶揄したが、あながち的外れとは言えまい。[*50] 要請書の提出から間を置かず、キャラウェイ高等弁務官は、布令一四五号の撤廃を発表する。その際の声明は、次のようなものだった。

私の考えを確かめるために高等弁務官室の外部に意見を求めたのであるが、これらの人びとは布令百四十五号の本来の目的の使命――すなわち組合が新しく結成された場合その支配が好ましくない人びとによって保持されないようにするためにはこの布令はもはや必要でないという見解を支持した。また労働運動の責任ある指導者も、現在ではこの布令がなくても十分組合を管理する能力を持ち、かつその能力を発揮する機会を与えてもらいたいと希望した。それ故に琉球で組織された組合の進展した現状にかんがみ、また労組指導者の確信に信頼を置き私は布令百四十五号を即時廃止することを指令した[*51]。

こうして「自由にして民主的な労働運動」の発展という布令の目標は、ＵＳＣＡＲの直接的な監視・統制から、自由労連による間接的な指導・監督の下、「労働運動の責任ある指導者」の自主的な努力に委ねられた。その意味で布令死文化闘争は、布令の根本目的を労働組合―自由労連―ＵＳＣＡＲの三者間で共有し、その実現のための役割分担と責任の所在を再調整する過程だったと言えよう。自由労連の機関紙は、布令一四五号の撤廃を「沖縄で自由な労組の勝利」と報じ[*52]、地元紙もダニエル率いる自由労連諮問委員会と当局との信頼関係にもとづくものと報じた[*53]。布令の撤廃はたしかに沖縄における労働運動の前進を標づける一里塚ではあったが、同時に、自粛にもとづく一段高度な統治を呼び込む契機でもあった。

労働運動の発展と変質

布令一四五号は制定以来、労働運動全体にとっての打倒目標とされてきた。その撤廃が沖縄戦後労働運動史における一つのハイライトなのは間違いない。実際、布令の撤廃以後、労働運動は右肩上がりに規模的拡大を遂げる。

布令撤廃後の労働運動の推移を簡単に見ておこう。一九五五年の沖縄には、わずか五つの組合しか

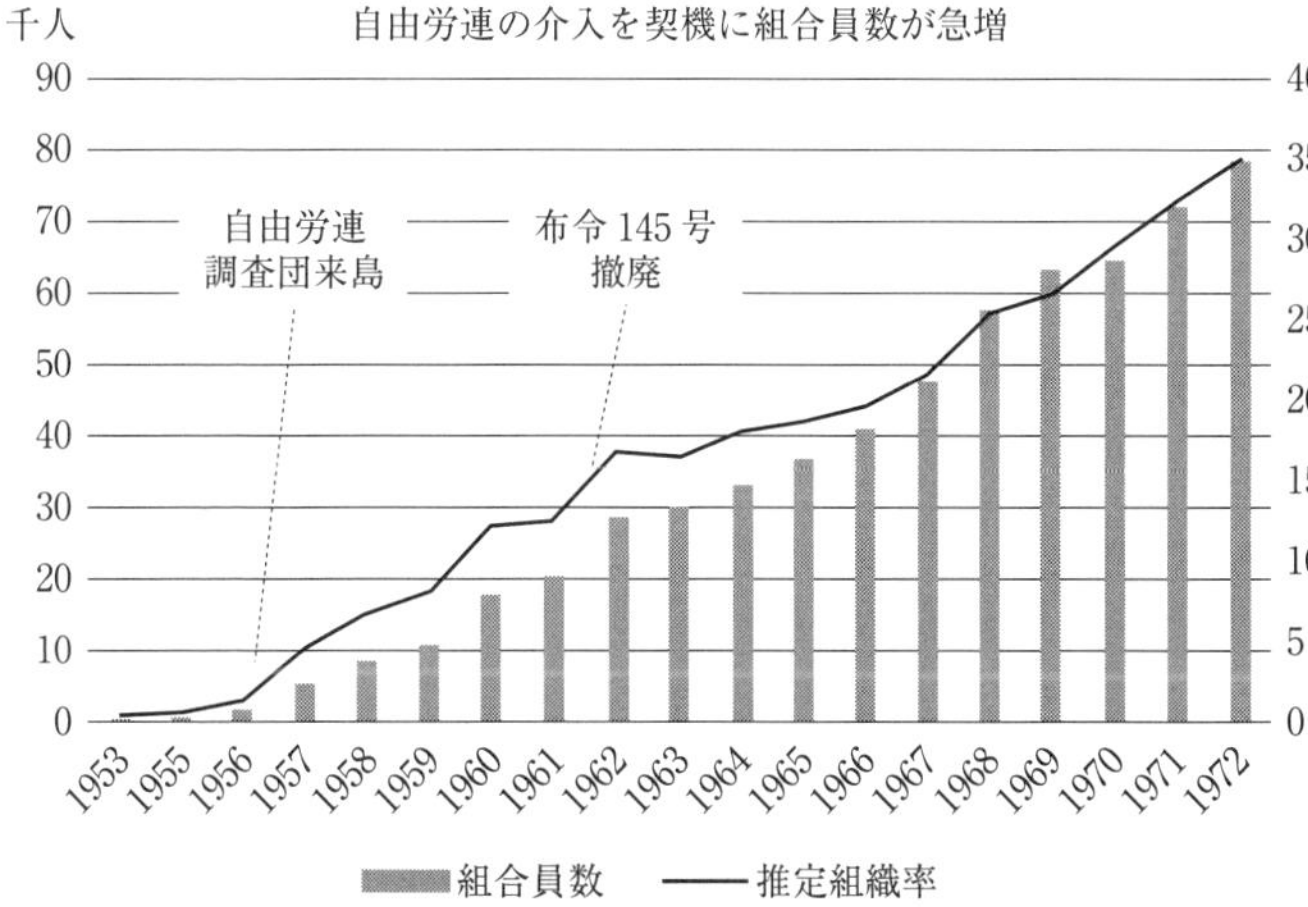

図5－5　組合員数・推定組織率の推移
［琉球政府労働局労政課『労働組合基本調査報告書』（各年版）より］

存在しなかった。組合員数にして六〇三人、全雇用者に占める割合は〇・五三％である。それが自由労連の沖縄調査団派遣以降ゆるやかに増え始め、一九五八年時点で組合数四七、組合員数八五六六人、組織率にして六・九二％となる。

　自由労連が沖縄に事務所を構え、布令一四五号が撤廃される一九六〇年前後になると、労働運動の組織化は急加速する。一九六四年には組合数一二四、組合員数にして三万三一五六人と急激な伸びを記録している。その後も着々と組織化を進め、復帰を迎える一九七二年に七万八三九八人・三五・六％とピークを迎える。[*54]

　しかし先述の通り、USCARは労働運動の組織化を無条件に奨励したわけではない。実際、労働組合の組織化の進展は、質的な変化を伴った。人民党系の組合活動家は指導的地位を追われ、自由労連諮問委員会のメンバーがこれに取って替わった。

労働運動の質的変化は、全島単位の連合組織の離合集散の動きに端的に表れている。一九六一年、戦後沖縄初の全島的組織として、全沖縄労働組合連合会（全沖労連）が結成された。二八組合、六四〇〇名からのスタートだった。[*55] 全沖労連は人民党との関係をめぐって早々に分裂状態に陥り、人民党と距離を取るグループを中心に新たな連合体として沖縄県労働組合協議会（県労協）が結成される。全沖労連への参加は見送っていた全沖縄軍労働組合（全軍労）もここに合流し、軍・民・官三部門を糾合した統一組織として、全沖労連に代わる結集軸となっていく。

労働戦線の再編は、ＵＳＣＡＲにとって歓迎すべき出来事だった。沖縄の組合指導者たちが人民党に見切りをつけ、自由労連の掲げる「自由にして民主的な労働運動」の支持に回ったように見えたからだ。四九組合二万六八七八名で再出発した県労協に対し、容共的と見られていた全沖労連は二〇組合一三八六名が残留するだけの少数派に落ち込んだ。[*56]

こうして自由労連の沖縄ミッションは、おおむね所期の目的を達した。一九六五年一〇月には三代目駐在ジャック・ミューズが派遣されたが、特にやることもないので一九六七年二月には沖縄事務所自体を引き払った。[*57]

第五節　〝階級なき社会〟の労働者たち

自由労連の手を借りて労働運動内部から共産主義者を追い出すことに成功しても、ＵＳＣＡＲは追撃の手を緩めなかった。ＵＳＣＡＲ労働局が四半期ごとに作成した政策評価を見ると、「自由労連の援助により、労働運動の戦略的部門を無力化することに成功した」「責任ある労働者リーダーの育成を促進するための行動指針を決定するために、労働運動の現状分析・研究を開始する」など、自由労連に学んだ方法を踏襲しながら、労働運動との協調的関係の構築に注力していたことがわかる。[*58] 日本復帰に至るまで、労働運動は一貫して革新政党の根強い支持基盤であり続けたが、単なる弾圧の対象でもなくなっていた。

最後に、一九六〇年代以後、復帰に至るまでの労働運動の展開を、生産性運動（生産性プログラム）を軸に概観していこう。既述の通り、生産性運動こそがＵＳＣＡＲが育成しようとした労働運動を体現するものであり、その導入・普及こそが、米国の対沖労働政策の根本目標でもあった。

階級対立を飛び越える――生産性運動

生産性運動は元来、終戦直後の疲弊したヨーロッパ資本主義を再興するために立案された援助政策マーシャル・プランとセットで提唱された米国由来の官製労働運動である。その正史『生産性運動30年史』が公言するように、マーシャル・プラン自体が「単にヨーロッパ復興に対する物質的・経済的援助そのものを目的とするのではなく、より根底的に、それを通じての民主主義的な自由経済体制を擁護・育成しようという意図をも併せ持っていた」のであり、[*59] 生産性運動も生産性の向上という目的の上に自由世界の防衛という大目標を据えていた。

生産性運動は、第三章で紹介した階級なき社会における労働運動の理想形と言って良い。レオ・パニッチとサム・ギンディンは、生産性運動が米国的生活様式の普及と階級意識の解体に及ぼした影響について、次のように述べている。

> マーシャルプランの期間中に出現した生産性協議会は、生産性と「近代化」を同じものと思わせるに当たってとくに重要な役割を果たした。しかし、もっとも影響力があったのは、アメリカ本国における労働関係と労働者階級がおかれた条件である。これは組合員たちの公式の交流やアメリカの工場や家庭、ショッピング・センターなどの訪問を通じて、また〔中略〕アメリカ文化の非公式な拡散や移民の家族、友人や訪問者との大西洋を跨いだ交際を通じて、伝播した。世界大恐慌と戦争で傷ついた労働者たちにとっては、「責任ある」組合主義から得ることができるかに見える実感可能な直接的成果のほうが、より大きな混乱が生ずるかもしれない短期的な展望や

はるか遠くの不確実な長期的約束よりも、魅力的だったのは当たり前だっただろう。[*60]

生産性運動は、戦後の日本にも導入された。佐々木隆爾（歴史学者）は、高度成長の創出と生産性運動のパッケージを「ロストウ路線」と呼び、これが冷戦期米国の対日戦略の柱であったとして、次のようにまとめている。

> 生産性本部を先頭として進められた生産性向上運動こそ、ロストウ路線が日本に期待するものを実現しようとする中心をなすものである。すなわちこれは、㈠技術革新を行って日本に新しい工業生産能力を備えさせ、資本主義的高度成長の典型的事例をつくり、かつ、アジア諸国の経済成長を促進させることをめざすものであり、㈡計画化、標準化、統制化など近代的経営管理を導入し、あわせて「国家による適切なる生産性政策の推進」すなわち人づくり政策、教育政策、国土総合開発政策などの実施をめざすものであり、㈢「労使関係の近代化と民主化」（労資協調）を強調し、労働組合をもまき込み、戦闘的労働運動や革命運動の内部崩壊をめざすものであり、㈣生産性の向上が企業利潤の増大をもたらすだけでなく、国民経済全体の福祉を向上させ、ロストウのいう「高度大衆消費社会」への入口をなすとするものであった。[*61]

ＵＳＣＡＲが企図したのは、同様の構図を沖縄で再現することだった。一九六〇年代半ばになると、沖縄でも生産性運動の導入を図る動きが表面化してくる。一九六五年二月には、日本本土で開催された「生産性中央討論集会」（全国労組生産性企画実践委員会主催）には沖縄からも組合幹部が派遣され、同年一二月には、そのメンバーを中心に沖縄県労働組合生産性企画実践委員会が発足。[*62] 翌年七月には、沖縄地方生産性本部が設立された。[*63]

　沖縄の生産性運動は、組合側から推進された稀な事例とも言われるが、[*64] その背後には経営サイドからの働きかけ[*65]と琉球政府の協力、そしてＵＳＣＡＲの後押しがあった。[*66]

　生産性運動の導入は、労働運動内部の路線対立を激化させ、やがては組織分裂を引き起こす火種となった。そして生産性運動の賛否をめぐる労働戦線の分裂こそ、ＵＳＣＡＲ（と自由労連）が仕掛けた「自由で民主的な労働運動」の訓育というプロジェクトの成果に他ならない。

労働戦線の統一と分裂

　戦後沖縄の労働運動の特徴は、ある程度の戦線統一が実現していた点にある。日本本土の労働戦線はと言えば、自由労連の路線に忠実で、生産性運動にも積極的な全日本労働総同盟（同盟）と、それに対抗する日本労働組合総評議会（総評）とに分裂して展開された。他方、全沖労連を割るかたちで誕生した県労協は、比較的総評に近いグループと、同盟に近いグループを混在させながらも、復帰という共通の獲得目標のもと、辛うじて統一組織の体裁を維持していた。

公共部門の労組が大きな割合を占める総評と、民間部門の労組が中心の同盟は、労働運動の考え方からして大きく異なる。しかし両者とも、沖縄での統一戦線については――少なくとも表向きは――肯定的に捉えていた。県労協の結成大会（一九六四年九月二五日）では、総評の岩井章事務局長と同盟の前身組織である全労（全日本労働組合会議）の和田春生書記長がともにスクラムを組み、沖縄の労働運動には本土のような路線対立を持ち込まず、その自律的発展に協力することを宣言している。[*67]

とはいえ、沖縄に路線対立を持ち込まないという総評／同盟の「紳士協定」の実効性は疑わしい。そもそも県労協内部では、どちらかと言えば総評に近いグループの影響力が強かった。自由労連の後ろ盾を得てはいたものの、「労使協調」という理念そのものへの共感はいま一つで、自由労連への加盟についても提案・却下を繰り返していた。

とりわけ本土留学経験者を数多く擁し、沖縄の労働運動全体の「理論的リーダー」とも言われた官公労は[*68]、単独で自由労連に加盟しながらも、明らかに総評に寄せた方針を採っていた。その影響力に引きずられて県労協全体が総評路線に傾倒することに対し、同盟系の組合は慢性的に不満を募らせてきた。

労働運動内部には、自由労連が掲げる「自由にして民主的な労働運動」に対する温度差もあった。ＵＳＣＡＲの弾圧を免れるために口先だけ合わせておけば良いと考える者と、生真面目に実践しようとする者が、県労協内に同居していた。[*69]

　後者による生産性運動の導入は、呉越同舟状態の県労協に火種を持ち込むことになった。[*70] 早くも一九六五年一一月、官公労を中心とする県労協主流派の総評志向に対抗するために、海員組合が中心となって同盟沖縄事務所を設置する。[*71] 同盟系は勢力拡大のために第二組合の設立を後押しするなど、既存組織を割るような方法も辞さなかった。[*72]

　県労協主流を占める総評系の立場からすれば、こうした動きは統一組織の破壊につながる分裂工作に他ならない。しかし、県労協の総評路線傾斜にかねてから不満を抱いてきた同盟系の立場からすれば「総評、同盟の路線をもちこまないという岩井・和田の紳士協定は県労協の総評系が破ったから無効」ということになる。[*73]

　同盟系労組の強気な態度の背後には、総評路線に親近感を抱くのは組合の幹部層だけで、一般の組合員や組合員以外の労働者の考えは自分たちに近いという信念があった。たとえば新城哲夫（沖縄自治連委員長）は、労資対立を前提とする県労協の考え方を「教条主義的」とした上で、「一般職員は、労使は対等に協議して、協力すべきときは協力し、主張すべきときは主張するという、われわれの姿勢に傾きつつある」と述べている。[*74]

　両路線の対立は、一九七〇年六月の県労協分裂に帰結する。ペプシ・コーラ争議での主導権争いを直接のきっかけとして、県労協幹事会は同盟路線の中核である海員組合と全繊同盟の除名を決定。[*75] 除名宣告を受けた組合は、処分の不当性を訴えつつ自ら県労協を脱退、[*76] 翌七月一九日には一二組合五五〇〇名を集めて沖縄地方同盟を結成した。[*77] 同盟系の活動家は、〝協調〟を重んじる自らの立場に対し、県労協路線の労働運動を無用な〝対立〟を煽るものとして声高に批判した。

結成の翌々月の同盟機関紙に掲載されたルポルタージュ「岐路に立つ沖縄」は、復帰直前の沖縄の様子を、次のように描写している。

> 七二年復帰を前に宿願がかなういまとなって何故、沖縄は不穏な空気に包まれていくのだろうか……。復帰賛成派の団体には革マル派の学生が徒党を組んで襲いかかっている。県労協は六年間の平和のコロモを投げすて反米路線を露骨にしだした。組合を結成すればすぐストライキ、経営基盤の弱い企業は半月で倒産の憂身にあう。[*78]

まるでミルズが言うところの「無責任な指導者」によって引き起こされた無用な紛争の具体例のような描写だが、これが同盟側から見た県労協路線の労働運動の末路だった。

労働運動に対する総評／同盟間の考え方の違いは、復帰の捉え方にも反映した。既述のように、沖縄の労働運動が統一戦線を維持したのは、復帰という共通の獲得目標のためだ。が、一口に「復帰」と言っても、両者の復帰観には深刻な齟齬があった。沖縄地方同盟の発足に際して発表された文章には、次のようにある。

> われわれは孤立化し、転落して行く県労協の運動――それによって生ずる空白を、より広く、より深く、充実した運動で穴埋めし、補って行くという新しい任務さえ進んで負わなければならない〔中略〕いまや復帰問題をイデオロギー的、感情的にとらえて政治的闘争を組織するだけでは、事態の前進をかち取ることは不可能であり「豊かな復帰」を目指して、基地経済に代る新しい産業経済の開発、社会福祉の充実、教育文化の振興、労働基本権の確立などについて具体的に取組み「復帰不安」を解消する積極的活動に集中されなければならない[*79]

同盟側から見れば、県労協路線の復帰構想は「イデオロギー的」「感情的」で、県民の多数派を代表するものではあり得なかった。それは現状に対する人々の不満を自分たちの反米闘争のために利用しているに過ぎず、結果的に沖縄社会を誤った方向に導いている。それが同盟側の見方だった。

これに対置される同盟路線の復帰運動のキーワードは、「具体的」「現実的」だった。基地や安保に拘泥するのではなく、「復帰不安」の解消、つまり生活の安定を第一義とするものだった。そのために必要なら、日米両政府の要求――基地機能の保全――も甘んじて受け入れるべきというのが同盟路線の基本的な姿勢だった。

ＵＳＣＡＲが同盟路線の台頭を歓迎したことは言うまでもない。先に紹介したルポ「岐路に立つ沖縄」では、ウィシンガーＵＳＣＡＲ労働局長（Edward A. Wiesinger）と面談した際の様子について、次のように書いている。

> 同盟のいう豊かな本土復帰こそ沖縄住民の望む声である、という点で一致はしたのだが、はっきりいって民政府にとって一部の極左分子による反米闘争（彼は反米闘争とはいっていないが）など、物の数ではないのだろう。[*80]

もっとも、民間大企業がほとんど皆無の沖縄にあって、結成当時の沖縄地方同盟の組合員数に占めるシェアは、全組合員六五〇〇〇名の一割以下に過ぎない。そのように労働運動内部では少数派に甘んじたものの、基地問題に拘泥しない「豊かな本土復帰」という選択肢自体は、着実に住民たちを揺さぶる影響力を帯びていく。それが目に見えるかたちで表面化するのは、一九六〇年代後半以降、つまり日米両政府の沖縄返還構想が具体化し始めてからのことである。

第六章　不穏な農村——宮古版「島ぐるみ闘争」の興亡

島ぐるみ闘争後の農村について、沖縄戦後史はあまり多くを語ってこなかった。明確な理由はわからないが、農村が米軍統治に対する抵抗運動の舞台となることが少なかったことと無関係ではないだろう。沖縄戦後史研究の花形ともいうべき教公二法（地方教育区公務員法および教育公務員特例法）阻止闘争や、全軍労働組合のストライキは、もっぱら基地周辺や都市部が舞台だった。研究史の蓄積は、どうしても島ぐるみ闘争や復帰運動のような目に見える抵抗運動に偏り、そうでない時期は谷間となる傾向がある。おのずから離島や農村地域は研究対象となりにくい。

後述するように、一般に離島や農村は保守的な心性が宿る地域と見られやすい。それは米軍統治期の沖縄でも同様だ。たしかに、占領期を通じて、革新政党は都市で強く、親米保守政党は農村に強いという傾向はある。しかし、それらの地域が本来的に保守的であるとの見方は当たらない。現実には離島・農村でも、しばしばUSCARを慌てふためかせる出来事が発生した。

たとえば、一九六五年七月二五日の『琉球新報』朝刊一面トップに載った、宮古島での農民暴動[*1]の記事を見てみよう。

宮古の〔製糖〕三工場（宮古、伊良部、宮多）の合併決議をするために平良市内琉映館で開かれた会社側の株主総会をめぐって、二十四日これを阻止しようとする農民約三千人と警官隊六十人が衝突。農民側は石やカワラを雨のように警官にあびせ、警官隊にけが人が続出した。これにたいして警官隊もカービン銃の威かく射撃（空砲）をやるなど、平良市内は暴動のような騒ぎとなり、農民側二十八人が逮捕された。事態は夕方いくぶんおさまってきたが、夜まで市内は不穏な空気につつまれた。[*2]

ＵＳＣＡＲはこの暴動を農村統治の揺らぎと受けとめ、事態収拾に奔走した。島ぐるみ闘争後も、離島・農村地域が平穏だったわけではないのだ。

米国統治下の沖縄では、農業振興自体を目的とした農業政策は総じて手薄だったと言われる。来間泰男（経済学者）は、日本本土の農業に与えられた好条件をすべて裏返したような悪条件――「農地改革ぬき、食管制度ぬき、自由化つき」――のなかで、沖縄農業の発展が阻害されたと指摘している。[*3]

ただし、離島・農村が完全に無視されていたわけではない。それらの地域の不満を緩和し、現体制の支持地盤として維持するための活動には、ＵＳＣＡＲも相当に力を注いでいた。

先に紹介した暴動の引き金になった製糖会社の整理統合も、その一環だった。この整理統合について、琉球政府は「自由貿易体制の中での沖縄糖業を企業統合で育成するという方針の試金石」[*4]と位置づけていた。ところが、これは逆に農民たちの反発を招き、「宮古島ぐるみ闘争」とでも言うべき状況を生み、遂には暴動へと至ったのだった。

これまで論じてきた通り、島ぐるみ闘争後のＵＳＣＡＲは、住民との対立を極力避ける方向で統治政策の見直しを進めてきた。そのために基地経済を刷新し、沖縄社会の「健全」な近代化を図ってきた。一九六〇年代の「沖縄版高度成長」の到来も、「自由で民主的な労働組合」の登場も、島ぐるみ闘争の沈静化・再発防止を目的とした政策転換の成果だったことは、前章までに見てきた通りだ。

それにもかかわらず、親米保守政党の主要な支持基盤であるはずの農村で、ＵＳＣＡＲが再び住民たちの強い抵抗に直面したのはなぜか。おまけに宮古島での農民暴動は、一過性のものでも、宮古島だけの問題でもなかった。それは他の農村でも広がりつつあった農民運動の延長線上にあり、米国の沖縄統治を脅かす事態に発展しかねないものだった。

本章では、島ぐるみ闘争後にＵＳＣＡＲが追求した三つの統治課題の最後の一つ、「ムラ社会の近代化」＝「考える農民」の育成について具体的に見ていく。その際、宮古農民暴動と、これを沈静化するためにＵＳＣＡＲが策定したアンチラディカル・キャンペーン（Anti-Radical Campaign）は、格好の検討対象となる。というのも、宮古暴動はＵＳＣＡＲの農村統治の失敗を示すものであり、その再建を企図して策定されたアンチラディカル・キャンペーンは、ＵＳＣＡＲの農村統治戦術の勘所をあけすけに語っているからだ。

第二章で見たように、島ぐるみ闘争の背景には、ムラ社会的な価値観と人的紐帯が存在した。しかし、ムラ社会には元来、〈統治の要〉とも、〈変革の核〉ともなり得る両義性がある。そしてアンチラディカル・キャンペーンとは、かつて島ぐるみ闘争の組織化原理として登場したムラ社会的諸要素に、農村統治の安定という観点から再注目したものと言える。結論を先取りして言えば、ＵＳＣＡＲが目指したムラ社会の近代化とは、村落的紐帯の解消というより、これをもっぱら統治目的のために利用できるようにハッキングすることだった。

第一節　農村統治の構造と欠陥

宮古農民暴動が起きた一九六五年は、「沖縄版高度成長」の真っ只中の時期だ。高度成長は一般に、直接的な恩恵を受ける都市部と、取り残される農村地域との間で社会経済的格差を生む。そのため、農村部の不満を解消するための救済策を講じる必要が生じる。それは戦後の日本本土でも、沖縄でも同様だ。ただし救済の仕組みは、両者で大きく異なった。

既述のように、日本本土では食糧管理制度による農産物の価格維持政策のほか、公共事業を中心に農業以外の雇用機会が積極的に創出された。しかしこれらの方策は、財政基盤の脆弱な復帰前の沖縄では十分に展開されなかった。代わりに採用されたのが、農家にサトウキビとパインを生産させ、それを加工工場に搬入させることで現金収入の機会を与えるというものだ。それは島ぐるみ闘争の頃まで潜在失業人口のプールとして扱われてきた農村を救済する意味も持っていた。

しかし、そうした方策による農村統治は、決して盤石なものではなかった。米軍統治期を通じて、農村は親米保守政党の主要な支持基盤ではあったものの、それを維持することは容易ではなかった。

「あってなきがごとき」砂糖・パイン振興策

第四章での議論とやや重複するが、ここであらためて戦後沖縄で糖業が発展した背景として、三つの政策的条件を整理しておこう[*5]。

まず、①USCARが外資の積極的導入に舵を切ったこと。一九五八年九月、USCARは沖縄の法定通貨をドルに切り替え、投資と送金の自由を保障することで、日本本土の糖業資本が進出しやすい環境を整備した。次に、②日本政府の特恵措置。一九五九年一月、日本政府は「甘味資源需給一〇ヶ年計画」を策定し、沖縄産糖を国内甘味資源と見做して関税を免除した。これにより、台湾糖やジャワ糖、ハワイ糖に比べて国際競争力を持たない沖縄産糖も、本土市場への販路を確保した。最後に、③琉球政府の振興策。同年九月、琉球政府は糖業振興法を策定し、糖業を基幹産業と位置づけた。

従来の小規模分散的な含蜜糖生産を大規模な分蜜糖生産に切り替えるために補助金と長期低利融資を提供することで、沖縄糖業の近代化を図った。パインについても同様の措置がなされ、これらが島ぐるみ闘争後の沖縄経済を支える輸出基幹産業へと成長する。

特に宮古群島では、住民の大部分がサトウキビの生産に携わっていた。人口約七万四〇〇〇人のうち、約七五％（五万五〇〇〇人）が農業で生計を立て、耕地の約七〇％をキビ畑が占めた。[*6] そのため、ＵＳＣＡＲや琉球政府による糖業政策の影響を受けやすい素地があったと言える。

ここで、第三章および第四章で触れた国場幸太郎の議論を想起しておきたい。国場は、砂糖とパインを柱とした沖縄経済の再編の狙いを「人民党を中心にした左翼勢力を孤立させること」としつつも、同時に革新勢力による反転攻勢の好機と捉えていた。宮古の状況に即して、国場の議論の含意を整理してみよう。[*7]

国場によれば、米国の沖縄政策は経済的収奪を第一義とするものではない。しかし日本本土の製糖資本は、基地の安全な維持という米国沖縄統治の大枠に規制されながらも、自らの利益追求を断念したわけではなかった。[*8] ＵＳＣＡＲと本土資本の関係について、牧瀬恒二（沖縄問題評論家）は次のように説明している。

沖縄を占領し、いっさいの権力をにぎっているのは、まぎれもなくアメリカ帝国主義である。

> だがこの占領制度（政治）のワクのなかで、沖縄の製糖会社を経営しているのは本土の製糖資本である〔中略〕日本独占資本にたいしてアメリカは、日本独占資本の性格を変えないで――それを変えることはアメリカにはできない――独占資本の性格のままでアメリカの沖縄占領に協力させる政策をとったのである。[*9]

琉球政府や日本政府は米国と歩調を合わせるように沖縄糖業の育成に力を貸したが、原料生産農家よりも、製糖・輸出業者の利益に配慮する傾向にあった。原料キビの工場搬入価格に対する琉球政府の政策は、それを端的に示している。

その基本は、東京上白糖市場価格から流通および製糖の工程にかかる経費を差し引いた残りが原料費として、農家の収入になるというものだ。[*10]そこでは、砂糖市場の変動に対する原料価格の下支え機能が欠落しており、来間泰男の言うように「琉球政府の負担はまったくなく、かつ原料きびの生産費についての配慮もないという、あってなきがごとき「価格政策」」だった。[*11]日本政府の特恵措置は、沖縄産糖の本土輸出を可能にしたが、国際糖価の変動から農家の生計を保護する仕組みは存在しなかったのである。こうした農政の欠陥が農民たちの不満を醸成し、キビ代値上げ闘争に火をつけることとなった。

農政の欠陥が生み出したキビ代値上げ闘争

現行の砂糖・パイン振興策の欠陥が、農民たちの現体制に対する不満と革新政党への期待を高める可能性を、国場は予見していた。いわく、日本政府による「関税免除の特恵措置」も、琉球政府による「加工工場の近代化によるコストの引き下げ」の努力も、「糖業資本や商事会社の特別利潤をふやすのに利用されていて、平均して五反以下の耕地しかもたない零細な沖縄の農家の所得を増大させるためには役に立っていない」[*12]。

したがって、沖縄の農民の当面する主要な課題は、製糖工場とパイン製罐工場に搬入する砂糖きびとパイナップルの価格を引き上げさせると同時に、日本政府に対しては沖縄を外国扱いにする特恵措置によってではなく、沖縄の生産物を国内の生産物扱いにさせて生産補助費を要求し、究極には沖縄の施政権を日本に返還させるように要求して行くことであろう。製糖業とパイン製罐工業において、大資本による近代的な大型工場が設立され、部落の共同経営や農民の共同出資によるおびただしい数の小型工場が整理されつつあることは、農民をいやおうなしに地域的分散性や封建性からぬけ出させて、資本に対するたたかいの中で広く階級的に結合せざるをえない条件においている[*13]。

統治の安定化を企図した政策転換が、逆に農民を主体とする抵抗運動の火種をつくり出すというわけである。

国場の論文発表とほぼ同時期の一九六二年一月一一日、人民党は農民活動家会議を開催し、キビ代値上げ闘争の本格的な組織化に向けて動き出す[14]。機関紙『人民』に、先述した琉球政府のキビ代価格政策の仕組み――「台風がきようが、東京相場が下落しようが、けっきょく、損をするのはキビ作農民だけ[15]」で、製糖会社側では「利益を含め、これだけあれば会社は充分やっていけるとみて政府が決めた標準経費[16]」を保証されていること、それらが実質的に農民代表を排除した糖業審議会の構成によって可能になっていること[17]――を暴露しながら各村落で懇談会を設け、農民自ら生活を守るための組織をつくるよう訴えた。

本島中部の農村地域を中心に、キビ代値上げ闘争は急速に発展し、四月九日には統一組織として全沖縄キビ代値上げ協議会連合会（のちに全沖縄農民協議会連合会と改称。以下、全沖農）が結成された[18]。宮古では、一九六二年三月に瀬長亀次郎（人民党委員長）が農民の組織化のために来島。その直後には城辺町、上野村、下地町、平良市、伊良部村と組織網を広げ、六月には宮古地区キビ代値上げ農民協議会（以下、宮古農民協）の設立に至る[19]。

それ以前からキビ代問題に取り組んできた農協長会や市町村長会、議長会などのグループ（三者会）は、宮古農民協の割り込みを警戒し、当初は別々に活動する方針をとっていたが[20]、貿易自由化の波が押し寄せると共同戦線を形成し始める。

第二節　宮古版「島ぐるみ闘争」の形成と分裂

農政の不備を背景とするキビ代値上げ闘争は、貿易自由化というさらなる外圧を経て、宮古版「島ぐるみ闘争」へとヒートアップする。しかし、村落的紐帯と伝統的価値観に駆動された宮古版「島ぐるみ闘争」は、大局を見通す目を持たない頑迷な農民たちの抵抗と見られ、外部の無理解のなかで分裂を余儀なくされていく。

押し寄せる自由化と合理化の波

一九六〇年代の初頭から押し寄せた貿易自由化の波は、ようやく軌道に乗り始めた沖縄の砂糖・パイン産業を台無しにしかねないものだった。生産農家や製糖業者はもちろん、琉球政府もこれに危機感を抱き、日本政府に繰り返し砂糖とパインの自由化回避を訴えた。

ところが、日本政府はこれを振り切るかたちで一九六三年八月に自由化に踏み切った。もっとも完全な自由競争への移行ではなく、関税の据え置きなど一定の特例的保護措置は講じられた。しかし、その差額分のハンディキャップを得た上でのこととはいえ、沖縄産糖は世界市場での競争力を問われるようになった。[21]

日本政府は自由化後も特例措置を続ける代わりに、沖縄側の自助努力、つまり糖業の合理化を要求した。琉球政府は、これに対応するために「第一次糖業振興五ヶ年計画」（一九六四年四月）を策定。沖縄産糖の競争力強化を図った。さらに翌月には「糖業振興のための企業統合について（勧告）」を全島の主要製糖会社一〇社に送付し、乱立する製糖工場の整理・統合を進めて経営効率化を図るよう働きかけた。[22]

自由化の流れを前提視し、無条件に合理化を進める動きに対して、農民たちは真正面から対決姿勢を打ち出した。全沖農中央執行委員会が作成した冊子『砂糖の自由化とどう斗うか』には、次のようにある。

> 自由化はもはや崩かいの時期をむかえた資本主義社会が、労働者と農民の犠牲のもとに少しでも生きのびようとして採られた政策であり「資本主義世界の大勢」ではあっても、決して「世界の大勢」ではありません。この事実をおゝいかくして「世界の大勢だからしかたがない」と農民をあざむくウソの宣伝と真向から対決し、これを打ち砕くことが、いま必要です。[23]

特に宮古では、製糖会社の合併に対して強く反対するだけの歴史的経緯があった。戦後の宮古は沖縄製糖（一九五二年九月創業）の独占体制にあり、キビの糖度・斤量の測定などの面で農民は不利な立場に置かれてきた。こうした状況を問題視した市町村農協主導のもと、大阪製糖の出資（四〇％）と、多数の農民株主の参加を得て、「農民中心の経営」を掲げて一九六〇年八月に設立されたのが宮古製糖だった。[*24] こうした経緯を踏まえれば、農民たちの一社独占体制への警戒も当然のことと言える。

製糖一〇社に対する琉球政府の勧告に従い、沖縄製糖と宮古製糖の合併の話が持ち上がると、農民たちは反対のための共同戦線をつくっていく。農民協の郡民大会（六月二六日）で採択された「製糖会社合併反対に関する決議」は、合併に反対する理由を次のように掲げた。

> 政府は、貿易自由化による国際競争力に堪え〔原文ママ〕得る糖業振興の為めにという美名のもとに宮古に於いては、三社三工場を一社三工場に統合合併する政策をとっており、これによって原料獲得競争を無くし、経営の合理化、近代化を進めて生産コストの低減を図るというが、原料生産農家の増産意欲を向上する農政の確立によって各社の原料獲得競争は自ら解決されるものであって、独占企業にあぐらをかいては、むしろ経営の合理化近代化は停滞する。生産費所得補償方式による原料価格の設立、機械化による深耕、品種更新、畑地灌漑、病虫害対策、肥料政策による反収の増加を図る農政の確立こそ自由化対策の根本でなければならない〔中略〕製糖会社の統合合併は、生産コストの低減を図ったものでなく、権力者が沖縄の永久占領をねらう産業支

配政策の一環であり、宮古郡民は過去の独占企業時代以上の恐るべき搾取と収奪により苦しい目に逢わねばならない[*25]。

　農民協とは別に、三者会も郡民大会を開催し、八八七五名分の反対署名を集めて琉球政府に突きつけた[*26]。こうした合併反対運動が奏功し、翌月の琉球政府立法院は「製糖工場の統合に関する決議」を採択。「農民が納得がいくような統合勧告」の再検討が必要ということで、合併問題はいったん立ち消えとなる[*27]。

宮古版「島ぐるみ闘争」の動因

　自由化・合理化を拒否する全沖農に対しては、様々な方向から圧力が加えられた。琉球政府とＵＳＣＡＲは、メディアを通じて合理化が農民の長期的な利益になると説いた。その基調は、大局を見据えて判断すれば、合理化に協力するべきことは自明の理であり、それが理解できない農民たちは視野狭窄に陥っているといったものだった。

　たとえば久手堅憲次（琉球政府経済局長）は、ラジオ（琉球放送）に出演した際、宮古島での合併反対運動を引き合いに出して次のように述べている。

生産農家については新聞等で報道されておりますとおり、特に宮古の一部で経営統合に対して反対である、という主旨の要請がなされていますが、これは一口に云って、独占企業になったら、生産農家が搾取され、したがって困る、というのが主張なんです。私はやはり農家ももっと大きな目で琉球糖業の将来を考えて、沖縄内の競争はさけるべきだと思います。むしろ沖縄が一体となって外国と競争する段階なんですから、農家も工場も自分たちの企業だという気持ちで、この企業を育成していかなければいけないと私は考えているのです。[*28]

農民闘争を、別の目的を持った煽動家の隠れ蓑とする論調もあった。たとえば畠義基は、『キビ値上げ斗争の眞相』という冊子を発行し、そのなかで全沖農の主要幹部は共産主義政党の関係者ばかりだと非難している。畠は、かつて国場らとともに非合法共産党で活動し、逮捕・釈放後は反人民党の立場に転じて言論・出版活動を行うようになっていた。『キビ値上げ斗争の眞相』は、「特定政党の党勢の拡張のために農民の不満が利用されることがあればそれは決して農家の将来の幸福と安定を約束するものではない」として、次のように論じている。

貿易自由化というのは国際的友好、緊密化、相互互恵の原則から生れてきたものである。即ち、より世界的な自由、より明るい解放を目ざしての自由化にほかならない〔中略〕貿易自由化反対という運動で果して農民の明日からの生活が保証出来るだろうか？〔中略〕いま農民は確かに苦しい、従って不満も多い、その不満を利用して「反対」「反対」で農民をセンドウして、一体人民党は、如何なる建設的意見があるというのだろう。[29]

たしかに全沖農の活動には人民党が関わっていた。が、だからと言って、その活動のすべてが煽動家による引き回しだとは言い切れまい。そもそも一九六五年時点でのＵＳＣＡＲの調査によれば、宮古農民協の幹部は全て農民が占めていた。[30] 政党による上からの引き回しではなく、あくまで草の根レベルでつくり上げられた点は、宮古の農民運動の重要な特徴だ。たとえば根間玄幸は、『沖縄宮古島農民運動史』で次のように述べている。

キビ代闘争に農民があれほど盛り上がりを見せ、会社団交のときも連日何千という動員がかけられたのは、農民に日頃「自らの行動によってかちとる以外に自分たちの生活は守れない」という一種の大田政府〔＝大田政作を行政主席とする琉球政府〕への不信が意識的に働いていたからである。もっとも六二年度のキビ代値上げ闘争はあくまでも生活権を守るための経済闘争で、指導者を別にして闘争に参加する多くの農民は政治的な意識をもっていなかったことを付加えなければならない。その証拠に、各部落の区長や平良市の農事実行組合長等が各支部の執行委員になって先頭に立って活動していたのである。かれらの中には自民党を支持する者が多くいたのであるが、選挙運動と農民運動とははっきり区別して参加している。[*31]

ここに出てくる「農事実行組合」とは、農業技術の研究・普及などを目的とした部落単位の自主組織のことだ。根間によれば、その長は琉球政府とのパイプ役として、村落内で区長と同様に指導的地位を占めていた。[*32] つまりは村落のリーダー層である。

このように宮古の農民運動の最大の特徴は、「自らの行動によってかちとる以外に自分たちの生活は守れない」という伝統的価値観を結集軸に、村落のリーダーを中心とした共同体的紐帯を媒介として組織されていたことだ。そして後述するように、これこそＵＳＣＡＲが農民協の動きを真剣に警戒した理由でもあった。

〝自明の理〟への反発と孤立

翌一九六五年三月、琉球政府は反対闘争などなかったかのように、新たに宮古、伊良部、宮多の三製糖会社の合併を勧告し、問題が再燃する。[*33] さらにＵＳＣＡＲの直轄機関である琉球開発金融公社（開金）は、経営状況の悪化していた宮古製糖に対して三社合併を条件に救済融資を提示、勧告の履行を迫った。[*34] これを受け、製糖三社は合併の準備に取り掛かる。

会社側の動きに即応し、農民協と三者会側も、再び反対運動に打って出た。六月二五日、宮古製糖は臨時株主総会を開き、三社合併を決議しようとしたが、農民協の阻止行動によって必要出席数を満たせず、仮決議に終わった。この仮決議を有効にするためには、三〇日以内に再度株主総会を開き、本承認を得なければならない。[35] 七月の中旬までに、農民協は三者会を説得して四者協を結成し、合併阻止闘争の指導体制を一本化。二〇日には友利《ともり》隆彪《たかとら》（城辺町長）を団長とする陳情団を那覇に派遣して合併阻止を訴えるとともに、翌二一日郡民大会を開いて意思統一を図った。

ＵＳＣＡＲの諜報活動の記録によれば、株主総会前日の二三日には、二〇〇〇人を動員して製糖工場合併阻止郡民大会を開催し、その場で徹夜での座り込み行動を全会一致で採択した。その最中に酒が振る舞われ、勢いづいた農民たちは酒を持ったまま路上に出て行った。そして、飲んでは路上に寝転がり、起きてはまた飲みといったことを繰り返しながら、総会当日の朝を迎えたのだった。[36]

株主総会当日の合併阻止闘争は、本章冒頭に掲げた記事にある通り「暴動」の様相を呈し、ピークを迎えた。しかしメディアは、それをあるまじき暴力沙汰として報じた。

「暴動」発生の翌日、七月二五日の『沖縄タイムス』紙では、宮古農民の間には戦前から蓄積されてきた独占企業に対する「生理的な反発」が存在するとし、「生理的なものだけに政府や工場側の説得もまったくうけつけない。貿易自由化の世界情勢にある今日、それに対抗するために企業の合理化が必要で、それには企業の統合が先決だといっても通じない」としている。[37] 合併は資本主義の世界で宮古糖業が生き残るための唯一の道であり、そうした〝自明の理〟を受け入れられないのは、頑迷な農民の「生理的な反発」に過ぎないというわけだ。

翌二六日の同紙社説では、一方的に合併を進める政府と会社側の態度を批判しつつも、農民側が実力行動に踏み切ったことについては「戦後最大の暴力行為」とし、「法と秩序を無視した暴動事件は、多数の人命に危害を加え、また、平和な市民生活に大きな不安動揺をあたえた、にくむべき行為」であり、「法と節度をまもり民主的なルールに従って問題の解決にあたるのが筋道」と非難している。[*38]

対して人民党は、「米日反動とその手先は宮古の農民の英雄的な決起にあわてふためき、農民を暴徒よばわりすると共に、警察に命じて徹底的な弾圧をおこなって農民のたたかいをきりくずそうとして」おり、「その意図にしたがって商業新聞、ラジオ、テレビなどは、この暴動にたいしていっせいに非難を集中し弾圧をはやしたてる太鼓をたたいてい」るとして、「農民の正当な要求を鼻であしらい、おさえつければ聞くという態度をとっているものこそ、非難さるべき」と応酬した。[*39]

こうして農民たちの闘争は、抗い難い「自明の理」に逆行する時代錯誤的な抵抗――「生理的な反発」――として棄却され、問題の争点は手段の暴力性へと切り縮められていった。

闘争の分裂

合併阻止闘争が世論の全面的な支持を得られなかったことで、運動の前面に立った政治家たちは動揺した。結果、合併阻止闘争の指導者層＝四者協は、友利隆彪率いる農民協路線と、真《ま》栄《え》城《しろ》徳松《とくまつ》（平良市長・宮古市町村長会長）率いる三者会路線に分裂していく。

　農民協側は「暴動」を経てもひるまず、むしろ、その方針を急進化させていった。一九六五年七月二七日の『沖縄タイムス』紙は、合併阻止陳情団長を務めていた友利に対して、「合併中止がもたらす事態をどう乗り切るつもりだろうか」と、操業停止に陥った場合の対策を尋ねている。これに対して友利は、合併を条件としない救済策を政府が立案し、各々の製糖会社が独立して生産農家の利益保護に配慮するなら協力は惜しまないつもりと応じつつ、次のように述べた。

> こんどの事件がきっかけで、経営スタッフが、工場を閉鎖するときは、農民自体で工場を経営する覚悟です。

つまり、金融機関の主導する合併計画にはあくまで反対し、農民自身による製糖会社の再建と経営管理を要求したのである。

　これに対して、琉球政府と開金は毅然とした姿勢で臨んだ。既述の通り、琉球政府は三製糖会社の合併中止の判断を追認したが、合併勧告そのものは撤回しなかった。また、開金の宝村信雄総裁は、友利とは会ったこともない、返済の見通しのない会社に金は貸せないと述べ、さらに自主管理要求に対しては、「農民が暴動をおこしたのだから、その責任をとって、十ドル、二十ドル出しあってやるべきだ」と挑発した。[*40]

急進路線を取った農民協に対して、三者会は琉球政府と協調することで事態の収拾を図った。「暴動」の翌日、上覇中の陳情団のうち、三者会側の代表八名は、すぐさま松岡政保行政主席に謝罪を申し入れ、三社の合併を容認する旨を伝えた。[*41]

それから一か月を経た頃には、農民協と三者会の隔たりは決定的なものになっていた。八月二六日、真栄城とともに琉球政府農林局長を訪ねた下地一弘（上野村長・宮古市町村長会副会長）は、「三社の合併に反対した農民もさいきんは、操業停止の不安にかられ、事態収拾を訴えている。一部には、合併しない限り開金融資がのぞめないのであれば、合併もやむをえないとの協調ムードも高まっている」と説明した上で、製糖会社の自主管理の実現性など「一部指導者の発言が事実に反することがわかり、いっそう農民をいらだたせている」として、友利―農民協路線に立つ指導者層と農民の間の距離感を指摘した。[*42]

しかし、USCARの見立ては違っていた。農民協と三者会が農民に対する主導権をめぐって対立を深めていく間に、USCARは独自に合併阻止闘争の背後関係と事後経過を調査・分析し、その対策を検討した。その目的は、親米保守政党である沖縄民主党と琉球政府に対する宮古農民の支持を取り戻すことにあったが、直接の当事者であるはずの三者会よりも現状を深刻に捉えていた。

第三節　「アンチラディカル・キャンペーン」の登場

地元保守政治家の楽観とＵＳＣＡＲの焦燥

「暴動」発生直後にＵＳＣＡＲが作成したレポートは、宮古の情勢は表面的に鎮静化しているだけで、合併問題が再燃すれば再び「暴動」に発展する恐れがあること、それが四か月後に控えた立法院選で民主党の不利に働き得ること、そうした現状について宮古の保守派の危機感が薄いことに注意を促している。[*43]

九月一四日、琉球政府は事態収拾のために妥協策を発表する。[*44] 三製糖会社の合併を棚上げにしつつ、経営統合と合理化を図る銀行管理方式である。これは三社に融資している開金、琉球銀行、沖縄銀行、Ａｍｅｘに加え、信用状を発行している東京銀行と三井銀行の下に経営管理委員会を設置し、委任執行者として真喜屋恵義《まきやけいぎ》（宮古製糖社長）に引き続き経営を任せるというものだった。[*45] これにより、委任執行役は財務改善計画の作成・実施を義務づけられる代わりに、開金から長期・低利の救済資金を受けられることとなり、操業再開の見通しが立てられた。[*46]

「暴動」から立法院選までの折り返し時点に当たる九月末に実施されたＵＳＣＡＲの情勢調査によれば、宮古の政治状況は依然として合併の強行を許すものではなかった。農民たちは銀行管理方式を歓迎しているわけではなく、しぶしぶ受け入れているに過ぎない。それは農民の不満の矛先を一時的に逸らすための時間稼ぎに過ぎず、一社独占に対する懸念がある限り、暴動再発の可能性も消えない、とＵＳＣＡＲは見ていた。[*47]

ところが、この時点でも宮古の保守層の一般的な認識は、農民たちは暴動に参加したことを後悔しており、友利ら農民協の指導者とも縁を切っている、というものだった。[*48] これに対してＵＳＣＡＲは、「妥当とは言えない、明らかに希望的観測を含んでいる」と、危機意識の低さを指摘した。立法院選二九区では、合併阻止闘争を率いた友利が出馬予定だったが、民主党候補が勝つ可能性は「良くて五分五分」というのがＵＳＣＡＲの見立てだった。[*49]

同年一〇月四日に行われた下地町長選で民主党候補の下里芳蔵が社大党候補の上地真幸に敗れたことは、ＵＳＣＡＲの懸念を裏づけることになった。ＵＳＣＡＲの宮古チーム（Miyako Civil Administration Team：ＭＣＡＴ）のハーフォード（Walter S. Hurford）が作成したレポートでは、民主党自身の選挙に対する楽観的な態度と農民協の影響力の軽視、合併問題について農民を説得するための努力の欠如といった点を下里の敗因にあげている（下里自身は社大党支持者による選挙活動の妨害のせいにしていた）。加えてハーフォードは、町長選の結果は農民協の影響力が健在であることを示すものであり、翌月に控えた立法院選では明らかに社大党の追い風となると分析した上で、「民主党は単純な教訓を得るために、あまりに大きな犠牲を払ってしまった」と記している。[*50]

有効な打開策を見出せないでいるという点では、琉球政府も同じようなものだった。一〇月一一日、USCAR渉外局長のフライマス（Edward O. Freimuth）は、嘉陽宗陰《かようそういん》（琉球政府農林局長）との会合を設定し、宮古の政情について意見を求めた。嘉陽はUSCAR側の懸念に同意しつつも、それを野党側のネガティブ・キャンペーンのせいにした。[*51]

　嘉陽によれば、真喜屋は農民を搾取することにしか興味がない悪質な経営者だという世評が宮古に蔓延しているという。誤解を解くよう真喜屋に働きかけても、本人が戦意を喪失している、と。これに対してフライマスは、琉球政府や農連からも誰か派遣して支援すべきではないかと繰り返し提案したが、嘉陽は肩をすくめて曖昧な返事をするばかりで、積極的な対策を打ち出そうとはしなかった。「なにより強く印象に残ったのは、嘉陽氏が明らかに現状の問題を認識していながら、〝打つ手なし〟といった態度を取っていたことだ」と、フライマスは付記している。[*52]

　その二日後、フライマスは森田郁太郎（農連事務局長）に意見を求め、琉球政府が宮古の現状に対して手をこまねいている理由について、一歩踏み込んだ見解を引き出している。森田は、「何かしらの手を打たなければならない」という点でフライマスと認識を共有しつつも、那覇から人を派遣したところで宮古の状況は改善しないと見ていた。[*53]いわく、「第三者の介入は反感を買い、新たな問題を引き起こし、以前にも増して地域住民を合併案に懐疑的にさせる」恐れがある。民主党が直接介入するよりも、首長など地元のリーダー層を動かした方が良い、というのが森田の見方だった。結局のところ、「宮古の地元住民だけが効果的に問題に対処できる」からだ、と。[*54] 宮古選挙区から出馬予定の民主党候補は何をしているのか、というフライマスの追及に対して森田は答えを用意していなかったが、地元のリーダー層を中軸に据えた宮古統治の再建というアイディア自体は、後から扱うＵＳＣＡＲの宮古政策——アンチラディカル・キャンペーンのなかで再登場することになる。

〝保守地盤〟宮古の動揺

一一月に迎えた第七回立法院選の結果は、ＵＳＣＡＲの懸念が正しかったことを証明するものだった。宮古には全三二選挙区のうち、三選挙区が割り当てられていたが、いずれも泥沼の様相となった。砂川旨誠（民主党）と友利隆彪（社大党）が争った二九区（城辺町、上野村）では、五〇〇票差でリードしていた友利に対し、中央選挙管理委員会から軽微な犯罪歴を理由に失格通告が届いた。[*55] 宮国泰良（社大党）と盛島明秀（民主党）が争った二八区では、不在者票の入った投票箱を選管委員が持ち帰るなどの不正が連発、暴動寸前の事態に立ち至った末に、二〇〇票の僅差でなんとか盛島が競り勝った。三〇区（下地町、伊良部村、多良間村）では、告示直前に野党候補が失踪、無投票で与党候補の当選が決まった。結果的に三選挙区を制した民主党だったが、実質的な敗北であったと言って良い。

そうした結果を受けても、宮古の政治状況に対するＵＳＣＡＲと宮古の地元保守層の認識は乖離したままだった。ＵＳＣＡＲは、宮古を代表する保守政治家と目されていた真栄城徳松（平良市長）と頻繁に会合の場を設け、認識の共有を図った。

一九六六年二月一六日に開かれたフライマス渉外局長との会合の場で、真栄城が何を語ったのか見ておこう。真栄城は、宮古での民主党の優位は崩れていないとした上で、暴動など宮古の歴史上前例がなく、再発の可能性はないという楽観的な見解を示した。[*56] フライマスはこれに同意せず、宮古の政治状況を改善するために努力の余地がないか、さらに踏み込んで問い詰めた。

真栄城は先の下地町長選に敗れた下里の話を引き合いに出し、市町村への財政援助のシステムが民主党の有利に設計されていないとして、琉球政府とＵＳＣＡＲ側の失策を指摘した。[*57] そして民主党の失地回復の方策として、①野党支持の市町村には琉球政府からの財政援助と高等弁務官資金を与えない、②警察官の人員を倍増させる、③教職員・公務員の政治活動を法的に禁ずる（いわゆる教公二法）の三点を挙げた。反米的な態度を取りがちな公務員・教職員よりも、警官の増員に財源を割く方が、米国にとっても利益になるだろう、と。[*58]

さらに、三月一日、ＵＳＣＡＲ副民政官のネイピア（Jack P. Napier）と会見した際、真栄城は次のように語っている。

> 近頃の農民は、政府の考えというだけで、それを受け入れ難いと考えるようになっています。

図6－1　ネイピアらの会合と同時期（66年3月16日）に本島で行われていた主席公選要求デモ．教職員会・官公労の旗も見える
［沖縄県公文書館提供］

騒動を起こせば、自分のやりたいようにやれると思っている。我々はこうした状況を深刻に捉えるべきです。もっと厳格な態度を取るように琉球政府を教育する必要があります。さもなければ、大衆の抗議デモが許容されるような状況を自ら招くことになるでしょう。[*59]

こうした発言に示されるように、真栄城は前年七月の「暴動」をもっぱら煽動家が引き起こした偶発的な事件と捉えていた。農民が不穏分子にそそのかされないように警察による取り締まりを強化し、反抗的な市町村には補助金を与えないようにすれば、その再発はあり得ないというわけだ。

これに対してUSCARが問題視したのは、

「暴動」に発展するまで農民の不満に耳を傾けようとせず、その結果、野党勢力に活動の余地を与えてしまったことに対して、民主党の側に真剣な反省が見られず、根本的な予防策も打たれていないことだった。真栄城の話を聞いたネイピアは、保守政治家として引き受けるべき責任を放棄していると批判している。[*60]

アンチラディカル・キャンペーン――農村統治のポイント

ＵＳＣＡＲは、事態を楽観（あるいは諦観）し、積極的な対策を打ち出そうとしない民主党や琉球政府に代わり、宮古の政治状況を改善する方策を考えなければならなかった。そこで作成されたのが、アンチラディカル・キャンペーンである。[*61]

プロジェクトを主導したフライマスは、アンチラディカル・キャンペーンの冒頭で「農民たちの不満を人民・社大両党が巧妙に利用しているのに対して、民主党は、農民の抱える問題を理解し、自らの政策によってもたらされる利益を理解してもらうために、ほとんどなんの努力も払っていない」と、改めて保守政治家や政府当局の無為無策を問題視している。[*62] その上で、「宮古が陥っている状況を踏まえれば、民主党と琉球政府は、草の根のレベルで、かつ長期的な視点に立って――少なくとも、現時点から一九六八年の立法院選までの三年間は――積極的な広報活動に注力しなければならない」とし、次のように述べている。

宮古農民は、取り返しようもなく野党に奪われてしまったわけではない〔中略〕その票は、究極的には農民の立場を尊重する姿勢と、その目標を達成する方法を最も明確に示した側へと向かうだろう。民主党は——もし自らの優位性を真剣に活用するならば——そのために最も適切な地位にある[*63]。

ここでUSCARが農民を、敵にも味方にもなり得る、本来的に両義的なものとして捉えていることに注目しておきたい。アンチラディカル・キャンペーンは、農民を味方につけるために琉球政府と民主党がすべきことを、全九項目にまとめている。その内容を以下に要約しておこう。

●琉球政府および民主党上層部が宮古に訪問する機会を増やす。現地の人々に会い、その要求に耳を傾ける。野党が実現できなかった公約と、民主党が達成した成果を対比して演説を行う。可能な限り最高の弁士を手配すべきだが、農業および財政問題の専門家を含むべき。

●宮古島は日本で最も「先生」という言葉に弱い地域。この性質を利用するため、民主党と政府に親和的な大学教授を琉球大学ないし日本本土の大学から招致し、定期的に講演させる。経済人も同様に利用できる。絶え間なく人員を投入し、露出を増やす。

●多くの「区」長は基本的に保守的な政治性向を持ち、宮古における潜在的な反急進勢力と考えられる。民主党は、野党への対抗プロパガンダのために、これらの人々を活用すべき。たとえば、これらの人々にパンフレットを頒布させ、農民が暴力行為に走るのを抑制する。究極的には、野党が奨励する指導者と挿げ替える。

●日本本土の自由民主党のメンバーや大学教授は、反共的パンフレットを多く作成している。これらは外国人の書いたものより心理的に説得力を持つ。これらを民主党の当局者や区長などを介して定期的に頒布し、人民党の接近を予防する。

●民主党は、次の上野・伊良部両村長選に勝たなければならない。これらの首長選を落とせば、野党の勢力拡大は決定的なものとなり、一九六八年の立法院選で民主党が勝利することは一層困難となる。村長選に向けて魅力的な候補を擁立し、必要なだけの支援を準備しなければならない。

●社大党が力を伸ばす地域については、民主党支持が固まらない限り、高等弁務官資金を一切与えない。野党に投票することが経済的な損失にしかならないことを、住民に明示する必要がある。いかなる場合でも、社大党が民主党と同様の経済的利益をもたらすと主張させてはならない。民主党が掌握する地域には、目に見える成果をつくるよう最大限の援助を与える。

●暴力によって得るものは何もないと住民に理解させる。そのために琉球政府裁判所は、合併阻止闘争の際に暴動を煽動・実行した被告については、しかるべき報いを受けるよう取り計らう。

●宮古には琉球政府が利用できる組織が既に存在する。平良市の農業試験場と各市町村に配置された農業改良普及員である。生活改善や家政学を担当する政府の福祉担当者もいる。後者は女性が担っている。これらの農業改良普及員および生活改善普及員は、政府の職員であって、その管轄下にある。これらの普及員は、地域の人々の政治的態度を民主党と琉球政府に有利なようにつくり上げ、影響を与える上で、計り知れない力を持つだろう。

●琉球政府は、宮古の抱える経済的な問題に理解を示し、その解決に向けて協力する姿勢を可能な限り具体的な行動で示さなければならない。農業の多角化を推進し、可能ならば新規産業の創出を図る。特に畜産は将来有望な産業の一つとして注目される。

一見して明らかなように、アンチラディカル・キャンペーンは新奇な行動指針というわけではない。どちらかと言えば、本来日常的に取り組んでおくべき事柄について、その重要性を軽んじている琉球政府と民主党に説いて聞かせるという性格が強い。しかし、それゆえに米国統治期の農村統治のポイントをあけすけに語る資料となっている。

特に注目すべきは、次の二点である。

第一に、急進的な農民運動をどう鎮静化するのかという事後的な観点よりも、どうすれば農民運動の急進化を未然に防げるかという、予防的観点を重視している点だ。実力行使を伴うデモに対する処罰や、支持政党に応じた高等弁務官資金の差配の必要性といった点では、USCARと地元保守派の認識に大きな違いはない。しかし、そうした方策は実際に行使されると大きな代償を伴う。

高等弁務官資金は文字通り高等弁務官の自由裁量で交付される市町村向け援助資金である。[*64] その性格上、公平に運用されるものではなく、野党から「民主党の選挙資金」と呼ばれ批判されており、USCARもそのことは承知していた。[*65]

また、抗議する住民を強硬に弾圧する構図は、反体制勢力に格好の攻撃材料を与えることになる。一九六五年七月の「暴動」を、農民協側は「農民弾圧事件」と呼んでいた。そして「アメリカ帝国主義と日本独占の軍事的植民地支配の政策が労働者、農民の団結と統一の前に根底からゆらぎ軍事基地の保有や「搾取と収奪」がほしいままにできなくなってきたことへのアガキ」、あるいは「祖国復帰民主勢力の団結と統一の発展の一翼、全沖農と農民への不当な政治弾圧」と糾弾し、暴動を主導した廉で逮捕・起訴されたメンバーの無罪を訴える裁判闘争へと突入していった。[*66]

つまり、地域間の公平性を露骨に無視した補助金の分配や、抵抗する住民に対する暴力的な弾圧は、米国施政権の強権的な性格を露呈させ、結果として住民間に反感を広げることにつながりかねない。第三章でも述べたように、政治的・経済的コスト・パフォーマンスに優れた権力は、望ましい態度を強要するのではなく、自発的に選択させようとする。テリー・イーグルトン（批評理論家）が言うように、「ひとたび権力が、その手を汚すことになれば、権力は神聖さを失い、政治闘争の標的に

図6－2　宮古の台風被害を視察する松岡政保行政主席とワトソン高等弁務官（1966年9月）［沖縄県公文書館提供］

されるかもしれない」[*67]。その観点から言えば、実力行使に踏み切らざるを得なくなった時点で、既に為政者の失策なのである。

アンチラディカル・キャンペーンは、そうした観点を重視したものと言える。すなわち農民たちの自主性を一定程度尊重することで、その過度な急進化――たとえば友利が主張したような、製糖工場の自主管理要求まで視野に入れるようなラディカルさを帯びて貫徹すること――を抑止しようとしたのである。

もう一つの特徴は、既存の村落秩序を統治目的のために利用する点にある。とりわけ重視されるのは、琉球政府職員である普及員と、各村落の区長だ。これらの人々を通じて農村の草の根ネットワークを掌握することにより、「地域の人々の政治的態度を民主党と琉球政府に有利なようにつくり上げ」るために利用しようとしたのである[*68]。この点については、後段で立ち戻る。

第四節　つながりとしがらみ――ムラ社会の両義性

農村＝保守地盤というイメージは、そうなるよう意図された政策的介入の結果であり、農村の住民が本来的に保守的であるというわけではない。既に見てきたように、保守政党の有利に働く村落的諸要素は、時に急進的な社会運動の土壌となることもあり得る。ＵＳＣＡＲ自身、そのことをよく理解していた。それでは農村は、どのようにして保守地盤となるのだろうか。

「見えない封建制」

『月刊沖縄』（一九六六年一月号）が組んだ、三二選挙区中七名の無投票当選を出した第七回立法議員選挙に関わる特集の「ルポ無投票地区をゆく」は、農村には「目に見えない封建制」が残存しているとして、次のように述べている。

> 村長とか村会議員というものをとおして圧力がかかっていくという。この人達がボス格となって各部落をおさめていく。目にみえないつながりが必ずあるから、部落での権力者となり、この

人たちが誰々を推そうと発言すればすべてが発言力を失うのだという。これは宮古や久米島での暴動などが起ったが、こんなことは地方には必ず通用しているのだという。[*69]

「目にみえないつながり」は、保守政党の集票回路であると同時に、多くの場合には補助金の散布経路でもある。戦後日本の文脈でも、農村地域-政権与党間での経済的便益と政治的支持の交換が一般的に指摘されてきた。[*70]

本来、金と票の交換は、見かけほど簡単には成立しない。公共事業から仕事を得ていたとしても、選挙に行くのが億劫なことに変わりはない。便益の享受者が投票行動で報いるよう監視する機能が介在しない限り、金は票に変わらない。先の真栄城とＵＳＣＡＲのやり取りのなかで出てきた弁務官資金も、農村固有の濃密な社会関係に媒介されて初めて集票資金に転化する。つまり農村で買う票は歩留まりが良いのである。

政治学者の斉藤淳は、戦後自民党長期政権の存立構造を分析するなかで、農村が「必ずしもイデオロギー的な意味で保守的だったのではない」と断りながらも、それにもかかわらず「選挙における相互監視機能が最も強固に機能する共同体」になる事情について、次のように説明している。

> 経済活動と居住地が一致することが多く、地理的に便益を配分し、得票を監視する体制をとる

ことが比較的容易である。住民の多くは長期間にわたる居住者である。小中学校の学区は、複数の集落にまたがる形で形成されるが、早期教育の段階から私立学校という選択肢が存在する都市部とは異なり、農村社会では学区内の児童生徒は同一の公立小中学校に通学する。子ども時代からのつきあいだけでなく、ＰＴＡや学校行事などを通じ、人的ネットワークを形成していく。このような顔見知りによって構成される地域共同体では、当然ながら住民による相互監視がより効果的に機能し、選挙も例外ではない。農村部では一カ所の投票所が数集落を管轄するだけのことも多く、投票者と投票管理者が顔なじみであることも多い。[*71]

ポイントは、農村では互いの顔が見えているなかで日常生活が営まれる点にある。互いの人格形成や生計の維持に深く関わり合うメンバー（顔なじみ）が、地理的にも隣接し暮らす状況である。このような濃密な対面接触を伴う人的ネットワークが強力な相互監視機能を帯びることは、容易に想像できるだろう。それこそ、先の『月刊沖縄』の記事に出てきた「目にみえないつながり」の正体だ。

統治の要／変革の核

しかし顔の見える範囲で形成される草の根のつながりは、必ずしも常に保守政党の集票装置としてのみ機能するわけではない。第二章で述べた通り、それは時に社会運動の強力な組織化原理としても作動する。一九五六年の島ぐるみ闘争や、一九六五年の宮古「島ぐるみ」闘争は、村落社会特有のつながりに支えられた運動の典型例と言える。

もう一つ例を加えてみよう。ちょうど同時期の一九六七年、沖縄本島南部の喜屋武では、耕地面積の約半分を接収してレーダー基地を造ろうとする米軍側の動きに対して土地を守る会を結成し、地縁・血縁ぐるみの反対闘争を展開していた。同地を取材した石田郁夫のルポルタージュは、次のように記している。

> 喜屋武を極左的だと評する人々のなかには、その問答無用の精神、一切の交渉に応ぜず、実力で追い帰す方式の批判のみでなく、喜屋武の動員方式の強引さをあげる人もいた〔中略〕土地を守る会の幹部の一人は、「いろいろ、動揺しているのも、画策しているのもいるが、賛成派が表面だって動き出したら、直ちに村八分にしておしつぶす」と、にこにこ笑って泰然としていた。[*72]

その闘争スタイルは、村落共同体のなかで培われてきた規範と紐帯に根ざしたものであり、「その強引さを、非民主的な引きまわし主義と難じてもはじまらない」と石田は述べる。松本健一（作家・思想史家）が言うように、村落共同体では相互扶助と相互監視が「盾の両面」として息づいている。[*73] これが時に〈統治の要〉として、時に〈変革の核〉として表出するのである。

第五節　「考える農民」をつくる

アンチラディカル・キャンペーンは、村落共同体の両義的性格を踏まえた上で、その掌握を狙ったものと位置づけられる。特に注目したいのは、農業改良普及事業と生活改善普及事業を、農民協から草の根の紐帯を奪還するための手段の一つと位置づけている点だ。

普及事業を通じた村落的紐帯のハッキング

普及事業は戦前期米国で考案されたエクステンション・ワークに起源を持つ。それが戦後米軍を通じて沖縄に持ち込まれた。生活改善普及事業と米国沖縄統治の結びつきについては、既に屋嘉比収や小碇美玲の先行研究がある。[*74] それらによれば、米国が普及事業に期待したのは、衣食住の改善を通じた米国的生活様式を農村に持ち込み、米国が重んじる価値観に対する体感的理解を培うことだった。

ここで第三章での議論を思い出しておきたい。米国が自国の生活様式を普及させる際のポイントは、住民の生活スタイルが米国風になることではない。その真の効用は、米国が体現する自由や民主主義、合理性といった近代的諸価値に無関心な人々に、それらを受け入れるよう促すことにあった。

農業改良普及事業は、生活改善普及事業と並んで、そうした取り組みの典型事例と言える。すなわち、合理的な生活様式・農業経営の習得を通じて、農村に残る不合理で、時に有害な――と、USCARには思える――考え方や態度を払拭すること。あるいは、頑迷な農民を交渉可能な「考える農民」へと鋳直すこと。これこそが、「ムラ社会の近代化」に他ならない。

まずは農業改良普及事業の公の目的を見ておきたい。琉球政府資源局農業改良課が発行した概説冊子のタイトルは、それを明確に語っている。『農業改良普及事業――それは農家に科学を持ち込もうとする努力である』。本文には次のようにある。

> 農村に住み、農村に働く人々に科学的な知識や技術を与えて、農業を能率化し、農業生産を増大し農家の生活を向上させるのが目的である[75]。

つまり、琉球大学や農業試験場といった研究機関の成果を各農家に届けることで、農村の近代化を図るというわけだ[76]。その過程は研究機関から農村への一方的な知識・技術の供与ではない。普及事業の特色は、村落社会の対面的紐帯に接合しながら双方向的に実施された点にある。「普及員は市、町、村に駐在し、常に農家と接触してその相談相手となり、知識、技術の普及指導に当るもので、普及事業の中心をなす技術員である[77]」。普及事業を担うスタッフは琉球政府の職員であり、琉球大学の教員であったが、これらの人々には農村内部に協力者がいた。各担当地区に配属された普及員は、村落ごとに協力者（改良普及推進員）を募り、その指導下で農業技術の研究・習得を目的とする自発的なクラブ活動を促すことで、文字通り「草の根」状に普及事業の組織化を図った。

ボトムアップの統治戦術

普及事業の組織体系は、「主席の諮問機関」としての中央農業改良委員会の下に、各市町村・群島単位の地区農業改良委員会が置かれ、地区ごとの普及事業を統括するかたちになっていた。[*78] しかし繰り返すが、それは単なる上意下達の政策浸透機構ではない。個々の農家や自主活動グループの自発性を尊重しつつ、そこで解決できない問題は普及員を介して政府農政の課題に繰り入れるというボトムアップの構造をあわせ持っていた。与世《よせ》山茂《やましげる》（琉球政府経済局長）は、一九六二年五月に開催された全琉普及員大会の基調講演で次のように語っている。

> 琉球農政の基本方針は当面する国際経済の動向に対応して商品的農業生産のコスト低減と、農業就労者所得の増大を図るということに目標をおかなければなりません〔中略〕その実行に当たって一方的に政府の立場だけを主張することは決して好ましいことではありません。そればかりかこれを強いることは逆効果であります〔中略〕要は農民が新農政に誠意と意欲をもって協力し且つ実行するための自主的態度を養うことが最も肝要でありまして視聴覚教育、又は現場指導を中

心とした自主性と行動性に富んだ農民像を助長するという事であります。そのために４Ｈクラブ〔＝農村青少年クラブ〕、農研クラブ、生活改善グループ等の機能団体の育成を益々強化して広く一般農家に対する波及効果をもたらしめるべきだと考えております。[*79]

普及事業の目的は「農民が新農政に誠意と意欲をもって協力し且つ実行するための自主的態度を養うこと」であり、「これを強いることは逆効果」なのである。

それは普及員自身が現場で学んだ教訓でもあった。『農家の友』と題する普及事業の機関誌（月刊）では、毎号ひとり普及員を取り上げ、文字通り「農家の友」として顔写真付きで紹介している。その中で、大田為春（農業改良普及員・中部地区普及所）は、「普及員は先生と呼ばれるのは大きらいだと思います」としながら、次のように語っている。

普及事業をおし進める場合、田畑に教えるわけにもいかず、あくまで人を教えて行きますので、人と人との接触によって行われるわけであります。〔中略〕農家のよき友達でありますので敬遠されてはよき効果はあらわれません。[*80]

このように普及事業は農民の主体的参画を前提とし、普及員はそのためのファシリテーターと位置づけられていた。

普及員が既存の村落社会に入り込む際に媒介となった協力者とは、村落的紐帯の中に身を置き、日々の具体的な対面関係の中で指導的地位を確立した村のリーダーのことだ。『農家の友』には琉球政府主席や製糖会社役員も寄稿し、政府の合理化計画に対する「農家の皆様の全面的協力」を直接訴えることもあった。[*81] しかし、「沖縄糖業が自由化の前に立たされていることは普及員や営農指導員、その他の農村指導者からお聞きのとおりでありますので改めて申すまでもない」[*82]とも言われるように、そのメッセージを個々の農家に伝える役割は普及員や村のリーダーたちに委ねられていた。その意味で普及員と村のリーダーは、ＵＳＣＡＲと琉球政府が主導したムラ社会の近代化というプロジェクトを村落に導入する媒介者として位置づけられていた。

第六節　農村統治の要石

だからといって、普及員や村のリーダーたちが本来的にＵＳＣＡＲの手先であったと考えることは大きな間違いだ。もしそうだとしたら、これらの人々を触媒として地域に入り込むというＵＳＣＡＲの戦術自体、成り立ちようがない。

ＵＳＣＡＲにとって、これらの人々に利用価値があるのは、あくまでも地域のことを第一に考える人物として住民の信頼を獲得しているからだ。そして地域のことを第一に考えるからこそ、為政者の意図した通り動く保証はない。アンチラディカル・キャンペーンは、そのように完全にはコントロールできない要素を抱え込んだ際どい戦術だった。民主党の失地挽回のカギを握る存在と位置づけた村のリーダーたちが、キビ代値上げ闘争の強力な動員主体として登場したことを想起しておこう。与世山が言うところの「自主性と行動性に富んだ農民像」は、本来的に両義的な存在なのである。

アンチラディカル・キャンペーンの曖昧さ

宮古での「暴動」の二日後、一九六五年七月二六日に開かれた琉球政府立法院商工委員会での農業改良促進法案をめぐる議論は、アンチラディカル・キャンペーンが抱えた曖昧さを克明に浮かび上がらせるものと言える。

　この法案は普及事業関係団体に対する補助金支出の法制化を目的としたものだ。その第三条には、「自主性と行動性に富んだ農民像を助長する」を言いかえた「近代的農民の養成」という目標が掲げられたが、そのニュアンスをめぐって琉球政府の法案作成者と野党議員の間で議論があった。

　金城秀仁（琉球政府農業改良課長）は、普及事業の役割を「人間の頭を切りかえていく、人間をつくり上げていく」ことだとし、「近代的農民」という言葉の意味を次のように説明している。

新しい農業の経営をしなければならぬという段階にきておりますし、この際新しい考え方で近代化されたところの農民でなければ将来の農業というものは背負っていけないというたてまえから近代的な、自主的な、主体性のあるところの農民を育成していこうと〔。〕そのためには政府は新しい時代に即応するところの農民の育成に力を入れなければならぬということをうたってあるのでございます。[*83]

これに対して、社大党の平良《たいら》良松《りょうしょう》は次のように警戒を示した。

自主性のある農民ということが非常に必要なことなのです。それは議論するまでもない。ところがそういったきれいな名目で４Ｈクラブとかあるいは農研クラブあるいは生活改善グループなどが、ともすると選挙に利用される。地方ではいつもその与党崇拝の空気をこれであおっていくからね。[*84]

それがアンチラディカル・キャンペーンの狙いであることについては既に見てきた通りである。しかし、普及事業の看過し得ない特徴は、そうした目的を追求しながらも、最終的な選択はあくまでも農民たちの自主性に委ねられるという点にある。

たとえば、全沖農の副議長を務めていた久高将憲《くだかしょうけん》（無所属）と平良は、金城をからかうように、次のように述べている。

久高将憲君

これは三条は非常にいい条文ですな、自主性、主体性、農業経営、農家生活ですね、たとえば宮古の農民の運動などは非常に自主性に富んでいる。

平良良松君

主体性があってね。

久高将憲君

主体性があって、こういう農民でなければ農民みずからの生活を改善することができないというような法の打ち方、これは万全ですな。

さらに久高は、「農民が自主的に、この方向が農民の生活を守れると農民自身がそう考えておっても、皆さん〔＝農業改良課〕のほうではそれはそうではないのだ、というのですか」と問い詰めたが、それに対して金城は、「そういうことはいえないわけです。これはこういうこともあるがどうか、ああいうこともあるがどうか、それは取捨選択は自由ですから」と応じている。[*85] 与世山経済局長が普及員たちの前で語ったように、それを強制することは「逆効果」なのである。

このようにアンチラディカル・キャンペーンは、普及事業を通じて村のリーダーたちを味方につけようとしたが、そうするよう強要したわけではなかった。そうなるよう期待しつつも、「取捨選択は自由」という曖昧さを残していた。それは政治的コストの面では利があるものの、相応のリスクを抱えていた。村のリーダーは農民運動のリーダーにもなり得るのであり、そうならないためには別のリーダー像を確立しなければならなかった。

普及事業でしきりに言われる「考える農民」（近代的農民）とは、そのような文脈で提示された新たな村のリーダー像に他ならない。

〝勤勉に努力すれば報われる〟——立身出世の体現者たち

『農家の友』では、普及員の指導の下、積極的に普及事業に参加した「優良農家」や自主的なクラブ活動の取り組みを紹介するコーナーを設けていた。そこに登場するのは、一般農家が模範とすべき立身出世の体現者である。[*86] 試みに、糸満町の「優良農家」の紹介記事「普及員の指導を信頼しはだか一貫から地主へ」を引いてみよう。

> 大城さんは一家の再建だけではなく、地域社会においても活躍して、部落民からも信頼が厚く、一般農家に対してもよき指導者の一人であり部落の中堅層でもあります。区長もやったことがあり、また農研クラブ会長、現在では糸満町普及連絡協議会の農研部長をつとめ、また兼城土地改良組合の理事長でもあるのです。このように一家の繁栄のために、また明るい豊かな農村部落が実現するようにと部落民とともに一身をささげられ一般の模範として、また指導者として活躍されているのです。農研クラブも自分の区長時代に結成されたようであります。[*87]

図6−3　ハワイでの農業研修を控えた農村青年たち（1964年1月）
［沖縄県公文書館提供］

この記事が発信するメッセージは極めて明快である。〝勤勉に努力すれば報われる〟。現状への不満を暴力的に発散させるのではなく、普及員の助言を——したがって琉球政府と、その背後にいるＵＳＣＡＲの政策を——信頼し、合理的で建設的な努力を重ねることで成功できる。それこそ新時代のリーダーが体現すべき、新たな規範と価値観だった。

『今日の琉球』や『守礼の光』にも、同様の主旨の記事が多数掲載されている。国際農業青年交換計画に参加し、半年間のハワイ研修を経験した人物は次のように語っている。

> 「考える農民、科学する農民」とさけばれている今日、私も考え方によっては、また自分の努力次第では明るい生活が出来るという確信を得ました。帰沖後は少しでもハワイ農業を応用して農村の向上、農家生活の合理化をはかり少しでも沖縄の人々の為に役立てばと思い本格的に農業経営をする決意を致しました。[*88]

そして「考える農民」が考えなければならないのは、世界市場を舞台とした自由競争のなかで勝ち抜くことだ。先にも登場した琉球政府の嘉陽は、「儲けるために――考えるべき今後の農民」のなかで次のように力説する。

> 現在のところ沖縄は台湾のパイン、ハワイのパイン等と競争して日本に輸出しているが現在日本に入れる事が出来るのは値段や税金その他で特に保護して貰っているからであり、決して一対一で競争して入れて貰っているのではない〔中略〕内外の事情が急速に変って行く昨今吾々は常にその移り変りに気を付けて世界の農民に遅れを取らぬ様研究しなければ、結局は敗退者となり何時迄も貧乏生活に甘んじなければならない様になるだろう。[*89]

ここに、合併阻止闘争で共有された連帯意識が入り込む余地はない。そんなことをしていたら、「何時迄も貧乏生活に甘んじなければならない」という切迫感があるのみである。

以上のことから、普及事業を媒介としたUSCARの農村統治戦術の大宗が見えてくる。すなわち、村落社会の伝統的な紐帯を媒介として、「競争」や「上昇」といった異質な価値観を導入すること[*90]。あるいは、「自らの行動によってかちとる以外に自分たちの生活は守れない」という伝統的な観念を、「自分の努力次第では明るい生活が出来る」という観念に挿げ替えること。ムラ社会の近代化とは、農村の救済という外観を取りつつ、その内実をつくり変えることに他ならない。

USCARが懸念していた一九六八年の立法院選は、琉球政府創設以来初となる主席公選と併せて実施された。結果から言えば、宮古の三選挙区ではいずれも保守候補の勝利で終わり、この選挙を境に宮古は「保守地盤」と呼ばれるようになる[*91]。一九七〇年には宮古・伊良部・宮多製糖の合併も完了し、宮古農民協の闘争も衰退へ向かう。

アンチラディカル・キャンペーンが奏功したためか、世論からの孤立のためか、それとも沖縄糖業全体の衰退の煽りを受けたためか定かではないが、「キビ代値上げだけでは駄目ではないか[*92]」という感覚は、宮古とその他の農村地域に広がっていったのはたしかなようだ。一九七〇年頃には、全沖農自体の活動も終息に向かっていった[*93]。

終章　日本復帰と沖縄喪失

一九七二年五月一五日、沖縄は日本復帰を果たした。それは住民が長年取り組んだ復帰運動の成果であると同時に、島ぐるみ闘争後に米国が取り組んだ〈沖縄社会の「健全」な近代化〉という統治課題の成否を問う試金石でもあった。

現実の沖縄返還は、まるでスカラピーノの予言のような勧告――「あまり遠くない将来のある時点に、沖縄を日本当局に返還し、それと同時にアメリカ軍事基地保有の協定をも結ぶことが、おそらく好ましいであろう」――を履行するかたちとなった。すなわち、沖縄を引き続き「基地の島」として使うことを決定づけたのである。

さて第三章で述べたように、島ぐるみ闘争後の米国は、以下三つのプロジェクトを柱として沖縄統治の再建を図った。

一．基地経済の刷新＝「沖縄版高度成長」の維持

二．労働政策の転換＝「自由で民主的な労働運動」の訓育

三　ムラ社会の再編＝「考える農民」の育成

これまでの各章では、その具体的な実施プロセスを検討してきた。最後に、その成果と言うべき「穏健な復帰運動」の展開と、復帰前後の沖縄社会の様相を素描して、結びにかえることにしたい。

第一節　復帰運動の帰結

上からの沖縄返還構想

一九六五年八月、佐藤栄作は史上初めて日本の総理大臣として沖縄の土を踏み、開口一番「沖縄の祖国復帰が実現せずには、わが国の戦後は終わらない」と述べて沖縄返還への意欲を示した。返還交渉が具体的な進展を見せるのはその数年後のことだが、復帰に積極的な総理の登場は沖縄の住民に大きな期待を与えることになった。

しかし、佐藤の登場が復帰運動に与えた刺激は両義的なものだった。佐藤にとって復帰とは、日米両政府間で合意可能な範囲で考えるべきものであり、基地機能の維持という沖縄占領の根本目的を損なわないようなものを意味する。それは復帰運動が掲げてきた「即時無条件全面返還」とは別物のはずだ。佐藤の登場は、復帰を現実の可能性として浮上させると同時に、その内実をめぐる沖縄現地の対立を激化させた。

図 終－1　佐藤栄作首相とワトソン高等弁務官（1965 年 8 月）
［沖縄県公文書館提供］

第三章でも述べたように、一九六〇年代の沖縄には、復帰に向かう二つの競合するプランが存在した。第一に、米軍施政に対する一定の評価を踏まえ、「積み重ね方式」で現状の漸進的改善を図る「保守」路線であり、第二に、「即時無条件全面返還」というスローガンに象徴される「革新」路線である。[*1] 第三章で整理したように、前者は復帰を「全住民の悲願」とし、総論賛成の立場をとりながらも、基地の撤廃要求に踏み込まないのに対し、後者は本土並みの生活・権利を求める実利的関心と反戦・反基地の理念とを不可分一体のものと捉える点で、一応は区別できる。

しかし、両者の対立軸は見かけほど確固としたものではない。というのも、革新側の復帰運動のなかに、自ら掲げる二つの理念を結びつける内在的根拠があったかと言えば、必ずしも自明ではないからだ。

一見して激しくぶつかり合う保革両勢力は、復帰が視野に入る頃には互いに歩み寄り、両者の対立軸は曖昧になっていく。

復帰運動が抱え込んでいた潜在的な亀裂は、施政権の保持と基地機能の保全を一体不可分として譲らない米国自身の立場によって覆い隠されてきた。しかしそれも、日米両政府間での沖縄返還交渉の本格化に伴って露呈し始める。

一九六〇年代後半に入ると、日米両政府は基地機能に影響を与えない施政権返還の方策を各々検証し、沖縄返還に向けた交渉を開始する。米国内部では、軍事的観点から沖縄の排他的支配を重視する復帰反対派と、現状維持に伴う日米関係の悪化を懸念する復帰賛成派の論争があったが、復帰による基地機能への影響は限定的で、むしろ住民の不満を放置することの方が基地機能の長期的な安定にとってマイナスとする復帰容認派の見解が有力になっていく。[*2] 復帰をめぐる争点は、復帰の是非から、その方法をめぐるものへと移っていくのである。

一九六七年一一月、佐藤栄作とニクソン大統領（Richard M. Nixon）は、「ここ両三年内に双方の満足しうる返還の時期につき合意すべき」との共同声明を発表する。同じ日に行われたナショナル・プレス・クラブでの演説で、佐藤は次のように明言している。

> わたくしは、沖縄が日本本土に復帰することと、沖縄の基地がその機能を有効に果すこととは

> 決して矛盾するものではなく、むしろ沖縄の早期返還こそ、長期的に日米関係を確固たる基礎に置きアジアの安全と平和に寄与するものと確信するものであります。[*3]

こうして日米交渉の課題は、双方の合意可能な範囲で施政権の返還と米軍基地の機能維持の両立へと移っていく。

もちろん、それは一筋縄ではいかなかった。米本国政府および議会には、沖縄返還に伴う軍事基地機能の低下に対する懸念が根強く存在した。米側は、返還後も占領期と変わらない基地機能が保全されることを明言するよう日本政府に要求したが、それは日本の国内世論に悪影響を与えかねない。佐藤の「密使」として沖縄返還交渉に当たった若泉敬（国際政治学者）は、一九六八年九月に英国で開催された国際会議に出席した際、そうした見方に対して次のように反論しなければならなかった。

> 軍事戦略論の観点からアメリカが沖縄の施政権の保持に固執することによって、沖縄の百万日本人を決定的に反米に追いやった場合、敵対的住民に囲まれたあの巨大な基地群をどのようにして効果的に維持するつもりか。さらに危険なことは、そのような米側の態度によって、本土の一億日本人の健全なナショナリズムが反米感情へと転化することだ。そうした事態は日本本土の米軍基地にも悪影響を及ぼし、日米関係全体を著しく悪化させることにもなりかねない。こ

れは両国の政府、国民にとって大きな損失である。われわれ双方は、つねに大局的判断に立って、〝木を見て森を見ざる〟愚を犯してはならない。[*4]

これは日本側の主張であると同時に、米国の対日政策にとっても無視できない論点だった。第三章で述べたように、「挑戦的民族主義」の広がりを食い止めることが、冷戦期米国の主要課題だった。沖縄を引き続き核基地として使用したいという米側の主張は、「一億日本人の健全なナショナリズムが反米感情へと転化する」きっかけになり得る。日米双方の主張は結局、有事の際の核再持ち込みについて日本側が譲歩し、これを密約として処理する——日本国民の目から隠す——ことに米側が譲歩するという、いわゆる「核密約」に帰結した。

返還交渉の進展により、復帰運動は岐路に立たされる。日米両政府の沖縄返還構想は、復帰運動が掲げた二つの目標——「生活と権利を守る」／「平和を守る」——の間に楔を打ち込むものだった。あくまで基地の撤去を主張するのか、それとも日米両政府が合意した路線に沿って運動を進めるのか。とりわけ一九六八年一一月、戦後沖縄初の行政主席公選以後、復帰運動は二つの路線の間を揺れ動くことになる。

保革対立の激化と収斂——〝Pure reversionist〟の勝利

一九六八年一一月の主席公選は、沖縄戦後史上の画期と見做されている。主席公選はまずもって、住民自治の拡大を求めてきた復帰運動の進展を標しづける出来事だったからだ。

主席公選の結果も、復帰運動の成長を見せつけるものだった。「即時無条件全面返還」を掲げる革新・屋良《やら》朝苗《ちょうびょう》が「時期尚早」を唱える保守・西銘順治を大差で下し、戦後初の革新主席が誕生した。しかし、主席公選の結果を革新側の全面勝利とだけ見るのは片手落ちだろう。それはスカラピーノの楽観的な観測に確証を与える出来事でもあったからだ。

主席公選に際して、ＵＳＣＡＲは水面下で西銘を支援する一方、密かに屋良陣営とも会談を重ね、当選後の身の振り方に関する「紳士協定」を取りつけていた。すなわち、㈠琉球政府の局長人事から共産主義者を除外すること、㈡基地の経済効果に鑑み、その撤去を急がないこと、㈢支持母体である復帰協に政策面で拘束されないこと。ちなみに屋良は、自らの立場を本土の民社党（その支持母体は同盟系の労働組合だった）に近いとも説明している[*5]。

主席公選で屋良が勝利を収めたことは、かつての那覇市長選挙での瀬長亀次郎の勝利ほどにはＵＳＣＡＲを動揺させなかった。それどころか当時の民政官フィアリー（Robert A. Fearey）は、「屋良さんが主席であったことにわれわれは完全に満足していた」とさえ証言している。「屋良氏は保守系の人より諸団体への影響力を持っていたし、抑えがきいた」からだ、と[*6]。

図 終－2　復帰記念式典会場（那覇市民会館）の裏，与儀公園の様子（1972 年 5 月 15 日）［那覇市歴史博物館提供］

米本国紙の報道も、屋良の勝利に寛容な態度を取っていた。瀬長那覇市長の誕生を報じた際には、「左翼」や「赤い市長」といった呼称が多用されたのに対し、屋良についてはイデオロギー的な無色透明さが強調された。なかでもニューヨーク・タイムズ紙が屋良に与えた「純粋な復帰論者（Pure reversionist）」という呼称は、復帰を希求することが、必ずしも基地の安全を脅かすものではないという見方を象徴するフレーズと言える。

> 「屋良は急進派の支持を受けたが、気質は保守的だ」と親しい友人は断言する。米国人は別の言い方をする。「彼は純粋な復帰論者だ」。「イデオロギーには全く興味がない。ただ、沖縄人が日本人だと感じるか

ら、沖縄を日本に復帰させたいだけなのだ」と。[*7]

こうした見立てが間違っていなかったことは、主席公選後間もなく明らかとなる。主席公選からわずか一週間後の一一月一九日、「黒い殺し屋」戦略爆撃機Ｂ52が離陸に失敗して嘉手納基地内で墜落、滑走路から現在の県道一六号線に及ぶ一帯が火の海に包まれた。事件現場は日頃から核兵器の貯蔵庫と噂されてきた知花弾薬庫にほど近く、もし引火していれば「沖縄中が吹っ飛んだかもしれない」と言われるほど、大きな衝撃を与えた。

事件から三日後、県労協は墜落事件に抗議し、Ｂ52の撤去を求めるため、ゼネスト計画を始動させる。決行日は一九六九年二月四日とし、それに向けて他の住民組織を巻き込むかたちでゼネスト実行組織「生命を守る県民共闘会議」が結成された。労組メンバーが中心となって市場を回り、ゼネスト当日はシャッターを下ろすよう理解を求め、難色を示す経済界に対しても「一日、台風が来たと思えばいい」と説得に当たった。[*8] ゼネストの決行に向けた動きは、土地闘争以来の「島ぐるみ」の動きを生み出しつつあるように見えた。

しかし結果から言えば、二・四ゼネストは未発に終わった。ゼネストを中止に追い込んだ第一の要因は、ＵＳＣＡＲによる切り崩し工作だった。ＵＳＣＡＲの立場からすれば、ゼネストは米国の軍事戦略、とりわけベトナム戦争の遂行に支障をきたしかねないものであり、断固阻止すべき事態だった。

そこで直接のターゲットとなったのは、沖縄最大のマンモス組合へと成長していた軍雇用員の労働組合（全沖縄軍労働組合：全軍労）だった。ＵＳＣＡＲは軍雇用員のなかからゼネスト支持者をあぶり出し、解雇をちらつかせながら組織の分断を図っていった。[*9] 結果、組織分裂を恐れた全軍労は、ゼネスト離脱を余儀なくされる。

ゼネストの沈静化に決定的な役割を果たしたのは主席に就任したばかりの屋良だった。日本政府からの働きかけを受け、屋良は数か月後には撤去されるだろうという曖昧な「感触」を根拠にゼネスト回避を要請した。全軍労の戦線離脱と、屋良の要請を受け、共闘会議も二月一日、遂にゼネスト回避を決定する。

かつての島ぐるみ闘争は保守側の戦線離脱によって解体されたが、二・四ゼネストは革新側から切り崩された。この事実は、革新勢力や復帰運動に対する米国の楽観的な見方を裏づける意味を持っていた。新崎盛暉は、この出来事について次のように断じている。

> 二・四ゼネスト挫折の責任をすべて革新主席に負わせるのは誤りだが、決定的な役割を果したのが屋良主席のゼネスト中止要請であったこともまた、否定しえない事実である。ここにおいて革新主席は、完全に大衆運動を抑える側にまわった。彼は、日米両政府と沖縄民衆との間の敵対矛盾を、沖縄民衆の内部矛盾として抱え込んでしまったのである。これは、大衆運動のなかから

生まれた革新主席であるがゆえに果しえた役割であって、革新主席でなければ果たしえないものであった。そこに、日本政府（＝国家権力）にとっての革新主席（＝革新地方行政）の存在意義があった。[*10]

さらに別の文章では、「二・四ゼネストの際に演じた革新主席の役割ほど、日米両政府をして、「沖縄返還」への確信を強めさせたものはない」とも述べている。[*11]つまり復帰が軍事基地機能の維持に何ら支障をきたすものではなく、むしろその強化に資するものだという「確信」である。

第二節　復帰運動を「総括」する

屋良の評価は、〝住民意思を代弁する英雄／日米両政府の意思を慮る裏切者〟という両極間で揺れてきた。しかし、屋良個人の評価はさしあたりどうでも良い。屋良は復帰運動の内在的な亀裂——新崎が言うところの「沖縄民衆の内部矛盾」——を体現したに過ぎない。したがって、屋良を通じて表出した復帰運動そのものの内在的な亀裂にこそ、焦点を当てなければならない。

新崎も断っているように、復帰運動の「敗北」を屋良や他の運動指導者層の責任に帰するだけでは、十分な「総括」とは言えない。当然のことながら、復帰運動の性格は、指導者層の気持ち一つで決まるわけではない。そもそも復帰運動の中心にいた人々について言えば、屋良とは違い、日米両政府の復帰構想に唯々諾々と追従するつもりはなかった。にもかかわらず、復帰運動が掲げてきた目標を貫徹できなかったことの意味を問う必要がある。

運動内部の亀裂

まず、屋良と他の運動指導者層の復帰に対するスタンスの違いから見ていこう。両者の齟齬が最も見えやすいかたちで表出したのは、復帰準備の過程と、「復帰措置に関する建議書」策定の経緯においてである。これは「屋良建議書」の名でも知られるが、元来その策定の動きは屋良の姿勢に疑念を抱いたグループ＝復帰運動の指導者層から始まっている。

屋良は主席公選前にＵＳＣＡＲ側に宣言した通り、政権運営に復帰運動の影響が及ばないように注意していた。特に復帰準備作業は超党派で進めるべきとし、一九七〇年一月、琉球政府内に復帰対策室を設置。その室長に保守派で知られる瀬長浩を据えた。

対策室で進められる復帰準備作業は、終始日本政府ペースで進められ、「沖縄が主体的に復帰するというより、しゃにむに復帰させられるという感じであった」とも言われる。[*12] その内容は、住民はおろか琉球政府下部職員にも十分に開示されなかった。

そのような密室での復帰準備作業は、復帰運動に取り組んできた人々、とりわけ主力労組の一つである官公労の不信を醸成することになる。一九七一年一月、周囲の不信を背景に、屋良はようやく県民意見を集約する諮問機関として復帰対策県民会議を設置するが、保革両サイドから「遅すぎる」、「無意味」といった批判を浴びた。[*13] 会議発足の翌月には、委員側から「県民会議には県民が最も関心を持っている重要な問題が諮問されていない。本土の現体制へのスムーズな移行という観点からの諮問、論議にすぎない。これでは自ら琉球処分に手をかすことになる」との意見が屋良に突きつけられた。[*14] 意見した委員には、仲吉良新や仲宗根悟、平敷静男など、復帰運動の中核として屋良を支えた人々も含まれていた。

官公労のリーダー赤嶺武次や吉元政矩など、琉球政府職員有志は、日本政府と復帰対策室が進める復帰準備作業を監視するためのグループ＝行政研究会を結成する。上層部の仕事を部下がチェックするという異例の事態であり、「造反」、「クーデター」とも言われたが、行政側のペースで現実の復帰のあり方が決められていくことに対して、運動側のイニシアティブを取り戻そうとする抵抗と見ることもできる。

その後、行政研究会は同様の作業を行っていた宮里政玄ら琉球大学の研究者たちと合流。復帰協がスポンサーとなって『復帰措置の総点検――「琉球処分」に対する県民の訴え』をまとめあげる。これを再度、琉球政府上層部（つまり屋良と側近たち）が学識経験者を交えて点検し、さらに屋良自身が大幅に修正を加えて出来上がったのが「復帰措置に関する建議書」だ。

復帰協名義の「総点検」と琉球政府名義の「建議書」は、いずれも基地を残したままの復帰を不服とし、沖縄開発庁——総合事務局体制が住民本位の地域開発を阻害するのではないかといった懸念を盛り込むもので、内容上は大きく違わない。しかし、後者があくまで日本政府向けの請願を基調とするのに対し、前者は復帰運動の継続を訴えるアジビラ的性格を持つ点で決定的に異なる。「総点検」の序文には、次のようにある。

> この返還協定によって、なされようとしている沖縄の復帰は、ベトナムをはじめ、長期にわたって海外で、殺りく戦争を続けてきたアメリカが、財政的に困窮、疲弊したために、逆に経済大国にのしあがった日本が、アメリカに代わって、極東防衛の肩代わりをすることを申し合わせたものにほかならない〔中略〕「真の復帰を勝ち取る戦いはこれからはじまる」という声が、県民の間に高まってきた。しかり、つきるところ、現状のままの復帰は戦争か、平和かの二者択一が迫られている。といっても過言ではなかろう。だとするならば、われわれの選択の方向もまた自明である。[*15]

復帰運動の指導者層にとって、日米両政府間で合意された返還構想は、住民が求めてきたものとは別物であり、新たな「琉球処分」に他ならない。したがって「真の復帰を勝ち取る戦いはこれからはじまる」――すくなくとも、指導者たちにとってはそうだった。

USCARの楽観――復帰運動を縛る見えない鎖

他方でUSCAR側は、復帰運動の指導者層と大多数の住民との間には、見かけ以上に距離があると見ていたようだ。主席公選に際して実施した調査・分析レポートでは、革新共闘が掲げる「即時無条件全面返還」を「儀礼的なスローガン（ritual slogan）」、「平和経済への移行」や「自治権拡大」といった目標を「リップ・サービス」と呼んでいる。[*16] こうした言葉遣いは、復帰運動に対するUSCARの楽観的な見方を象徴するものと言える。つまり、復帰運動は一枚岩の運動ではなく、一般住民は運動指導者層が掲げる「即時無条件返還」といったスローガンに共感しつつも、自身の生活を犠牲にしてまで追求すべき目標とは考えていない、というわけである。

それは根拠のない希望的観測というわけではなかった。USCARは、地元のオピニオン・リーダー層からのヒアリングや意識調査を通じて、住民の考えを日々モニタリングしていた。一例を挙げておこう。一九六八年に日本本土の中央調査社に委託して行った調査では、復帰の形態に関する踏み込んだ質問項目を設けている。それによれば、七八％の圧倒的多数が復帰を支持しながらも、その内実に関する意見はまちまちだった。

たとえば、「いくら時間がかかっても、基地を全部とりはらったうえで復帰するのがよい、という意見についてはどうですか」という質問に対する回答は、「賛成三四％、反対三二％、わからない三四％」と、「賛成」は三分の一に留まる。[*17] この質問が実質的に、復帰運動の公式スローガン「即時無条件全面返還」に対する賛否を尋ねていることに注意したい。

それに対し、後に佐藤栄作が日本側の公式の立場として打ち出す「核抜き・本土並み返還」——沖縄からの核兵器撤去・沖縄への日米安保条約適用——に対応する「かなり時間がかかっても、基地の使い方を本土なみに制限したうえで復帰するのがよい」という意見になると、「賛成五〇％、反対一八％、わからない三二％」になる。ちなみに「核兵器だけはやめて、基地の自由な使用はいままでどおりに認め、なるべく早く復帰するのがよい」については、「賛成一四％、反対五八％、わからない二八％」となっている。こうしたデータに照らして言えば、復帰運動が「本土並み」の線を超えて「即時無条件返還」に固執すれば、大衆的な支持を失うことになりかねない。[*18]

ＵＳＣＡＲの眼には、こうした住民世論こそが復帰運動の急進化を抑止する見えない鎖と映ったことだろう。復帰運動が大衆運動を志向する限り、一般民衆の考えを無視するのは難しい。先導するにせよ、迎合するにせよ、民衆の意向は運動指導者層の判断を左右する。島ぐるみ闘争から一〇数年を経て、強権的な弾圧に頼ることなく、急進派を孤立させることにより、復帰運動の自発的な穏健化を促すという戦術が、一応の完成を見たのである。

マイホーム経由、ホームランド行

表面的には激しく対立する保革両勢力の実質的な収斂に対しては、同時代の知識人、学生、青年労働者らが中心となって、厳しい批判を加えた。既成の復帰運動に対する違和感は、「完全即時無条件返還というけれど、はたしてこれはお題目にすぎないじゃないか」といった共通感覚を醸成し、復帰に軍事支配からの脱却の夢を仮託してきた人々を離反させた。[*19]

復帰運動に対する疑義を最も鮮烈に表現したのは、『琉大文学』をインキュベーターとして独自の言論空間を形成した若い知識人のグループだ。親米保守とは異なる立場から復帰運動を舌鋒鋭く批判したその言説群は、後に「反復帰論」と括られることになる。その代表的な論客の一人である川満信一（詩人・ジャーナリスト）は、島ぐるみ闘争以後、復帰に至るまでの過程を革新勢力の自己否定と総括するとともに、それを民衆の内的な変化を捉え損なった結果だとして痛烈に批判した。

川満は琉球大学在学中から国場幸太郎とともに島ぐるみ闘争に参画した経験を持ち、思想形成においても、自ら「国場さんに教わったことをやってきたつもり」というように、国場の影響を受けてきた。[*20] いわば思想史上は国場幸太郎の批判的後継者と位置づけられるべき人物である。いきおい川満の復帰運動論は、「労働者、農民の階級的連帯に基礎をおく社会変革の意識」にもとづく復帰運動の発展を唱えた国場の議論を下敷きとして、現実の復帰運動の展開を総括するという性格を帯びる。

「死ぬまで闘う前衛」に成長するかに見えた農民たちが、ふっと背を向け、口重くなっていく姿に、戸惑ってしまい、大衆からプロレタリアへ、というストレートな上昇線の引き方が、観念の虚構でしかないのではないか、という疑問が生じた〔中略〕米軍事支配への闘争が、民族主義的方向で収束され、祖国復帰運動が昂揚するなかで、農民一揆や騒擾がつくり出す状況の突破口についてのイメージがあり、一端の工作者気取りで、労働組合を結成し、指導に当ったりしたが、そこでもぶっつかったのは、資本家対労働者階級という二極対立の構造では押さえきれない多面球体のような存在であった。[*21]

これは第三者的な批評というより、川満自身の取り組みに対する自己批判でもある。ここには、かつて島ぐるみ闘争に立ち上がった民衆が、「資本家対労働者階級という二極対立の構造では押さえきれない多面球体のような存在」、すなわち階級なき社会に暮らすマイホーム主義者の群れに変わってしまったことへの戸惑いを読みとることができる。

そうした捉えどころのない存在こそ、島ぐるみ闘争以後、米国が静かに進めてきた統治プロジェクトの成果物に他ならない。川満もまた、民衆の変貌が始まった時期を、島ぐるみ闘争の後に求めている。いわく、「土地を失っても、それに見合う生活の条件が満たされ、共同性が保持されれば、どんなに激しい抵抗をした農民、民衆でも、革命という理念から無縁の位置へ退行してしまう」。そして現に、「沖縄の解放を求め、自己の階級の解放を目指した労働者は、マイカー、マイホーム主義へと萎縮し、体制内化の傾向を深めている」[*22]。川満にとって祖国日本《ホームランド》を目指す復帰運動は、近代化により共同体から解き放たれた故郷喪失者の群れが、新たな家郷《マイホーム》を獲得しようと足掻いているように見えたのかもしれない。

第三節　祖国復帰と故郷喪失

最後に、復帰後の沖縄社会の状況を後日譚的に素描しておこう。

闘争の時代の終わりと開発の時代の始まり――基地の島／南の楽園

復帰後も沖縄は相変わらず「基地の島」であり続けたが、そのことに対する異議申し立ての声は目に見えて小さくなった。闘争の継続を訴えていたはずの復帰協も一九七七年五月一五日をもって解散してしまう[*23]。

復帰運動の中心を担った労働運動も、復帰後は衰退の一途を辿る。復帰後六年の総決算を狙いとした『沖縄タイムス』の連載記事の中には、次のように記述が見られる。

> 復帰前、県内が赤旗で埋まるような観さえあったエネルギーはどこへ消えてしまったのだろうか。あの大衆運動のすべてといってもいいほどだった労働組合。今はほとんど動員力もきかず、すっかり迫力も失った。かつて復帰闘争という共通の目標に結集した組合員たちが、ぬるま湯的な公務員労働者、クビ切り不安にあえぐ軍労働者、倒産におびえる中小民間労働者、そして解雇などによる多くの失業者と四つに分かれている。*24

組織率は復帰時点の三五%をピークに低下の一途を辿り、現在では九%台と、一九五〇年代並みの水準にまで低下した。労働運動および復帰運動の中心を担った官公労の流れは、自治労沖縄県本部へと受け継がれ、一九九〇年の大田革新県政を支える力となったが、全島的な運動の牽引役を担うだけの地位を回復するには至らなかった。*25

暴動にまで発展した農民運動も、一九七〇年頃にはひっそりと姿を消した。一九七三年五月に発表された「崩壊する沖縄」のなかで、新崎盛暉は宮古農民闘争を次のように述懐している。

> 一九六五年、沖縄における製糖量がピークに達していたとき、宮古島ではキビ代値下げにつながる製糖工場の合併合理化に反対し、キビ代値上げを要求する農民の大闘争（宮古農民闘争）が爆発していた。そしてこれを〝鎮圧〟するために、沖縄本島から、カービン銃で武装した警官隊

が米軍機で空輸された。宮古島は、明治の人頭税廃止運動以来の農民運動の伝統を持つところである。だが、いまでは、農民たるのではなく、農業に見切りをつけ、大挙して出稼ぎに出る。わたしたちは、ここに、いたましいまでの地域社会の崩壊を見る。[*26]

闘争の季節が過ぎ、代わりにやってきたのは、「開発の時代」だった。米国が取り組んだ沖縄社会の近代化という統治課題は、復帰を経ても放棄されたわけではなかった。米国から沖縄統治を引き継いだ日本政府は、「開発」の名の下に沖縄社会の近代化を加速させた。復帰が米国による沖縄統治の終焉ではなく、その担い手を変えた継続だと言われるのも、故なきことではない。

第四章でも触れたように、復帰後の沖縄では、日本本土との社会・経済的格差の是正を大義名分として、五〇年にわたって沖縄振興（開発）計画が適用されてきた。その結果、県民所得は復帰後の一〇年間に約三倍に増えた。道路や空港、港湾、ダム等々、生活・産業の基盤が急速に整備された。車一台当たりの国道舗装率を例にとれば、復帰時点で全国水準の約四四％でしかなかったものが、その後一〇年間で九三％にまで引き上げられた。

こうしたインフラ整備を背景に、観光業も著しく発展した。観光収入は復帰時点の三二〇億円から、一〇年後には一六五六億円と、約五倍の伸びを記録している。一九七八年には基地関係収入を凌ぎ、名実ともに主力産業の地位を確立する。

復帰後の観光開発を通じて、沖縄のイメージも大きく変わった。かつての沖縄が差別もしくは同情すべき辺境地域だったとすれば、復帰後にはどこかエキゾチックな雰囲気を持つ「南の楽園」として憧憬を呼び起こす場所となった。こうして沖縄は〈基地の島〉と〈南の楽園〉が奇妙にも共存する「パラレルワールド」へと変貌していった。[*27]

故郷喪失の時代

また、そこに本土社会が失った「古き良き日本」――信頼と助け合いが息づく人情味溢れる共同体社会――というイメージも重ねられていった。こうしたイメージは、すくなくとも復帰時点では、必ずしも根拠のないものではなかった。

たとえば一九七二年六月一五日、『毎日新聞』に掲載された「沖縄の心」と題する長文記事は、沖縄と本土で実施した世論調査のなかから、人と人とのつながりの強度に関する項目をまとめているが、それによれば周囲の人々への家族・親族・友人・仕事仲間との信頼関係や、地域住民組織への参加度合い、地域に対する愛着、そして「心のよりどころ」の有無といった指標のすべてで、沖縄は本土よりも好成績を収めていた。この結果を踏まえ、同記事は「いまなお息づく本土が失ったもの」と小見出しを振りつつ、「戦後二十七年間、異民族支配の下で肩を寄せ合って苦難に耐えられたのも、安心して信じあえる人間関係が、本土よりはるかに多いからであろう」と述べている。

日本本土における高度成長の時代は、「故郷喪失の時代」とも言われる。[*28] 沖縄が日本に復帰したのは、高度成長の弊害としての社会的紐帯の希薄化が問題化され始めた時期に重なっている。日本政府の国民生活審議会調査部会コミュニティ問題小委員会が「マイホーム主義」の台頭に警鐘を鳴らし、「コミュニティ主義」の再興を訴えたのが一九六九年九月である。[*29] 先の記事の結びは、次のようになっている。

> 沖縄の人びとの間にいまなお脈々と息づいている信頼感や連帯感、やさしさといった〝沖縄の心〟は、本土の人々が失ったことに気づき、取り戻そうと願っている〝日本の心〟である。沖縄県の復帰は、県民や国土、政治が帰ってきたことだけでなく〝日本の心〟が帰ってきたことに、大きな意味があるのではないだろうか。

たしかに復帰時点では、沖縄には日本本土よりも濃密な社会的紐帯が残っていたのかもしれない。復帰から五〇年を経ても、沖縄社会は村落共同体的性格を色濃く残しているという根強いイメージがある。しかし、それはあくまで日本本土と比較した場合のことで、通時的に見れば、両者の差は縮まっていったように見える。

とりわけ日本復帰は、そうした傾向を加速させた契機と言われてきた。たとえば、新崎盛暉が「崩壊する沖縄」を発表した一九七三年には、復帰に伴う沖縄社会の変貌に危機意識を抱いた各界の有力者・文化人が「沖縄の文化と自然を守る十人委員会」を結成している。そこには豊平良顕（沖縄県史編集審議会長・元沖縄タイムス会長）を座長に、仲松弥秀（琉球大学教授）、源武雄（前琉球政府文化財保護委員長）、天野鉄夫（沖縄県緑化推進委員会常任委員）、真栄田義見（沖縄大学理事長）、宮里悦（沖縄婦人連合会会長）といった人々が集まり、「沖縄喪失の危機」に警鐘を鳴らした。

> まだまだ復帰運動の中には地域共同体的な連帯性が内在していた。都市化し、商業主義で固められたコンクリートの冷たいジャングルでは、それらの精神的連帯の入る余地のない拒否反応を見せている。二年前までは貧しく、素朴ではあったが、高貴と呼ばれてもいい人情にささえられた人間精神が残っていた。けれどもいまはどうか、物質万能の商業主義はあらゆるものを金銭で評価する銭《ジン》の《ヌ》世《ユー》をつくり、金銭で評価できない高貴な人間精神の所産である文化や自然までも営利追求の商業主義の原理によって、軽視無視され、破壊されようとしている〔中略〕七二年五月十五日の復帰は沖縄の心すなわち沖縄の文化と自然を激変せしめた形で行なわれた琉球処分ということも出来るようだ。[*30]

沖縄社会の特質であったはずの「地域共同体的な連帯性」もまた、復帰によって「本土並み」に衰退してしまうのではないかというわけである。

十人委員会メンバーの座談会では、体感的理解にもとづく「沖縄喪失」の現実が次のような言葉で語られている。「自己の権利ばかりを主張して他人の存在を無視する思想は村落共同体には無かった。神を足蹴にし祖先を無視するような思想も村落共同体には無かった」（源）、「人間は人間性を失ない、機械化した人間が日々に増産されている。貧富の差はますますはなはだしくなり、新しい金銭奴隷の時代となっている」（仲松）、「祭りと青い海と空に育てられたロマン豊かな思想は、沖縄の心を即物的にする安価な拝金主義で根本から変貌させられようとしている」（真栄田）。

住民同士のつながりに関する沖縄県が実施してきた「沖縄県民意識調査」では、常に過去に比べて弱まったと感じる割合が最大、強まったと感じる割合は最小を占める。最新のデータ（二〇二一年度）を見れば、「弱まった」という答えが四五・七％、強まったと答えたのは、そのわずか一〇分の一、四・五％に過ぎない。二〇一六年には翁長県政の独自調査で三人に一人（全国平均の約二倍の割合）の子どもが貧困状態にあることが明らかになったが、そのような現実に気がつかないほどに、「地域共同体的な連帯性」の衰退が進んでいたことにも目を向けなければならない。

〝ポスト島ぐるみ〟の現在

雑駁に見ても、復帰を境とした沖縄社会の変貌は明からだ。しかし本書の議論を踏まえれば、こうした変化は復帰によって初めて生じたものとは言えない。島ぐるみ闘争後、米国が追求してきた沖縄社会の「健全」な近代化というプロジェクトが、復帰を契機に加速したと見るべきだろう。それは米国が仕掛けたプロジェクトだったとしても、沖縄社会の骨格をつくり、住民の心性にまで浸透する類の統治であり、簡単には拭い去れなくなっている。

現実の「祖国復帰」が多くの問題を積み残すものだったとしても、その責任のすべてを誰かに――たとえば、日米両政府や、その言いなりになっているように見える「現実主義者」たち、あるいは復帰運動の指導者たちに――帰せて済ませられないのは、そのためだ。

新崎が言うように、「「貧困のなかの統一と団結」をなつかしく想い起こしてみても意味はない」。その経験を美化したり、表面的に模倣することに意味はない。島ぐるみ闘争を可能にした条件は、既に失われてしまった。しかし、そこにあった共同性を新たな条件のもとでつくり直すことはできるかもしれない。島ぐるみ闘争は、そのようにして乗り越えていくべきなのだろう。

どれだけ近代化が加速しても、人間は何らかの共同性のなかに身を置くことを希求する。それは近代化論者にとっても、川満のような思想家にとっても、動かぬ前提だった。近年見られる「つながり」という言葉の流行は、それが実態としては刻々と失われつつあることに対する反動のようにも映る。

かつてロストウらは、つながりの喪失が「全く新しい機構を夢みるようになる」人々を増殖させることを危惧した。マイホーム主義は、その処方箋となるはずだった。しかし、マイホームの獲得によって故郷喪失感を埋め合わせるという方策が、未来永劫機能する保証はどこにもない。

沖縄が復帰した頃の日本社会は、依然として「一億総中流の時代」の只中にあった。しかし、高度成長、福祉国家、そして「中間階級《ミドルクラス》」意識とともに、マイホーム主義も過去の遺物となりつつある。[*31]「持ち家があって、車が買えて、家電製品がそろって、子どもを高等教育に通わせようと思えば通わせられて、ときどき家族レジャーができる」といった「人並の生活」の条件は、ますます誰にとっても当たり前のものではなくなっている。[*32]二〇〇〇年代に入ると中流崩壊論争が本格化し、日常でも「中間階級」の崩壊に対する警鐘を耳にすることも珍しくなってきた。[*33]歴史の終着地点に幻視された郊外のマイホーム生活も、野放図に広がる体制変革の志向を収容するだけのキャパシティを失いつつある。

川満が復帰運動を舌鋒鋭く批判したのは、それがマイホーム主義に取って代わるような共同性を提示できなかったからだ。「家庭（または家族）の共同性さえも、保持することが不可能なところまで、駆逐しつつある現象の根拠を問うてみなければならない[*34]」。マイホーム主義が持続不可能になりつつあるなかで、川満の投げかけた問いが切迫感を増して再浮上してきている。

では、マイホームに代わる新たなつながりを、どうすれば編み直すことができるだろうか。沖縄が直面する問いは、島ぐるみ闘争の頃からそう大きくは変わっていない。

注記

序章

＊1 「四原則貫徹全島住民大会報道(1)」『琉球新報』一九五六年六月二一日（中野好夫編『戦後資料 沖縄』日本評論社、一九六九年、一九〇頁）。

＊2 同前。

＊3 「プ勧告反対地区住民大会報道(2)」『琉球新報』一九五六年六月二六日（同前、一九二頁）。

＊4 「プ勧告反対地区住民大会報道(3)」『琉球新報』一九五六年六月二六日（同前、一九三頁）。

＊5 同前。

＊6 「誇りある豊かな沖縄」は、平和を訴えてきた革新の〝誇り〟と、生活の〝豊かさ〟を訴える保守の立場を組み合わせた政治スローガン。翁長雄志や玉城デニーが県知事選で使用した。

＊7 引用は新崎盛暉『琉球弧の視点から　1978～1982　沖縄同時代史第二巻』（凱風社、二〇〇四年、一四九頁）より。

＊8 同前。

＊9 二〇一六年に実施された沖縄県の独自調査により、三人に一人（全国平均の約二倍の割合）の子どもが貧困状態にあることが明らかになった。以後、子どもの貧困問題は県民意識調査でも県政の最重要課題に挙げられるようになった。

＊10 政治離れ・社会問題への関心の指標として、試みに「基地問題」に対するスタンスを取り上げてみると、年齢層ごとの温度差が如実に出てくる。二〇二一年に発表された「第一一回 沖縄県民意識調査」によれば、米軍専用施設の沖縄への集中について、「差別的」と思うかという設問に対する回答は、六〇代以上では過半数が「そう思う」

と回答しているのに対し、二〇代は二三・一%、三〇代で二六・三%となっている。

＊11　再び県民意識調査を参照すると、「一〇年前の沖縄に比べて、人と人とのつながりは強まったと思うか」という質問に「強まった」と答えたのが四・五%なのに対し、「弱まった」と答えたのは四五・七%と一〇倍の値を示している。

＊12　浅野誠『魅せる沖縄』高文研、二〇一八年、七六―八〇頁。

＊13　「保守」ではなく、あえて「現実主義者」という用語を使うのも、そのためである。鳥山自身による説明については、河野康子・平良好利編『対話　沖縄の戦後――政治・歴史・思考』（吉田書店、二〇一七年）に収録されたインタビューを参照。

＊14　新崎盛暉「崩壊する沖縄」『エコノミスト』一九七三年五月二九日号。引用は『世替わりの渦のなかで　1973～1977　沖縄同時代史第一巻』（凱風社、二〇〇四年、二一―二二頁）より。

＊15　新崎の見方は、「保守」に光を当てることが沖縄戦後史の全体像を描くことにつながるとする吉次公介と対照的と言える。吉次の指摘の背後にあるのは、一九七二年の日本復帰を経て、一九七八年から一九九〇年までの沖縄では西銘順治の保守県政が続いたこともあり、「保守」の空白がそのまま「復帰後史」の空白につながっているという発想がある。吉次公介「戦後沖縄「保守」勢力研究の現状と課題」『沖縄法政研究』第一二号、二〇〇九年、一五八―一五九頁。

＊16　アジア太平洋戦争で敗れ、米国など連合軍に占領されていた日本は、サンフランシスコ講和条約発効により主権を回復した。この日を記念し、第二次安倍政権下の二〇一三年、政府は記念式典を主催した。

＊17　屋嘉比収『沖縄戦、米軍占領史を学びなおす――記憶をいかに継承するか』世織書房、二〇〇九年、二一三頁。

＊18　米軍基地が日本人の反米感情を惹起し、国民世論を「中立主義」へ傾斜させることについて、アイゼンハワー大統領をはじめとする本国政府は真剣に懸念していた。さしあたり、マイケル・シャラー（市川洋一訳）『「日米関係」とは何だったのか』（草思社、二〇〇四年）第八章を参照されたい。

＊19　米国政府内部でも、日米関係こそが「太平洋の要石」と考える立場から「沖縄問題」の紛糾を避けようとする国務省と、それにあまり頓着しない軍部との間には沖縄統治の方針をめぐる路線対立が存在した。

＊20　冷戦期米国の対日政策は、在日米軍施設および米兵犯罪の治外法権的地位を確保しながらも、親米保守政権を維持するというジレンマを抱えたが、それを解消する「安易」な手段として密約を多用してきた。戦後日米間の密約の通史的整理としては、さしあたり信夫隆司『米軍基地権と日米密約』（岩波書店、二〇一九年）を参照されたい。

＊21　沖縄への米軍基地の集中について、詳しくは野添文彬『沖縄米軍基地全史』（吉川弘文館、二〇二〇年）六六―七一頁を参照されたい。

＊22　一九六一年一〇月、ホワイトハウスから派遣された沖縄調査団に対し、キャラウェイ高等弁務官は「基地の有効性は、沖縄の戦略的位置のみならず、米国が琉球統治を行うことで得られる使用の柔軟性にある」と説明している。Statement by High Commissioner, Civil Affairs Planning Files, 1961: Task Force Ryukyus［OPA：0000069092］.

＊23　大田昌秀『沖縄の帝王――高等弁務官』朝日新聞社、一九九六年。

＊24　「琉球列島米国民政府に関する指令」中野前掲、五五頁。

＊25　冨山一郎『暴力の予感――伊波普猷における危機の問題』岩波書店、二〇〇二年、二五七―二五八頁。

＊26　サンフランシスコ講和条約以後の「沖縄占領」は、主権回復を果たした日本との合意にもとづくものであり、国際法上の「占領」には該当しない。が、事実上の軍事占領を目的とした措置であることに鑑み、本書では慣例にならい「占領」という用語も使う。

第一章

＊1　ソテツは非常時の食料となり得るが、毒抜きの処理を誤ると中毒を引き起こす。「ソテツ地獄」という言葉は、毒抜き処理が追いつかないペースで沖縄経済の崩壊が進んだことを比喩的に表現したもの。その背後にあった世界糖業の再編の様相については、冨山一郎『流着の思想』（インパクト出版会、二〇一三年）第三章を参照されたい。

＊2　山門健一「過剰人口の歴史――沖縄自立経済論の変遷」『新沖縄文学』第二七号、一九七二年五月、七五頁、山里将晃「地域開発の諸問題――人口 その二」『琉球大学経済研究』第九号、一九六八年、一九七―二一四頁。

＊3　山門前掲、七五頁。

＊4　引用は澤田佳世『戦後沖縄の生殖をめぐるポリティクス――米軍統治下の出生力転換と女たちの交渉』（大月書店、二〇一四年）より。初出は沖縄タイムス社『沖縄年鑑』（沖縄タイムス社、一九五九年）。

＊5　琉球政府企画統計局『琉球の人口問題　改訂版』琉球政府企画統計局、一九五九年、まえがき。

＊6　澤田前掲、四五―四六頁。

＊7　同前、一三六―一三七頁。

＊8　町村敬志『開発主義の構造と心性』御茶の水書房、二〇一一年、三〇―四〇頁。

＊9　その経緯と人口管理問題の詳細については、澤田前掲書を参照。

＊10　港湾・漁港・空港・道路・ダムなどのインフラ整備が加速し始めるのは、日本本土政府の援助が拡大基調に転じる一九六〇年代後半から日本復帰のころにかけてである。池宮城秀正『琉球列島における公共部門の経済活動』同文舘出版、二〇〇九年、四四―四五頁。

＊11　福地ダムについては、その建設プロジェクトを「米国が計画し着工し、日本が炎天下の突貫工事で完成させるという巨大ダム建設のドラマ」として描いた高崎哲郎『山原の大地に刻まれた決意――米国から託された福地ダム建設・もうひとつの「沖縄返還」』（ダイヤモンド社、二〇〇〇年）を参照されたい。

＊12　たとえば一九五〇年の群島知事選（沖縄・宮古・八重山でそれぞれの首長を選ぶために試行的に実施された選挙）の演説会では、アメリカ統治下の現状に関して評価を異にする候補者たちが、こぞって移民政策に積極的な姿勢をアピールしている。中野好夫編『戦後資料 沖縄』日本評論社、一九六九年、六八―七〇頁。

＊13　琉球海外協会「移民促進大会速記録」『雄飛』第七号、一九五四年四月、一二頁。

＊14　石川友紀「戦後沖縄県における海外移民の歴史と実態」『移民研究』第六号、二〇一八年、五九頁。

*15　三山喬『還流する魂――世界のウチナーンチュ120年の物語』岩波書店、二〇一九年。
*16　琉球新報社編『世界のウチナーンチュ』ひるぎ社、一九八六年、四五頁。
*17　琉球政府企画統計局前掲『琉球の人口問題　改訂版』三二頁。
*18　岸政彦『同化と他者化――戦後沖縄の本土就職者たち』ナカニシヤ出版、二〇一三年、六九―七一頁。
*19　同前、六六―六九頁
*20　琉球銀行調査部編『戦後沖縄経済史』琉球銀行、一九八四年、一二三二頁。
*21　同前、一九九頁。
*22　同前、一八一頁。
*23　ところで「基地経済」という用語をめぐっては、来間泰男と今村元義との間に論争がある。そこでの主要な論点は用語の射程にある。今村が戦後沖縄の経済は復帰後も含めて基地経済と呼ぶべきとしたのに対し、来間はその内実の変化を重視し、復帰後は基地経済という用語を使うべきではないと主張する。とはいえ今村にしても、基地が沖縄経済の大枠を規定し続けているという点を強調しているだけであって、基地経済の内実が時代ごとに変化してきたことに異を唱えているわけではない。ここでの主眼は、あくまで一九五六年の島ぐるみ闘争に固有の背景として当時の社会経済構造を検討することであるから、さしあたり一九五〇年代までの経済構造に限定して基地経済という用語を使いたい。今村元義「沖縄における基地経済」『商経論集（沖縄国際大学商経学部紀要）』第九巻第二号、一九八一年四月、同「沖縄における基地経済再論――来間泰男氏の所説を検討する」『商経論集』第一二巻第一号、一九八三年七月、来間泰男『沖縄経済論批判』日本経済評論社、一九九〇年。
*24　沖縄県商工労働部『沖縄県労働史　第一巻』沖縄県商工労働部、二〇〇五年、六四五頁。
*25　同前、一二三二頁。
*26　戦後初期に米国民政府が策定した経済計画としては、一九五一年のEconomic Plan for the Ryukyu Islands（May, 1951）や、Economic Plan for the Ryukyu Islands-1956-1960がある。これらはあくまでも極東軍司令部が掲げた初期の

復興目標（ガリオア資金の枠内において、また住民の自助努力と健全財政を条件として、戦前並みの生活基準を確立すること）に則り、既存の資源を最大限活用することで達成できる程度の改善を基調としていた。その点で、持続的な経済成長を志向した島ぐるみ闘争後の経済計画群とは性格を異にする。

＊27　「失業対策法の立法要請について」行政主席官房総務課『立法に関する書類　1955年 ⑭—1 立法、立法案、参考案綴』［OPA：RDAE006447］。

＊28　次章の議論を先取りして言えば、こうした潜在失業の存在こそが、島ぐるみ闘争の動因を構成することになる。島ぐるみ闘争の経緯をまとめた琉球政府資料には、次のような記述がある。「軍用地々主は、農業という唯一の安定した職業から離れ、夫々外に職業を求めなければならない。その際、後進経済と、人口過剰の中絶〔原文ママ。「沖縄」か〕では、それ自体の産業でこれを吸収することはできなかったが、ぼう大な軍作業と基地周辺の商都化によって雇用の機会も従来はかなりあった。しかしながら戦後二十万近くの引揚者による労働力人口の増加を考えると労働力の需要関係は順調ではなく、多くの潜在失業又は、失業を内包している」。琉球政府官房情報課『軍用土地問題の経緯』一九五九年、四頁。

＊29　琉球政府『沖縄農業の現状　1955～1967年度』琉球政府、一九六九年、一三〇頁附表。

＊30　琉球政府企画統計局前掲『琉球の人口問題　改訂版』一九五九年、三四頁。

＊31　琉球政府企画統計局『琉球の人口問題』琉球政府企画統計局、一九五七年、三四頁。

＊32　琉球政府労働局調査課『琉球労働経済の分析　一九五九年度』琉球政府労働局調査課、一九六〇年、五四頁。

＊33　C・E・ブラック（内山秀夫・石川一雄訳）『近代化のダイナミックス――歴史の比較研究』慶應通信、一九六八年、一二二頁。

＊34　嘉数啓「沖縄経済自立への道」『新沖縄文学』第五六号、一九八三年六月、一二二頁。

＊35　座喜味虎好「農村問題の一考察――農村の人口過剰即労働力過剰に非ず（上）」『今日の琉球』第七巻第九号、一九六三年九月。

＊36　なお、一九五〇年代には、確認されているだけでも七四もの市町村・部落単位の郷友会が結成されている。石原昌家『郷友会社会』ひるぎ社、一九八六年。

＊37　都市化は単なる人間の量的集積ではなく、個々人の行動のあり方、他人とのつながり方といった質的な変化を伴う点に注意したい。それは両義的な変化だ。ロバート・パークらの都市社会学に倣えば、都市化は「冒険と危険、刺激とスリルとがもっとも激しく渦巻いている地域」をもたらす破壊的なプロセスであると同時に、新たな共同社会組織化（communal organization）を通じた生成のプロセスでもある。R・E・パーク・E・W・バーゼス他（大道安次郎・倉田和四生訳）『都市――人間生態学とコミュニティ論』鹿島研究所出版会、一九七二年、六二―六三頁。

＊38　石原前掲、一五頁。

＊39　伝統的な農村社会の解体の過渡期における社会の不安定化は、第三章で詳しく論じる近代化論の重要なテーマの一つである。それは単なる治安の悪化だけではなく、現状の社会秩序の破壊としての革命志向にもつながり得るものであった。冷戦期米国の地域介入戦略の主要な目標は、そうした近代化途上の社会の不安定性を緩和し、健全な――つまり資本主義的な社会経済の発展に向けて筋道をつけることにあった。

＊40　波平勇夫「戦後沖縄都市の形成と展開――コザ市にみえる植民地都市の軌道」谷富夫・安藤由美・野入直美『持続と変容の沖縄社会　沖縄的なるものの現在』ミネルヴァ書房、二〇一四年、二五〇―二五一頁。

＊41　たとえば一九六四年、在沖平良市郷友会の創立総会において、伊志嶺賢二（初代会長）は、「宮古の人であるという劣等感に陥った時代はとうに過ぎた」「あくまでも対等の意識をもって沖縄の社会に溶け込む、宮古の人でなければ立身出世はできないという水準まで社会の信用度を高めよう」というメッセージを発している。引用は石原前掲書（一七―一八頁）より。

＊42　謝花直美は、米国の基地政策による地域的紐帯の寸断と、住民自らこれを再構成していく動きを描写し、後者がつくり出した地域横断的なネットワークを「流動する生活圏」という言葉で捉えている。『戦後沖縄と復興の「異音」――米軍占領下　復興を求めた人々の生存と希望』有志舎、二〇二一年、一二―一四頁。

＊43　西銘順治『沖縄と私――西銘順治評論集』月刊沖縄社、一九六八年、一四七頁。

＊44　西銘の眼から見た沖縄社会像について鳥山淳「先送りされ続ける「平和の到来」――占領下沖縄の経験をめぐって」（『歴史学研究』第九三四号、二〇一五年八月）を参照。

第二章

＊1　新崎盛暉『戦後沖縄史』日本評論社、一九七六年、一四八頁。

＊2　琉球政府行政主席官房情報課『軍用土地問題の経緯』琉球政府行政主席官房情報課、一九五九年、四頁。

＊3　川満信一「飢餓の原基――伊佐浜土地闘争と移民」『新沖縄文学』第四五号、一九八〇年六月、二八六頁。

＊4　同時期の労働運動については、第五章を参照。また、そのなかで人民党およびその地下組織の活動については、森宣雄『地のなかの革命――沖縄戦後史における存在の解放』（現代企画室、二〇一〇年）に詳しい。

＊5　「軍政府長官ヘイドン准将の告別の辞」中野好夫編『戦後資料　沖縄』日本評論社、一九六九年、一五頁。

＊6　ここで言う「外国人」は、一九五三年一二月に奄美大島が日本に返還されたことで「琉球」籍を剥奪された奄美出身者を指す。戦後初期の人民党に対する弾圧については、森前掲書を参照。米国統治期における「外国人管理」政策については、土井智義『米国の沖縄統治と「外国人」管理――強制送還の系譜』（法政大学出版局、二〇二二年）を参照。

＊7　詳しくは、新崎前掲、一三三―一三九頁、および、平良好利『戦後沖縄と米軍基地――「受容」と「拒絶」のはざまで　１９４５～１９７２年』法政大学出版局、二〇一二年、一〇五―一一一頁。

＊8　阿波根昌鴻『米軍と農民』一九七三年、岩波書店、二六頁。

＊9　米軍側が合意の上の接収の場合には一定の補償を用意したが、強制の場合にはその限りではないとしていた。抵抗する伊佐浜も、周辺部落から補償を取り上げられた場合の賠償を迫られるなど、側面からの圧力を加えられた。

＊10　伊江島の農民たちも、水面下で密かに国場たちの支援を受け入れていた。

＊11　森前掲、三三九頁。

＊12　「国場インタビュー　第二回」森宣雄・国場幸太郎編『戦後初期沖縄解放運動資料集　第三巻』不二出版、二〇〇五年、五一―五六頁。

＊13　この間の経緯に関わる西銘側からの証言としては、西銘順治『戦後政治を生きて――西銘順治日記』（琉球新報社、一九九八年）を参照。

＊14　沖縄県国頭郡伊江村伊江島土地を守る会「本土の同胞へ伊江島真謝区民よりの訴え」。引用は牧瀬恒二『沖縄返還運動――その歴史と課題』（労働旬報社、一九六七年）より。

＊15　街頭カンパについては、わびあいの里『陳情日記　阿波根昌鴻資料2』（わびあいの里、二〇一九年）に事細かに記録されている。

＊16　阿波根前掲、一三二頁。

＊17　この間の地主農民たちの動きについては、沖縄県宜野湾市教育委員会文化課宜野湾市立博物館編『伊佐浜の土地闘争　宜野湾市史　第八巻　資料編七　戦後資料編二　解説編』（二〇二一年）に収録された鳥山淳の「解説　伊佐浜の土地闘争」、「コラム①　立ち退き問題における「政府」」、「真謝の人々の訴え」もあわせて参照されたい。

＊18　「調査団いよいよ活躍――きっと解ってくれる」『沖縄タイムス』一九五五年一〇月二五日。

＊19　「沖縄における軍用地問題（調査団に提出した折衝資料）」琉球政府主席官房情報課編『軍用地問題はこう訴えた』一九五九年、七頁。

＊20　同前、六頁

＊21　同前、一一頁

＊22　当山正喜『政治の舞台裏――沖縄戦後史　政党政治編』沖縄あき書房、一九八七年、三七六頁。

＊23　中野前掲、一七八頁。

＊24　平良前掲、一二四―一二五頁。

＊25　「四原則貫徹全島住民大会報道⑴」『琉球新報』一九五六年六月二一日、「プ勧告反対地区住民大会報道⑴」『琉球新報』一九五六年六月二六日（中野前掲、一九〇―一九一頁）。

＊26　「プ勧告反対地区住民大会報道⑵」『琉球新報』一九五六年六月二一日（中野前掲、一九二頁）。

＊27　前掲「四原則貫徹全島住民大会報道⑴」。

＊28　ここで念頭においているのは、もちろんマンサー・オルソンの集合行為論である。それは合理的個人が構成する集団において、その集合的利益の供給に必要な個々の努力を引き出すことが原則的には不可能であることを説得的に示した議論として知られる。とりわけ個々の顔が見えない程度に大規模な集団のなかで人々が自動的に集団行動を志向するという発想は、「意味不明な観念」として斥けられる。オルソンに従えば、集合行為が可能になるのは、いくつかの例外的条件が満たされる場合に限られる。マンサー・オルソン（依田博・森脇俊雅 訳）『集合行為論――公共財と集団理論』ミネルヴァ書房、一九八六年、六八頁。

＊29　潜在的集団の動員を媒介する選択的誘因について、オルソンは次のように述べている。「集団行為は、全体としての集団に対して、集合財のように無差別的にではなく、むしろ集団内諸個人に対して選択的に作用する誘因を通じてのみ、達成されうる。その動機づけは、「選択的」でなければならない。だから、集団利益のために働いている組織に加わらない人々、あるいは、集団利益の達成のために通常とは別のやり方で貢献する人々を、通常に貢献する人々とは違った処遇を受けさせることもできる」（同前、四三頁）。

＊30　引用は中野前掲、一八〇頁。ちなみに起草者は、プライス勧告発表後、真っ先に辞表を提出した真喜屋実男（琉球政府法務局長）である。

＊31　大城立裕『休息のエネルギー――アジアの中の沖縄』農山漁村文化協会、一九八七年

＊32　農村的な社会関係が農民運動の組織化原理に転じることについては、戦前期日本を対象とした長原豊の先駆的研究『天皇制国家と農民――合意形成の組織論』（日本経済評論社、一九八九年）がある。「村の誰もが知っている固有名詞的な耕地において耕作し、労働にもとづいて生活する権利が、社会的対抗力として確保されてゆくためには、

〈村の組合〉として結実する農民の集合行動 Collective Action または連帯 Solidarity が不可避・不可欠なのであり、それゆえに、こうした農民的社会規範からの逸脱 Free Rider にたいしては、〈組合としての村〉が自治的な規制＝制裁としての懲罰（村八分！ Defection=Blackball）を与えるのは当然のこととされたのであった」（一八九―一九〇頁）。ただし長原も言うように、そうした村落社会の構造は、「下からの農民運動」のみならず、「上からの農業政策」にも開かれたものであった点に注意しておきたい。こうした農村の両義的性格については、第六章の主題としたい。

＊33 中野育男「民政移行期米国統治下沖縄の公衆衛生と住民福祉」『専修商学論集』第九四号、二〇一二年一月、一四八頁。

＊34 高里鈴代『沖縄の女たち――女性の人権と基地・軍隊』明石書店、一九九六年、二九頁。

＊35 「基地の街」は、住民生活の場であると同時に軍民間の接触領域でもあり、為政者にとって、その適切な管理は基地機能の保全に直結する重大な関心事だった。一九五〇年頃より、基地周辺に歓楽街を設置する動きが軍民協力のもとで進められたが、その意図についてジョセフ・シーツ軍政長官は、㈠米琉親善、㈡地元住民にビジネスチャンスを創出する、㈢民間部落への米兵の立ち入り防止などと説明している。これは占領期の都市が、米軍基地の受益者層の育成と、軍民間の接触に伴うトラブルの回避の観点から、常に監視・統制の対象だったことを示唆している。「歓楽街の意図　公娼制には反対」『沖縄タイムス』一九五〇年一月一二日付。

＊36 統治は、外部からの統制というより、人々の振る舞い・態度そのものを変えていく側面を持つ。謝花直美は、そうした住民の内面から働きかける統治のあり方について、Aサインやオフリミッツを事例に検討している。謝花直美『戦後沖縄と復興の「異音」――米軍占領下　復興を求めた人々の生存と希望』有志舎、二〇二一年、一七四―一七七頁。

＊37 「〝オフ・リミッツ〟声明――米三軍共同発表」『沖縄タイムス』一九五六年八月七日（中野前掲、二〇四頁）。

＊38 新崎前掲、一六〇頁。その後も米軍に対する異議申し立ての動きが生じるたびに、「基地の街」の住民との対立が再燃することになる。そのため今でも、オフリミッツは分断統治の象徴として記憶されている。

＊39　「説明会議事録集」前掲『軍用地問題はこう訴えた』一二二頁。

＊40　沖縄タイムス社編『沖縄の証言　下巻』沖縄タイムス社、一九七三年、一九八頁。

＊41　新崎前掲、一六一頁。

＊42　同前、一六一頁。

＊43　「オフ・リミッツ問題に関する比嘉主席談話」『沖縄タイムス』一九五六年八月八日（中野前掲、二〇四頁）。

＊44　高江洲昌哉「反共社会の形成と反米政党の活動――人民党への支持と活動を事例にして」平良好利・高江洲昌哉『戦後沖縄の政治と社会――「保守」と「革新」の歴史的位相』吉田書店、二〇二二年、一〇頁。

＊45　その効用は、冨山一郎が沖縄戦時の「スパイ」というレッテルに見出したのと同様のものと言える。いわく、「もしこの言説が住民の間に流通せず、したがってまた承認も与えられていなかったのなら、「スパイ」は規律の問題ではなく、たんなる日本軍の暴力的脅しの際の口上でしかなかったはずだ〔中略〕ある集団が「スパイ」だと意志一致すれば、「スパイ」は成立するのであり、その意味は、「スパイ」という逸脱による恫喝が集団内部へ規律を打ち込む点にある」。冨山一郎『戦場の記憶』日本経済評論社、二〇〇二年、一一七頁。

＊46　宮里政玄『日米関係と沖縄――１９４５―１９７２』岩波書店、二〇〇〇年、一一二―一一三頁。

＊47　当山前掲、一〇四頁。

＊48　土地問題の最終的な収拾の過程について詳しくは、平良前掲、二〇一―二〇六頁。

第三章

＊1　「米下院軍事委員会特別分科委員会報告（プライス勧告）」中野好夫編『戦後資料 沖縄』日本評論社、一九六九年、一七七頁。

＊2　スティーブン・キンザー（渡辺惣樹訳）『ダレス兄弟――国務長官とＣＩＡ長官の秘密の戦争』草思社、二〇一五年、四五二頁。

*3　マイケル・シャラー（立川京一ほか訳）『アジアにおける冷戦の起源アメリカの対日占領』木鐸社、一九九六年、八頁。

*4　(0047-004) 322.3, Ryukyus, Jul-Aug, 1956 [OPA：0000105549].

*5　その過程で国務省では、基地の「飛び地返還」も含め、相当に踏み込んだ統治体制の変更を構想していた。我部政明『日米関係のなかの沖縄』三一書房、一九九六年。

*6　琉球銀行調査部編『戦後沖縄経済史』琉球銀行、一九八四年、五六三頁。

*7　米軍統治下沖縄の保守政党は、対米姿勢などをめぐり離合集散・改称を繰り返したが、さしあたりは沖縄（琉球）民主党もしくは沖縄自由民主党と名乗る政党がそれだと考えておいて良い。

*8　民主党『祖国への道』一九六五年。沖縄自民党が一九六〇年に作成し、沖縄民主党も改訂して使い回した。引用は一九六五年の民主党版より。

*9　同前、一一頁。

*10　時事通信社外信部編訳『アジアの現状アメリカの政策――「コンロン組」調査報告』時事通信社、一九五九年、一九三―一九九頁。

*11　コンロン報告書の作成に当たったスカラピーノの立場は、「対沖縄政策は、対日政策の一部」と見るものだった。これは日本との協調関係に――したがって日本の親米保守政権の維持に――重きを置く米国務省の立場に近い。日米両政府の協調のもと、沖縄の共同管理体制を漸進的に整備しつつ、将来的な沖縄返還と「軍事基地保有の協定」の締結を目指すという構想も、国務省ラインの考え方と重なっている。そうした考えは、「復帰は現実に進んでいる」（『月刊沖縄　ダイジェスト復刻版』月刊沖縄社）などの記事を通じて沖縄にも伝えられていた。

*12　時事通信社外信部編訳前掲、二〇一頁。

*13　同前、一九四頁。

*14　同前。

＊15 経済成長と民主化の促進が親米的態度の涵養につながるという発想は、スカラピーノだけではなく、冷戦期米国の対外政策では一般的な発想だった。ダニエル・ブーアスティン（米国史家）は、これを「民主主義にたいする擬宗教的な信仰」と呼び、次のように述べている。「アメリカ人なみの高度の生活水準をもった国民は、それだけ民主主義的になりやすく、したがって、それだけ平和を愛し、合衆国に友好的になるものとされていた。また、これとあいまって、貧困と困窮、産業的後進性がすべての国民を平和と民主主義から遠ざけ、したがってそれだけ共産主義に近づけ、その結果、合衆国の敵になりやすくさせるということが前提とされた」（『アメリカ人――大量消費社会の生活と文化（下）』木原武一訳、河出書房新社、一九七六年、三〇四―三〇五頁）。

＊16 時事通信社外信部編訳前掲、二〇一頁。

＊17 国場が党と沖縄を離れた背景には、同時代の米国沖縄統治の分析に関わる党内主流派との見解の相違があった。「国場インタビュー　第二回」（森宣雄・国場幸太郎編『戦後初期沖縄解放運動資料集　第三巻』（不二出版、二〇〇五年、五一―五六頁）および、森宣雄「沖縄戦後史の分岐点が残したある事件――「国場事件」について」（『サピエンチア』第四四号、二〇一〇年二月）。

＊18 国場の論文は、直接の批判対象に設定された既存革新政党には十分に評価されなかったが（後述）、新川明、川満信一など、『琉大文学』をインキュベーターとして成長した思想潮流「反復帰論」の論客たちに大きな影響を与えたほか、新崎盛暉をはじめ、その後の沖縄戦後史研究の礎石として踏襲されてきた。国場の活動・思想を主題とした著作・講演集として、さしあたり森宣雄『地のなかの革命――沖縄戦後史における存在の解放』（現代企画室、二〇一〇年）および、同『沖縄戦後民衆史――ガマから辺野古まで』（岩波書店、二〇一六年）、森宣雄・鳥山淳共編著『「島ぐるみ闘争」はどう準備されたか――沖縄が目指す〈あま世〉への道』（不二出版、二〇一三年）、および森宣雄・冨山一郎・戸邉秀明編『あま世へ――沖縄戦後史の自立にむけて』（法政大学出版局、二〇一七年）を参照。なお、国場が児童書として執筆し、長らく絶版になっていた『沖縄の歩み』（新川明・鹿野政直編、岩波書店、二〇一九年）も再刊されている。国場論文の研究史上の意義については、『青い海』（一九七四年一一月号）に掲載

された特集「戦後沖縄の重要論文集」を参照されたい。ちなみに新崎は沖縄を離れて東京に居た時期に国場と同じ研究会に参加し、薫陶を受ける間柄でもあった。新崎盛暉『私の沖縄現代史——米軍支配時代を日本で生きて』岩波書店、二〇一七年。

＊19 国場前掲「沖縄とアメリカ帝国主義」一二二頁。

＊20 同前。

＊21 国場前掲「沖縄の日本復帰運動と革新政党」九二頁。

＊22 同前。

＊23 時事通信社外信部編訳前掲、一九八頁。

＊24 新里恵二「新植民地主義下の沖縄——戦後沖縄政治史分析の視点と論点」『歴史評論』第一六三号、一九六四年三月、一頁。

＊25 ジョゼフ・ナイ（山岡洋一訳）『ソフト・パワー——21世紀国際政治を制する見えざる力』日本経済新聞出版、二〇〇四年。

＊26 アンソニー・ギデンズ（松尾精文・小幡正敏訳）『国民国家と暴力』而立書房、一九九九年、一七頁。

＊27 C・B・マクファーソン（栗田賢三訳）『現代世界の民主主義』岩波書店、一九六七年、六〇—六一頁。

＊28 ハリー・ハルトゥーニアン（平野克弥訳）『アメリカ〈帝国〉の現在——イデオロギーの守護者たち』みすず書房、二〇一四年、九七—九八頁。

＊29 W・W・ロストウ（木村健康・久保まち子・村上泰亮訳）『経済成長の諸段階——一つの非共産主義宣言』ダイヤモンド社、一九六一年、二一四頁。

＊30 ロストウはアイゼンハワー政権で経済外交政策顧問を務めた後、ケネディ政権およびジョンソン政権のもとでは国務省政策企画本部長や国家安全保障担当次席補佐官などの要職を歴任している。ちなみに沖縄返還交渉における若泉敬のカウンターパートでもあった。

＊31　邦訳も刊行されている。M・F・ミリカン／W・W・ロストウ（前田寿夫訳）『後進国開発計画の諸問題』日本外政学会、一九五八年。

＊32　同前、二二一―二二三頁。

＊33　同前、三七―三八頁。

＊34　エーリッヒ・フロム（日高六郎訳）『自由からの逃走』東京創元社、一九五一年。

＊35　「もしも、われわれが唯物的進歩観にのみもとづいて経済援助計画を進めるなら、われわれはその結果に失望するだけでなく、当の民衆から、一層の敵意と軽蔑を受けるであろう。そして、彼らは、われわれの解決法よりも、ずっと彼らの気に入るような解決法を求めるようになるかもしれない」。ミリカン／ロストウ前掲、三九頁。

＊36　『今日の琉球』および『守礼の光』の誌面分析について、より詳細には、鹿野政直『戦後沖縄の思想像』（朝日新聞社、一九八七年）および屋嘉比収『沖縄戦、米軍占領史を学び直す』（世織書房、二〇〇九年）を参照されたい。

＊37　「米国労働者の生活」『守礼の光』創刊号（一九五九年一月）、一一頁。

＊38　U.S. Department of States Bureau of International Information Programs, *Edward R. Murrow: Journalism at its Best / About America Series*, p.4.

＊39　沖縄での米国的生活様式の浸透状況については、屋嘉比前掲書を参照。

＊40　J・ブラッドフォード・デロング／スティーブン・S・コーエン（上原裕美子訳）『アメリカ経済政策入門――建国から現在まで』みすず書房、二〇一七年、九六―九七頁。

＊41　同前。

＊42　「中間階級《ミドルクラス》」の存立条件を構成する制度的前提については、さしあたり、ジョン・H・ゴールドソープ編（稲上毅ほか訳）『収斂の終焉――現代西欧社会のコーポラティズムとデュアリズム』（有信堂高文社、一九八七年）第一章「収斂の終焉――現代西欧社会のコーポラティズムとデュアリズム」を参照。

＊43　「電化ブームに拍車」『沖縄タイムス』一九六二年一月一日。

＊44　R・P・ドーア「人口問題の社会的基盤」東畑精一編『農業における潜在失業』日本評論社、一九五六年、二六九頁。

＊45　屋嘉比前掲、三四五―三四七頁。ただし、宮古・八重山でのテレビ放送開始は、一九六七年からだった。

＊46　「家庭用電気製品の輸入増加――テレビ、ラジオは都市から農村へ」『今日の琉球』第五巻第九号（一九六一年九月）、三一頁。

＊47　P・L・バーガー／B・バーガー／H・ケルナー（高山真知子ほか訳）『故郷喪失者たち――近代化と日常意識』、新曜社、一九七七年、二一六頁。

＊48　間宏「マイホームの中の生きがい」『月刊労働問題』第一三三号、一九六九年五月。

＊49　見田宗介「新しい望郷の歌」。引用は『まなざしの地獄――尽きなく生きることの社会学』（河出書房新社、二〇〇八年、八七―八八頁）より。初出は『日本』一九六五年一一月号。

＊50　ミリカン／ロストウ前掲、四一―四二頁。

第四章

＊1　「琉球列島の管理に関する行政命令」中野好夫編『戦後資料　沖縄』日本評論社、一九六九年、一五八頁。

＊2　琉球商工会議所沖縄経済研究センター『琉球経済の現状とその見通し』琉球商工会議所沖縄経済研究センター、一九六五年、二七頁。

＊3　河野康子（外交史）は、日本が高度成長に突入して以降、本土―沖縄間の社会・経済的な格差を埋め合わせることが米国の沖縄統治の主要な課題になったと指摘している（『沖縄返還をめぐる政治と外交』東京大学出版会、一九九四年、一九三頁）。

＊4　経済自立論議については、古波藏契「平恒次の沖縄自立論」（『明治学院大学社会学部付属研究所年報』第四九号、二〇一九年三月、七五―八七頁）を参照。

＊5 「琉球列島における外国人の投資（一九五八年）」月刊沖縄社編『アメリカの沖縄統治関係法規総覧 第1巻』池宮商会、一九八三年、二〇七頁。

＊6 こうした情報宣伝活動はそれなりに奏功していたようだ。一九六八年の世論調査によれば、「あなたの生活のうえに、本土やアメリカの援助は役に立っていると思いますか」という質問には、三三％が「役に立っている」、四四％が「役に立っていない」と回答しているのに対し、「沖縄全体にとってはどうでしょうか」という質問には、六六％が「役に立っている」と回答しており、「役に立っていない」と答えたのは七％に過ぎない。質問内容に本土政府援助を含んでいる点を差し引いて考える必要はあるが、米国援助の恩恵を実感していない人々も、それが沖縄全体にとってはなにかしら貢献しているのだろうと考えていたと推察できる。Public Opinion Survey (in Japanese), Aug 1968 [OPA：0000044870].

＊7 川口融『アメリカの対外援助政策――その理念と政策形成』アジア経済研究所、一九八〇年、四九頁。

＊8 松田賀孝『戦後沖縄社会経済史研究』東京大学出版会、一九八四年、三一〇頁。

＊9 「下院歳出小委員会聴聞会の証言記録（抜）」一九六二年八月八日、中野前掲、三八四頁。

＊10 「下院軍事小委員会聴聞会証言録（五月九、一〇日）」南方同胞援護会『季刊　南と北』第二三号、一九六三年一月、八一頁。

＊11 同前、三八五頁。パスマンは「削り屋」とも呼ばれるルイジアナ選出の民主党議員。歴代のＵＳＣＡＲ・陸軍省スタッフの前に立ちふさがり、沖縄援助予算に大ナタを振るった。数々の援助関係小委員で長を務め、対外予算を肉のように切りきざんで雲散霧消させることを生き甲斐としていたとも言われる。川口前掲、三〇七―三〇八頁。

＊12 「沖縄支出削減に関する報道」『毎日新聞』一九六二年一〇月八日（中野前掲、三八五頁）。

＊13 来間泰男『沖縄経済論批判』日本経済評論社、一九九〇年、一二八頁。

＊14 「ケネディ大統領の声明」中野前掲、三六一頁。

＊15 キャラウェイは非公式に日米の沖縄援助比率を一対三と定めていた。日本政府内も必ずしも一枚岩ではなく、対

沖援助に積極的な総理府と、法域外の地域に使途を縛らない援助を行うことに慎重な大蔵省との間には温度差があった。河野前掲、二一〇頁。

＊16 琉球政府『経済振興第一次五カ年計画書』琉球政府、一九五五年、五五頁。

＊17 同前、七二頁。

＊18 スクラップブームは復興に沸く日本本土での屑鉄需要に応じ、沖縄戦の遺物——砲弾、機銃弾や戦車、軍艦、戦闘機の残骸など——を収集・輸出することで生じた現象。

＊19 前掲『経済振興第一次五カ年計画書』七四頁。

＊20 同前、一八八頁。

＊21 同前、八一頁。

＊22 琉球政府『経済振興第一次五カ年計画 修正書』琉球政府、一九五八年、はしがき。

＊23 琉球政府企画統計局統計基準課『第四回 琉球統計年鑑 一九五九』琉球政府企画統計局、一九六〇年、六一頁。

＊24 琉球政府『琉球要覧 一九五九〜一九六〇』琉球政府、一九六〇年、九三頁。

＊25 琉球政府企画統計局『経済振興第一次五ヵ年計画成果報告書（一九五六—一九六〇年度）』琉球政府企画統計局、一九六一年、はしがき。

＊26 振計およびその修正過程の詳細については、松田前掲、九〇—一三六頁を参照。

＊27 琉球銀行調査部編『戦後沖縄経済史』琉球銀行、一九八四年、六二五頁。

＊28 瀬長亀次郎『沖縄からの報告』岩波書店、一九五九年、二九一頁。なお、文中にある「一九五八年八月」は「一九五八年九月」の誤り。

＊29 Ａｍｅｘは旅行業を本業としてきたが、第二次大戦後にはその営業所網を軍用銀行網へと転用することで本格的に銀行業へ進出した。この部門は五〇年代を通じてＡｍｅｘの主要事業の一つに成長していく。戦後沖縄で米銀と言えば、ＢＯＡとＡｍｅｘの二行を指す。Ｐ・Ｚ・グロスマン（上田惇生訳）『アメリカンエクスプレス——金融

サービス王国への戦略』ダイヤモンド社、一九八七年、二二七―二二八頁。

*30 「ドル切替え後の諸変動に対する考察」『沖縄タイムス』一九五八年九月七―一二日。

*31 富原守保『金融の裏窓15年――富原守保回顧録』経済評論社、一九六四年、一二一―一二四頁。

*32 第二三回立法院議会議事録（一九六三年四月二三日）。引用は沖縄県議会事務局編『沖縄県議会史 第20巻』（沖縄県、二〇〇四年、四三〇―四三五頁）による。

*33 国場幸太郎「沖縄とアメリカ帝国主義」『経済評論』第一一巻第一号、一九六二年一月、一一二頁。

*34 同前、一二四―一二五頁。一九五九年、国場は事実上人民党を追放されるかたちで沖縄を離れていたが、その要因の一つとなったのが、一九五八年の政策転換の分析における瀬長との不一致だった。引用した国場論文は、瀬長に代表される人民党主流派への批判を改めて明文化したものと言える。

*35 米銀導入の背景には、中央銀行機能の不在による金融政策の機能不全および金融業界の腐敗があった。松田前掲、二九二頁。なお、米銀導入は、中央銀行機能の一部代替を狙ったものであり、キャラウェイ施政期に全面展開する苛烈な金融業界再編の一環と位置づけられる。これは「キャラウェイ旋風」と呼ばれ、その独善的性格を象徴する出来事として言及されることも多い。ただし、それがあくまでも沖縄経済の自立という統治課題の一環を成していた点は看過できない。その実態については、当時琉球政府金融検査部長として実行部隊を率いた外間完和による『キャラウェイ旋風――琉球政府金融検査部長回顧録』（ひるぎ社、二〇〇〇年）を参照。

*36 前掲「琉球列島における外国人の投資」。

*37 ＵＳＣＡＲ外資政策の内幕については研究蓄積が乏しい。さしあたり、古波藏契「１９６０年代前半の沖縄における米軍と米国ビジネスの対立」（『同時代研究』第一二号、二〇一九年）および小濱武「沖縄と外資――外資政策の展開と拒絶の論理」（平良好利・高江洲昌哉編著『戦後沖縄の政治と社会――「保守」と「革新」の歴史的位相』吉田書店、二〇二二年）を参照。

*38 United States Chamber of Commerce in Okinawa's Statement to the Task Force Ryukyus (19 December 1961), Operating Procedure

Files. 1957-1966 Task Force [NDL：USCAR22854].

*39 HCRI-ED, Subject: The Chamber's Petition to the Ryukyu Study Group, 29 December 1961, Organization Planning Files, 1961: U.S. Businessmen's Advisory Committee (Chamber of Commerce of U.S. on Okinawa) [NDL：USCAR 14728-14730]. ちなみにオグレズビー自身は貢献どころかむしろ有害と付記している。

*40 アメリカ下院歳出小委員会聴聞会（井上勇訳）『琉球列島』時事通信社、一九七〇年、一六二―一六三頁。

*41 同前、一六三―一六四頁。

*42 大城郁寛「沖縄の製造業に対する琉球政府及び日本政府の保護政策とその効果」『琉球大学経済研究』第八三号、二〇一二年三月、四〇―四三頁。

*43 琉球政府総務局渉外広報部広報課『琉球要覧　第一二巻』一九六九年、二二頁。

*44 同前、四八頁。

*45 「琉球経済と外資導入」『琉銀ニュース』第七〇号、一九六四年一二月、五頁。

*46 琉球銀行調査部前掲、一三二―一三三頁。

*47 松田前掲、三七二頁。

*48 宮城雍典「請願」一九五七年一〇月、『琉球糖業振興のための特恵措置についての請願書』[OPA：0000095944]。

*49 Foreign operations appropriations for 1964：hearings before a subcommittee of the Committee on Appropriations, House of Representatives, eighty-eighth Congress, first session, pp.282-283.

*50 琉球政府立法院「パイン罐詰の自由化品目除外並に特恵措置継続に関する要請」一九六一年一〇月二一日、『パイン自由化関係史料』[OPA：0000095458]。

*51 こうした経済構造について、冨山一郎は「やや乱暴にいえば」と断りつつ、「農業も含めた生産業自体においては先が見えないにもかかわらず、なんとなく金が回っているというゆるやかなバブルのような経済が継続する構造」と表現している。森宣雄・冨山一郎・戸邉秀明編『あま世へ――沖縄戦後史の自立にむけて』法政大学出版局、

二〇一七年、一二四頁。

＊52 「池田首相、ワトソン新弁務官と会談」『朝日新聞』一九六四年七月三〇日（中野前掲、四三八頁）。

＊53 松田前掲、三二三頁。

＊54 来間泰男『沖縄の農業』日本経済評論社、一九七九年、七九―八三頁。なお、外的要因に依存するかたちでの経済発展は、沖縄に限らず、規模・交通面での不利と、植民地支配の歴史を抱える島嶼地域に共通した特徴と言える。移民（Migration）・送金（Remittance）・援助（Aid）・政府部門（Bureaucracy）に偏重した経済構造は、島嶼地域に共通して見られるものであり、それらの頭文字を取って「ＭＩＲＡＢ経済」と呼ばれる。ミクロネシアやマーシャル諸島、パラオなど、沖縄と同様に冷戦戦略に巻き込まれた島々の経済が米国援助に支えられていることはよく知られている。島嶼経済学の枠組みを沖縄に適用した議論としては、嘉数啓『島嶼学への誘い』（岩波書店、二〇一七年）を参照。

＊55 大来佐武郎「返還に伴う経済諸問題」伊藤善市・坂本二郎編著『沖縄の経済開発』潮出版社、一九七〇年、七四―七九頁。

＊56 沖縄開発庁『沖縄振興開発計画』沖縄県企画部企画室、一九七二年、一頁。

＊57 来間泰男『沖縄経済の幻想と現実』日本経済評論社、一九九八年、五―七頁。

＊58 同前、五頁。

＊59 来間前掲『沖縄経済の幻想と現実』、四二―四四頁。

＊60 安東誠一「経済自立の鍵」新崎盛暉ほか編『沖縄自立への挑戦』社会思想社、一九八二年、一一三頁。

＊61 実のところ過剰人口問題は、復帰直前の時期、「沖縄振興開発体制」のデザインを手がけた日本政府側のスタッフの共通認識だった。その対策については、県内に労働市場を拡大するために無理な開発を進めるよりも、本土に送り出すほうが得策とする下村治の案や、本土での定着率の低さを懸念して、むしろハワイやグアム等海外への送り出しと観光開発を中心に県内での吸収力強化を図る下河辺淳の案など様々だったが、いずれも復帰時点の沖縄の

人口を過剰と見る点では共通する。下河辺淳『戦後国土計画への証言』（日本経済評論社、一九九四年）一〇一—一〇二頁および、仲地博ほか編『自治基本条例の比較的・理論的・実践的総合研究　報告書№４——沖縄の自治の新たな可能性　自治研究講座（二・下河辺淳氏オーラル・ヒストリー　第一回）』一七六—一七七頁。

＊62　〝沖縄振興の多寡は基地の受け入れに対する態度次第〟という構図——いわゆる「リンク論」——は、沖縄問題の基本構図として定着している。沖縄県民は首長選挙や国政選挙のたびに〈基地か、振興か〉の二者択一を迫られ、分断されてきた。本章は、その深層にある過剰人口問題——島ぐるみ闘争の再発防止という課題——に注意を促すものである。基地維持政策として復帰後の開発レジームの分析としては、島袋純『「沖縄振興体制」を問う——壊された自治とその再生に向けて』（法律文化社、二〇一三年）を参照。

第五章

＊１　ただし、近年の特筆すべき業績として、全六巻＋別巻から成る沖縄県商工労働部編『沖縄県労働史』（沖縄県、一九九七—二〇一五年）があることを指摘しておく。外村大らによってまとめられた同書は、この分野のほぼ唯一の網羅的通史となっている。また、近年の沖縄戦後史研究に労働運動の欠落を指摘したものとしては、南雲和夫『アメリカ占領下沖縄の労働史——支配と抵抗のはざまで』（みずのわ出版、二〇〇五年）が重要である。

＊２　牧瀬恒二『沖縄返還運動』労働旬報社、一九六七年、一二三頁。

＊３　この言葉は元々、旧日本軍の陣地構築などに用いた言葉だが、戦後は米軍に対する使役を指す言葉へと転用されるようになったと言われている。沖縄県商工労働部編『沖縄県労働史　第一巻』沖縄県、二〇〇五年、六四三—六四四頁。

＊４　後述する布令一一六号では、軍およびＵＳＣＡＲが米国政府割当資金で直接雇用する者を第一種、基地内福利厚生施設やＵＳＣＡＲ直轄公社など、米国政府非割当資金で直接雇用する者を第二種、軍人・軍属の直接雇用者を第三種、請負業者の被用者を第四種と区別していた。

*5　米軍物資を持ち出す行為は「戦果」と呼ばれた。厳密には窃盗行為だが、当時の沖縄では生存を懸けた英雄的行為と見られ、住民間では咎めるべき対象とは考えられなかった。石原昌家『戦後沖縄の社会史――軍作業・戦果・大密貿易の時代』（ひるぎ社、一九九五年）を参照。

*6　沖縄タイムス中部支社編集部『基地で働く軍作業員の戦後』沖縄タイムス社、二〇一三年、七三頁。

*7　同前、一五〇頁。

*8　同前、二五三頁。

*9　同前、二五九頁。

*10　森宣雄『地のなかの革命――沖縄戦後史における存在の解放』現代企画社、二〇一〇年、二八一頁。

*11　「全琉労働者及び人民に訴える！」『沖縄タイムス』一九五二年六月一四日。

*12　布令一一六号および布令一四五号の問題点について、詳しくは幸地成憲『米国統治下の沖縄労働法の特質』（若夏社、一九九九年）を参照。

*13　森前掲、二七九頁。

*14　「小雨の中のメーデー」『沖縄タイムス』一九五二年五月二日。

*15　以上、自由労連結成の経緯については、歌田徳一『国際自由労連――その組織と活動』（日本労働協会、一九六三年）の一―一一頁を参照。

*16　同前、二六二―二六三頁。

*17　「朝日報道――米軍の「沖縄民政」を衝く」中野好夫編『戦後資料 沖縄』日本評論社、一九六九年、一四八頁。（初出は「朝日新聞」一九五五年一月一三日）

*18　ちなみに一九五五年七月の総評大会では、奄美労評が提案した「沖縄への「国民的調査団」の派遣」決議が満場一致で採択されているが、実現には至らなかった。沖縄官公労運動史編集委員会編『沖縄官公労運動史』沖縄県官公庁労働者共済会、一九九〇年、二六頁。

＊19　宝樹文彦『証言 戦後労働運動史』東海大学出版会、二〇〇三年、一九〇頁。

＊20　同前、一九六—一九八頁。

＊21　「自由労連沖縄調査団報告書」『月刊自由労連』一九五六年七月号、二四—二五頁。原文は、Report of ICFTU Fact Finding Mission to Okinawa [OPA : 000010556C]。

＊22　たとえば『沖縄タイムス』紙では調査団の来島する五月一六日より「〈社説〉労働調査団を迎える」、翌一七日「労働政策に鋭い質問——自由労連調査団主席と懇談」、一八日「労働者・農民との懇談——自由労連調査団へ勧告」、一九日「差別賃金は遺憾——自由労連調査団の記者会見」、二〇日（夕刊）「労組に政府筋の妨害——記者会見で中間報告」・「労働運動のベテラン——自由労連調査団の横顔」、二一日「記者のメモ——頭が古いよ、と自由労連」、二二日「自由労連の勧告効果に期待——どう変貌する労働運動」、二三日「こうして接収された——調査団に訴える並里さん」、二四日には「労組結成への叫び——調査団迎え歓迎大会」、「自由労連、低賃金痛感——きのう軍作業場を視察」、同日夕刊に「政府側の説明を聴取——調査団が九項目の質問」、「総評調査団の来島を——自由労連歓迎大会で緊急動議」、二五日「世界の労働者に伝達——調査団へ宣言決議手渡す」二六日「七月の執行評議会に提案——自由労連調査団帰る」と連日調査団に張り付いて報道し、さらに調査団が去った後も「自由労連は何をみたか」を四回に渡って連載している。

＊23　前掲「自由労連沖縄調査団報告書」二九頁。

＊24　同前、二八頁。

＊25　同前。

＊26　同前、三二頁。

＊27　安次峰信「自由労連報告書について」『琉球労働』第三巻第二号、一九五六年八月、一八—一九頁。

＊28　たとえば沖縄県労協の公式的な運動史と言うべき沖縄労働運動史二五年の歩み編集委員会編『沖縄労働運動史』（沖縄県労協センター、一九九五年）では、上記のような批判に触れつつも、「全体的には沖縄の労働者から好意的

に受けとめられた」と述べている。

＊29 南雲和夫「前原穂積著『沖縄の労働運動――戦後史の流れの中で』」『大原社会問題研究所雑誌』五一〇号、二〇〇一年五月、六三頁。

＊30 琉球人民党『沖縄における労働事情』一九五六年七月、一七頁（鳥山淳・国場幸太郎編『戦後初期沖縄解放運動資料集　第一巻』不二出版、二〇〇五年）。とはいえ人民党ですら、直後に続けて「以上のような、本質的なものは別として、同調査団の勧告は大体に於て満足すべきものであり、同調査団を派遣する迄に努力して下さった祖国の労働者に深く敬意を表するものである」としている。

＊31 前原穂積『戦後沖縄の労働運動』新日本出版社、一九七〇年、一九―二〇頁。

＊32 新崎前掲『戦後沖縄史』二四四―二四五頁。新崎自身が問題としたのは、自由労連に指導的地位を奪われた人民党系組合幹部が自ら内省することもなく、すべては自由労連の策動のためと開き直る態度だ。「自由労連＝反共国際労働組織、自由労連グループ＝右翼分裂主義者、といった本質規定だけですべてが割りきれてしまえば、ことは簡単である。そうはいかないところに問題があるのである」。数次にわたる沖縄繊維争議（一九五八―一九六〇年）やバス・スト（一九六三年）に関する新崎の分析も参照されたい。

＊33 シドニー・レンズは、その古典的著作において、米国の労働組合が事実上は軍産複合体の一部を構成することに注意を促している。海外の未組織労働者の組織化・争議の支援といった「友愛的援助」の枠を超え、「海外の衛星組合を買収し、そして、その組合を、他国の外交政策や権力構造を変化させるための武器につかう」可能性があるためだ。S・レンズ（小原敬士訳）『軍産複合体制』岩波書店、一九七一年、一四四頁。

＊34 対沖労働政策は、米国の軍事戦略に関わるだけに、派遣する組合指導者は米国籍であるべきとの要請がUSCAR側から出されていた。実際に歴代三人の沖縄駐在事務所の代表たちは、いずれも米国労組の出身者だった。

＊35 Ryukyu Islands, Task Force Report, 12/61, pp.47-49 [OPA : 0000073593].

＊36 大河内一男『社会政策　総論　増訂版』有斐閣、一九八〇年、一三五頁。

＊37 労働教育は国民指導員制度のみならず、カルカッタの自由労連労働大学での研修や、その履修者を講師とする沖縄現地での労働講座など、様々な場面で実施された。

＊38 戦後日本でも同じプログラムが適用された。詳しくは、中北浩爾『日本労働政治の国際関係史 1945―1964――社会民主主義という選択肢』岩波書店、二〇〇八年。

＊39 C・ライト・ミルズ（河村望・長沼秀世訳）『新しい権力者――労働組合幹部論』青木書店、一九七五年、一一八―一一九頁。

＊40 「国民指導員を囲む懇談会」『琉球労働』第七巻第一号、一九六〇年七月、二四―二七頁。

＊41 「労働組合の認定手続」月刊沖縄社編『アメリカの沖縄統治関係法規総覧（和文編 第三巻）』池宮商会、一九八三年、一〇三頁。

＊42 前掲『沖縄労働運動史』七二頁。

＊43 下地成（官公労）によれば、これは初代駐在ロビンソンが離任直前に示唆したものだと言う。「全沖労連と布令死文化闘争」（沖縄官公労運動史編集委員会『沖縄官公労働裏面史 上』沖縄県官公庁労働者共済会、一九九〇年、九六頁）。

＊44 ジェラルド・A・ダニエル「自由労連沖縄駐在事務所活動状況」『琉球労働』第九巻第四号、一九六三年六月、四頁。

＊45 前掲「座談会 布令一四五号撤廃を語る」一一頁。

＊46 芳澤弘明「沖労連第二代書記長として」前掲『沖縄官公労働裏面史 上』一二七頁。

＊47 前原穂積『熱きこころで――労働組合運動と社会福祉活動に生きて』（私家版）、二〇〇五年、二二二頁。

＊48 Meeting with Union Leaders on Ordinance 145, 25 January, 1962,2 [OPA：0000069094].

＊49 「布令一四五号撤廃に関する要請」『琉球労働』第八巻四号、一九六二年五月、七頁。

＊50 前原穂積『沖縄の労働運動――戦後史の流れの中で』沖縄県労働者学習協会、二〇〇〇年、五三―五四頁。

＊51 「布令百四十五号廃止――弁務官声明」前掲『琉球労働』第八巻第四号、五―六頁。

＊52 典型としては、自由労連の尽力と、その沖縄側諮問委員会の努力の賜物として賛辞を送る「沖縄で自由な労組の勝利――布令１４５号の撤廃」『月刊自由労連』第七巻第七号、一九六二年八月、一六―一八頁。

＊53 「自由労連ダニエル氏が記者会見〝布令１４５号〟廃止の見通し」『沖縄タイムス』一九六二年一月二六日。

＊54 組合員数・組織率の推移は、琉球政府労働局労政課『労働組合基本調査』各年版による（沖縄県公文書館所蔵）。なお、データの収集整理に際しては、森啓輔氏の助力を得た。

＊55 ちなみに、布令一一六号「琉球人被用者に対する労働基準及び労働関係法」のもとに置かれていた軍雇用員も、全沖縄軍労働組合連合会（全軍労連）という別の連合組織を結成している。当初の組織率は一二％程度にとどまっていたが、自由労連の支援のもとで徐々に組織を強化し、一九六三年には全軍労働組合（全軍労）への一本化を経て、最盛期の一九六〇年代末には八割近い軍雇用者を糾合するに至る。

＊56 同年末の統計によれば、県労協傘下には四九組合二万六八七八名が加盟している。琉球政府『労働組合基本調査報告書　一九六四年一二月現在』一九六五年、一七頁。

＊57 「国際自由労連と沖縄の労働運動」沖縄県商工労働部編『沖縄県労働史　第二巻』沖縄県、二〇〇三年、八二七―八二八頁。

＊58 Labor Department First Quarter FY 66 Review and Analysis, p.1［NDL：USCAR 27126］.

＊59 財団法人日本生産性本部『生産性運動30年史』一九八五年、五九頁。

＊60 レオ・パニッチ／サム・ギンディン（長原豊監訳）『グローバル資本主義の形成と現在』作品社、二〇一八年、一四二頁。

＊61 佐々木隆爾『世界史の中のアジアと日本――アメリカの世界戦略と日本戦後史の視座』御茶の水書房、一九八八年、一五三頁。

＊62 島袋信夫「生産性運動5年の歩みと今後の課題」『沖縄生産性』第二巻九号、一九七一年八月、一〇頁。

＊63　同上。なお、発足当時の加盟労組は以下の通り。港運労、全日海沖縄支部、沖縄繊維労働組合、丸石繊維労働組合、中央配電労働組合、沖縄配電労働組合、琉球東急ホテル労働組合、全沖縄石油化学労働組合。社団法人沖縄地方生産性本部『要覧』一九六六年、頁数記載なし［OPA：U99006082B］。

＊64　佐々木守雄「沖縄労働運動における三つの苦悩——国際自由労連・自治労分裂・生産性向上運動について」『月刊社会党』第一二一号、一九六七年四月、五七頁。

＊65　新里次男「最近の労働事情」『経営懇話会通信』第二七号、一九六五年一一月一二日、五—七頁。同時期には、本土での生産性運動のキーパーソンである郷司浩平を招いた講演会も開催されている（「本土における生産性活動」『経営懇話会通信』第一二号、一九六五年三月二〇日）。

＊66　島袋用康「沖縄における生産性運動のはじまり」25年記念誌編集委員会編『生産性運動二十五年史』沖縄県生産性本部、一九九一年、七四—七五頁。

＊67　「沖縄県労協結成さる」『総評』一九六四年一〇月九日。

＊68　砂川恵勝「戦後琉球の労働組合運動」『琉球大学経済研究』第九号、一九六八年、三八頁。

＊69　たとえば河合潤（官公労教宣部長）は、国民指導員として渡米した際の経験を「官公労のアメリカ珍道中」という文章にまとめて『月刊沖縄』（一九六三年三月号）に寄稿しているが、その全編を通じて自分たちの不真面目さ（「国民指導員と言う名の観光客」と自称している）をアピールする内容となっている。

＊70　「総評、同盟系が確執」『沖縄タイムス』一九六六年二月二七日。

＊71　曽我嘉三「沖縄にオルグして」『同盟』第九五号、一九六六年五月、二八頁。

＊72　たとえば西銘順治市政下の那覇市役所で第二組合が設立された際には、沖縄における同盟路線の主導者である仲田昌繁（全日海沖縄支部委員長）が祝辞を述べている。佐々木守雄前掲、五三—五四頁。

＊73　同前、四九頁。

＊74　下地猛・新城哲夫・玉城亨洋・当山方宏・仲田昌繁・野原邦夫・西原成生「座談会　沖縄同盟の結成に当って」

『同盟』第一四五号、一九七〇年八月、四〇頁。

*75 「ついに同盟系を除名」『沖縄タイムス』一九七〇年六月一七日。

*76 「岐路に立つ沖縄――七二年復帰を前にした現地の表情」『同盟』一四六号、一九七〇年八月、六二―六三頁。

*77 一二組合の内訳としては、上述した既加盟組合の他、琉球ハイソニック、泊ランドリー、シーメンスクラブ、海外移住事業団、世名城飲料。また結成式典にはオブザーバーとして全日航空、南西航空、友好組合として港運労、全石労、琉銀、沖銀、中銀、琉球化学、那覇信協、沖縄生コン、琉球水道公社が出席している。「沖縄地方同盟を結成」『沖縄タイムス』一九七〇年七月二〇日。「労働組合の組織状況」沖縄県商工労働部労政福祉課編前掲『沖縄県労働史・別巻（資料編）』六七〇頁。

*78 前掲「岐路に立つ沖縄」五七頁。

*79 「沖縄同盟の躍進で豊かな復帰を」『同盟』一四五号、一九七〇年七月、四頁。

*80 同前、五九頁。

第六章

*1 「暴動」という呼称の問題については後に簡単に触れる。なお、本章では宮古群島を総称して宮古と表記する。

*2 「農民三千人警官隊と衝突――投石、ケガ人続出」『琉球新報』一九六五年七月二五日

*3 来間泰男『沖縄の農業』日本経済評論社、一九七九年、一二五―一二七頁。

*4 「「製糖合併」政局の焦点に――野党政府追及へ」『琉球新報』一九六五年七月二六日

*5 沖縄糖業の発展要因について詳細には、来間前掲、八六頁。政策以外の要因としては、国際糖価が高水準で推移したこと、収穫期以外は労力を必要としないため、兼業機会が増えても継続しやすい作物であること、耐旱魃性に優れた品種の普及などが指摘される。

*6 琉球政府企画局統計庁『一九六四年農業センサス報告』第二巻（総括編）、一九六六年、三九、六一頁。

＊7　国場幸太郎「沖縄とアメリカ帝国主義」『経済評論』第一一巻第一号、一九六二年一月、一二〇頁。

＊8　USCARの日米外資に対する統制と、それが生み出す緊張関係については、第四章を参照。

＊9　牧瀬恒二『沖縄と米日独占資本』汐文社、一九六八年、七七、一三二頁。

＊10　来間前掲、一〇二―一〇四頁。

＊11　同前、一〇四頁。

＊12　国場前掲「沖縄とアメリカ帝国主義」一二六頁。

＊13　同前、一二六―一二七頁。なお、国場は一九五〇年代末頃よりキビ代値上げ闘争を提唱し、一九六〇年に沖縄を離れるまでの短い期間ではあったが、西原村で実際に闘争の指導に当たっていた。しかし、瀬長亀次郎はじめ人民党主流派は、当初からこれを正式な運動方針として受け入れたわけではなかった。一九五八年の政策転換後、瀬長や党主流派と国場の間には、現状認識と運動方針をめぐって齟齬が生じ、国場が党と沖縄から離れる要因の一つになったとされる。ここで立ち入る余裕はないが、国場のインタビューからキビ代値上げ闘争に関わる部分について抜き書きしておく。「最初に瀬長さんが口を開いて、農協の工場にキビは出そうと。それで日本資本とか、工場をやっている地元の資本とか、ああいう資本家連中の工場にはキビを出さないようにする闘いをするべきだと、言うわけですよ。僕は納得行かなくってね〔中略〕農協だって資本と提携して工場を造っているわけですから、どの工場に出すかが問題じゃなくて、どこの農民も、どの工場に出す農民も連帯して価格闘争をやる、これが一番大事な基本なんだと僕が言ったときにはもう遅いんですよ。で僕がそういうことを言い出すと、異端者みたいなふうなことを言い出すものがいるんですね」。「国場幸太郎インタビュー記録　第一回」森宣雄・国場幸太郎編『戦後初期沖縄解放運動資料集　第三巻』、不二出版、二〇〇五年、四一頁。

＊14　「農民組合結成をめざし農民活動家会議開かる」『人民』一九六二年一月二三日。

＊15　「会社の側にたち決める――しわ寄せ全部農民へ」『人民』（キビ代値上げ斗争特集号）、一九六一年三月一五日。

＊16　「くさい工場経費――政府事業をかたがわりさす」同前。

＊17　「農民代表委員に会社重役――あきれた審議会の構成」同前。

＊18　沖縄人民党史編集刊行委員会『沖縄人民党の歴史』一九八五年、二九三―二九四頁。

＊19　根間玄幸『沖縄宮古島農民運動史』オリジナル企画、一九七六年、一三四―一四九頁。

＊20　同前、一六一―一六二頁。

＊21　来間前掲、一〇一頁

＊22　社団法人糖業協会『現代日本糖業史』丸善プラネット株式会社、二〇〇二年、一〇四―一一三頁

＊23　全沖縄農民協議会連合会中央執行委員会『砂糖の自由化とどう斗うか』（発行年月日不明）一八頁。もちろん、全沖農は合理化の必要性そのものを否定したわけではない。「合理化は生産性をたかめるためのもので、本来は良いこと」だが、現在の資本主義社会においては、生産性を高めるために合理化しオートメーション化すれば、たちまち労働強化と首切りが激しくなる」ため、「合理化によって上った生産を資本家にしぼり上げられるのではなく、逆にそれを私たち農民が自分のものとして獲得するよう闘いを組まなければなりません」というのが、その主張だった（一三―一四頁）。

＊24　根間前掲、一二四―一二六頁。

＊25　引用は平良市史編さん委員会編『平良市史』（第六巻・資料編四・戦後資料集成）一九八五年、八三九頁より。

＊26　根間前掲、二九四―二九七頁。

＊27　沖縄県議会事務局編『沖縄県議会史 第20巻 資料編17 立法院Ⅳ』沖縄県議会、二〇〇四年、七一一頁。

＊28　久手堅憲次・稲福健蔵「糖業合理化と企業の統合――コストの低減をはかって自由化に対処せよ」『今日の琉球』第八巻第九号、一九六四年九月、四―五頁。同誌には、ほかにも松川久仁男「企業の合理化で発展するハワイ――現状のままでは沖縄はとり残される」（第九巻第八号）や嶺井登「琉球産パイン缶詰めの品質価格の現状――栽培技術と工場の統合を図れ」（第一〇巻第一二号）をはじめ、合理化への理解を求める記事が散見される。同誌の復刻版（不二出版、二〇一四年）の付録に収録された鳥山淳「解説『今日の琉球』」も参照されたい。

*29 『キビ値上げ斗争の眞相』評論薩琉社、一九六二年、六―七頁。

*30 ただし、城辺支部についてはデータがない。Local organizations and persons affiliated with OPP, Miyako, 1965［NDL：USCAR 07447］.

*31 根間前掲、一七八―一七九頁。

*32 同前、一四四―一四五頁。

*33 正確には、大阪製糖・丸紅飯田の系列下にあった宮古製糖、伊良部製糖の合併勧告が六五年四月に出され、これに宮古製糖の系列下にあった宮多製糖を加えた勧告が同年六月に出された。糖業協会前掲『現代日本糖業史』一〇八―一一一頁。

*34 開金の製糖社向け融資は基本的に合併促進のための政策金融の性格を持っていた。琉球開発金融公社『琉球の糖業――その正しい理解のために』一九六七年。

*35 Recent Activity of Miyako Farmers Council, July 1, 1965, Miyako: Sugar Company Merger［NDL：USCAR 07425］.

*36 Memorandum for Record, Subject: Follow-up on Miyako Sugar Company Merger Demonstrations, July 29, 1965［NDL：USCAR 07425］.

*37 「暴動化した〝合併阻止〟の背景――強制統合への怒り」『沖縄タイムス』一九六五年七月二五日。

*38 「社説：暴動化した農民運動」『沖縄タイムス』一九六五年七月二六日。

*39 「主張：宮古の農民の英雄的なたたかいを支持し、弾圧粉砕、共闘の発展のために全力をあげよう」『人民』一九六五年七月二八日。

*40 「合併条件に融資――宮古の糖業・宝村総裁が回答」『沖縄タイムス』一九六五年九月六日。

*41 前掲「暴動化した〝合併阻止〟闘争の背景」。

*42 「合併阻止後の収拾策」『沖縄タイムス』一九六五年八月二七日。

*43 Memorandum for Record, Subject: Follow-up on Miyako Sugar Company Merger Demonstrations, op. cit.

＊44　その約一か月前の松岡主席との会合の中で、ＵＳＣＡＲは既に合併という形式を避けた実質的な経営統合という方向での収拾策に言及していた。Talking Paper: Miyako Sugar Company Merger Problem, August 15, 1965［NDL：USCAR 07425］.

＊45　「関係銀行が共同管理」『沖縄タイムス』一九六五年九月一四日。

＊46　「変則的な銀行管理——操業再開のメドついた宮古三製糖」『沖縄タイムス』一九六五年九月一六日。宮古製糖は、前年期の製糖終了時点で約一〇〇万ドルの赤字を抱え、アメックスおよび東洋綿花から約一八四万ドルを借り入れていた。伊良部製糖、宮多製糖は各々約五〇万ドル、三万ドルの赤字と、開金、琉銀、中金などから各々約九二万ドル、一七万ドルの借金を抱えていた。三社合計二七五万ドルに及ぶ短期・高利の借入金の半額を長期低利に切り替えることで、年間三〇万ドルの経費削減が可能になるとされた。

＊47　Memorandum for Deputy Civil Administrator, Subject: Miyako Sugar Company Merger, October 4, 1965［NDL：USCAR 07425］.

＊48　Ibid.

＊49　Ibid.

＊50　Disposition Form from MCAT to LO, USCAR, Subject: Political Situation in Miyako, October 12, 1965［NDL：USCAR 07447］.

＊51　Memorandum for Record, Subject: Conversation with Mr. Soin KAYO, Director, Agricultural and Forestry Department, G.R.I. regarding political climate in Miyako, October 11, 1965［NDL：USCAR 07425］.

＊52　Ibid.

＊53　Memorandum for Record, Subject: Conversation with Mr. Ikutaro Morita, Managing Director, Ryukyu Federation of Agricultural Cooperatives re Political Situation in Miyako, October 13, 1965, ibid.

＊54　Ibid.

＊55　牧瀬恒二『沖縄返還運動——その歴史と課題』労働旬報社、一九六七年、一九九—二〇二頁。なお、この事件は

裁判闘争に発展した後、翌年には砂川の当選無効が確定し、友利が復活当選することになった。第七回立法院選宮古三選挙区の状況についての詳細は同書を参照。

＊56　Memorandum for Record, Subject: LO Meeting with Mayer MAESHIRO of Hirara-shi,16 February 66, February 18, 1966, Miyako［NDL：USCAR 07429-07430］.

＊57　Ibid.

＊58　Ibid.

＊59　Memorandum for Record, Subject: Meeting Between Deputy Civil Administrator Napier and Mayer Tokumatsu Maeshiro Concerning the Recent Political Situation in Miyako, March 3, 1966, Miyako Situation 1966［USCAR 07427-07428］.

＊60　Ibid.

＊61　これは保守派の要人たちとの定期的な会合と、一月下旬に行われた渉外局の宮古情勢調査を基に策定された。後者の調査報告書は、Memorandum for Record, Subject: Problems of Miyako Sugar Cane Growers As Seen During A Visit 24-27 January 1966, February 1, 1966, ibid.

＊62　Memorandum for Record, Subject: Proposals for Anti-Radical Campaign in Miyako, Feburary 16, 1966, ibid.

＊63　Ibid.

＊64　池宮城秀正『琉球列島における公共部門の経済活動』同文舘出版、二〇〇九年、一七八―一八〇頁。

＊65　Memorandum for Record, Subject: Meeting Between Deputy Civil Administrator Napier and Mayer Tokumatsu Maeshiro Concerning the Recent Political Situation in Miyako.

＊66　内間一光「宮古農民弾圧事件の本質と教訓」『沖縄民主文化』第二号、一九六六年。引用は宮古農民弾圧事件を語る会編『宮古農民弾圧事件50年「騒乱罪」無罪判決40年記念誌』二〇一五年、一一〇―一一一頁より。

＊67　テリー・イーグルトン（大橋洋一訳）『イデオロギーとは何か』平凡社、一九九六年、二〇六頁。

＊68　ちなみにＵＳＣＡＲが村落の伝統的紐帯の利用を図ったのは、この時が初めてではない。たとえば米軍諜報部隊

（CIC）は、沖縄戦の最中から捕虜にした住民に質問票を配布し、婦人会や農業会の活動状況や「其の村の偉い人」の名を挙げさせることで、既存の村落秩序を把握しようとしていた。我部政男「占領初期の沖縄における政軍関係」『日本政治学会年報』第四〇巻、一九八九年、五二―五三頁。

＊69 「ルポ無投票地区をゆく」『月刊沖縄』一九六六年一月号、四五頁。

＊70 金と票の交換は、「目にみえないつながり」のなかで行われるだけに見えづらい。参考として、石川真澄とジェラルド・カーティスの対談録から、取材経験をもとにした語りを引用しておく。「選挙になると、誰に投票するか、役所の関係者も関与して、県建設業協会といった団体から個々の企業へ、企業から下請け、孫請けへ、そして現場の労働者へと、指令が流れる仕組みが各地にできているのが普通です〔中略〕農家の三分の二を占める兼業農家の田畑以外の働き場所は、建設業が非常に多い〔中略〕土建業界の網の目は壊れかかった古い地域社会と結びやすく、それを補強する役目をもったのです」。『土建国家ニッポン』光文社、一九八三年、一二〇頁。

＊71 斉藤淳『自民党長期政権の政治経済学――利益誘導政治の自己矛盾』勁草書房、二〇一〇年、三七頁。

＊72 石田郁夫『沖縄――この現実』三一書房、一九六八年、三九―四〇頁。

＊73 松本健一『共同体の論理』第三文明社、一九七八年、一九頁。

＊74 Mire Koikari, *Cold war Encounters in US — Occupied Okinawa—Women, Militarized Domesticity and Transnationalism in East Asia,* Cambridge University Press, 2015. 特に、Chapter 5 を参照。

＊75 琉球政府資源局農業改良課『農業改良普及事業――それは農家に科学を持ち込もうとする努力である』（発行年月日不明）。引用は『農林水産行政史』（第一三巻・農業資料編Ⅳ）八五五頁より。

＊76 沖縄における普及事業の導入・定着過程については、森亜紀子「米占領期沖縄における農業研究指導所・普及事業をめぐって――技術と支配、せめぎ合うひとびとの生存戦略」（『農学・農業技術の比較社会史的研究――国家・テクノクラート・地域社会』（二〇一四年度～二〇一七年度科学研究費補助金基盤研究Ⓑ研究成果報告書）、二〇一八年）を参照。森は普及事業の主導権をめぐり、琉球政府・市町村会・農業試験場と民政府・琉球大学の間で五〇

年代半ばに生じた論争に焦点を置いている。本章で扱うアンチラディカル・キャンペーンは、普及事業を「われらのもの」と考え自主的な組織化にこだわった前者の立場を、まるごと包摂することで農政浸透機構として利用しようとしたものと位置づけられる。なお、米国における普及事業の発展史については、Wayne D. Rasmussen, *Taking the University to the People: Seventy-five years of cooperative extension* (Ames: Iowa State University Press, 1989) を参照。

＊77　琉球政府資源局農業改良課前掲『農業改良普及事業』八五六頁より。

＊78　同前、八五七—八六一頁。

＊79　琉球政府経済局農業改良課『全琉普及員大会記録』一九六二年、八—九頁。

＊80　『農家の友』第五五号、一九六二年一二月、六—七頁。

＊81　大田政作（行政主席）「一九六三年を迎えるにあたって——〝琉球農業の一大転機の年　パイン砂糖の合理化対策に全面的協力を〟」『農家の友』第五六号、一九六三年一月、一頁。

＊82　国吉真政「わが社と沖縄糖業の将来——〝工場経営の合理化と労働生産性向上のため機械化農業〟」『農家の友』第五八号、一九六三年三月、一七頁。

＊83　『琉球政府立法院商工委員会議事録』第一一〇号、一九六五年七月二六日、一〇頁。

＊84　同前、一二頁。

＊85　同前、一一—一二頁。

＊86　宮古関連では、平良市西原普及事業連合会を紹介した「低位生産地から宮古一優良部落へ」（第五六号、一九六三年一月）や、城辺町長間北区の農家を取材した「海岸の断崖の窪地を開拓してバナナ栽培に成功」（第五七号、一九六三年二月）、下地町上地の新農4Hクラブを取り上げた「新時代に即した農業経営の革新をめざすわかうどたち」（第五八号、一九六三年三月「全琉一を誇る城辺町福北の下地朝兼さんのキビ作り」（第六〇号、一九六三年五月）等が掲載されている。なお、一九六五年度版の『琉球要覧』（一四九頁）によれば、宮古における普及事業の組織状況は以下の通り。4Hクラブが二〇組一八一人（全琉では七五組九一四人）、農研クラブが七九組七二二

人（同、二〇八組二九二八人）、生改グループが八六組一〇三九人（同、八七八組一万三一七五人）。

＊87 『農家の友』第五一号、一九六二年九月、六―八頁。

＊88 屋良朝松「考える農民――私の場合」『今日の琉球』第三巻第八号、一九五九年八月。

＊89 『今日の琉球』第三巻第七号、一九五九年七月、八頁。

＊90 それは沖縄人としての連帯よりも、勤勉に努力することで「立派な日本人」になろうとした、戦前の生活改善運動＝「個人主義的上昇運動」（冨山一郎）の延長線上にある。冨山一郎『近代日本社会と「沖縄人」――日本人になるということ』日本経済評論社、一九九〇年。

＊91 平良市史編さん委員会編『平良市史　第二巻・通史編Ⅱ』一九八一年、一八〇―一八一頁。

＊92 石田前掲、六四頁。

＊93 来間泰男「全沖縄農民協議会連合会」『沖縄大百科　中』沖縄タイムス社、一九九二年、五八〇頁。

終章

＊1 復帰に対する保守側の取り組みについては、櫻澤誠『沖縄の保守勢力と「島ぐるみ」の系譜――政治結合・基地認識・経済構想』（有志舎、二〇一六年）を参照。

＊2 P・クラップ「沖縄返還交渉――ワシントンにおける官僚間の相互作用　1966―1969年」『国際政治』第五二号、一九七五年五月。沖縄返還交渉研究は、同論文を先駆とし、その後日本政府内部の視点も組み入れるかたちで蓄積を重ねているが、ここでは立ち入った紹介は避け、前段の議論に直接関わる限りで触れるに留める。返還交渉研究史の全体像については、真栄城卓也「クラップ論文と沖縄返還研究の展開――潜在主権、ケネディ新政策、「核抜き・本土並み」の決定」（『阪大法学』第三巻第四号（通巻七一号）二〇二一年一一月）が簡潔にまとめている。

＊3 「ナショナル・プレス・クラブにおける演説（一九六七年）」内閣総理大臣官房編『内閣総理大臣演説集』内閣総理大臣官房、一九七〇年、一七六頁。

＊4 若泉敬『他策ナカリシヲ信ゼムト欲ス――核密約の真実』文藝春秋、二〇〇九年、一五二頁。ちなみにこの時の論争の相手は、ハルペリン国防次官補代理（Morton H. Halperin）やスナイダー国務省日本部長（Richard L. Sunaider）らだった。

＊5 宮里政玄『日米関係と沖縄――１９４５―１９７２』岩波書店、二〇〇〇年、二八七―二八八頁

＊6 宮城悦二郎『施政者たちの証言』ひるぎ社、一九九八年、一七七頁。

＊7 "A Tough and Dedicated Okinawan: Chobyo Yara", New York Times, 17 Dec 1968.

＊8 沖縄官公労運動史編集委員会編『沖縄官公労働運動裏面史 下』沖縄県官公庁労働者共済会、一九九〇年、七四頁。

＊9 成田千尋『沖縄返還と東アジア冷戦体制――琉球／沖縄の帰属・基地問題の変容』人文書院、二〇二〇年、二一六頁。

＊10 新崎盛暉「革新県政とは何か」『世替わりの渦のなかで １９７３～１９７７ 沖縄同時代史第一巻』凱風社、二〇〇四年、一五八―一五九頁。

＊11 新崎盛暉『戦後沖縄史』日本評論社、一九七六年、三二七頁。

＊12 琉球新報社編『世替わり裏面史』琉球新報社、一九八三年、二六三頁。

＊13 同前、二六四頁。

＊14 同前。

＊15 沖縄県祖国復帰協議会『復帰措置の総点検――「琉球処分」に対する県民の訴え』一九七二年、序文。

＊16 COG Report No.5, May 3, 1968, Election Book 1968［OPA：U81100203B].

＊17 Public Opinion Survey（Aug 1968）（in Japanese）［OPA：0000044870].

＊18 屋良の側近で建議書策定の時期に副主席を務めた宮里松正は、外務省での折衝に際して「「本土並み」ということになれば、日本全体としてのイデオロギー的基地闘争はなくなろう。イデオロギー的基地闘争は、沖縄住民には浸透しえない」と語ったとされる。平良好利『戦後沖縄と米軍基地――「受容」と「拒絶」のはざまで １９４

5～1972年』法政大学出版局、二〇一二年、二四九頁。

＊19 沖縄研究会編『沖縄解放への視角』田畑書店、一九七一年。

＊20 川満信一「ポスト「島ぐるみ闘争」の思想戦」森宣雄・冨山一郎・戸邉秀明編『あま世へ――沖縄戦後史の自立にむけて』法政大学出版局、二〇一七年、二九頁。

＊21 川満信一『沖縄・根からの問い――共生への渇望』泰流社、一九八〇年、二九〇頁。

＊22 同前、一八一―一八二頁。

＊23 沖縄県祖国復帰闘争史編纂委員会編『沖縄県祖国復帰闘争史』沖縄時事出版、一九八二年、九八九頁

＊24 沖縄タイムス社編『あすへの選択――沖縄経済、実像と展望（上）』沖縄タイムス社、一九七九年、八五―八六頁。

＊25 復帰後の労働運動の立場の曖昧さは、他の市民運動との微妙な緊張関係によく表れている。この点については、上原こずえ『共同の力――一九七〇～一九八〇年代の金武湾闘争とその生存思想』（世織書房、二〇一九年）を参照されたい。

＊26 新崎盛暉「崩壊する沖縄」前掲『世替わりの渦のなかで』二〇頁。初出は、『エコノミスト』一九七三年五月二九日号。

＊27 『沖縄イメージの誕生――青い海のカルチュラル・スタディーズ』東洋経済新報社、二〇〇四年、三―五頁。

＊28 戦後日本の高度成長期を故郷喪失の時代として見る議論は、同時代から無数にあるが、さしあたり近年の著作として、小林敏明『故郷喪失の時代』（文藝春秋、二〇二〇年）を挙げておく。

＊29 国民生活審議会調査部会コミュニティ問題小委員会「コミュニティ――生活の場における人間性の回復」一九六九年。

＊30 沖縄の文化と自然を守る十人委員会編『沖縄喪失の危機』沖縄タイムス社、一九七六年、三三七―三三八頁。

＊31 高橋勇悦（社会学者）は『家郷喪失の時代』（有斐閣、一九八一年）のなかで、「〔昭和〕四十年代も半ばを過ぎて、低成長の時代に入るにつれ、「郷《さと》」喪失につぐ「家」の喪失の傾向がよりはっきりあらわれてきた」（一二五頁）

と、マイホーム主義の存立基盤の瓦解に警鐘を鳴らしつつ、次のように述べている。「人間が生きていこうとするかぎり、生活の拠点や心の拠点は、いつの時代においても必要だとすれば、家郷は新しくつくられなければならないであろう」(六頁)。

＊32 山田昌弘『底辺への競争――格差放置社会ニッポンの末路』朝日新聞社、二〇一七年、三二頁。

＊33 たとえば、ジョナサン・ターナー(正岡寛司・正岡純子訳)『中間階級の蜂起――高度産業社会における感情の階層化と変動』(学文社、二〇一六年)は、中間階級の存立基盤を上昇可能性への主観的な期待に求め、その客観的な実現可能性の低下とともに、現体制の否定につながる感情的動因が形成されつつあると警鐘を鳴らしている。

＊34 川満、前掲『沖縄・根からの問い』二七九頁。

あとがき

戦後沖縄は、米軍基地の存在を与件として復興を遂げ、今に至る。政治・経済・社会構造から、暮らす人々の感性まで、すべての領域で基地の存在は前提となった。自ら望んだわけではないにせよ、基地は、まるで体内に取り込まれた異物のように、沖縄社会を構成する要素になっている。

だからと言って、「基地の島」としての宿命的な歴史経験を、致し方ないことと追認するつもりもない。本書で見てきたように、「基地の島」はかなり際どい方法で維持されてきたのであって、今後も同じように存続していくと考える理由はない。一見して動かしがたく、宿命のように見える今の現実を捉え直すためでなければ、わざわざ過去に遡る意味もないというのが本書の立場だ。

本書の課題は、戦後の沖縄社会に〝マイホーム主義〟と呼ぶべき心性が根を張っていく過程を描くことにある。すなわち、〝勤勉に努力すれば報われる〟という信念のもと、〝良い学校、良い会社、良いポスト〟という上昇経路を駆けあがることに唯一の価値を置くような生き方は、いつ、どこからやってきたのか。あるいは、周囲の人間が共に生きる同胞というより、出し抜くべき競争相手にしか見えなくなるような社会のあり方は、どのように成り立ってきたのか。それを心の底から良しとする人間はほとんどいないにもかかわらず、いつの間にか抗い難い空気のように浸透してしまったのは、いかにしてなのか。

〝マイホーム主義〟は、冷戦期を通じてグローバルに伝播したのであって、なにも沖縄に特有の現象ではない。むしろ、〝人情味溢れる共同体社会〟というイメージに覆われた沖縄社会には馴染まないと見る向きもあるだろう。しかし、他所と比べてどうであれ、沖縄社会も〝マイホーム主義〟と無縁でいられるはずがない。それは筆者の体感的確信でもある。

一九五六年の島ぐるみ闘争は、〝マイホーム主義〟の対極にある〝ムラ社会〟的心性が全面展開したという意味で稀な出来事だった。しかし、その〝後〟になると、米国の統治戦術を通じて〝マイホーム主義〟は静かに沖縄社会に浸透し、島ぐるみ闘争に表出したような〝ムラ社会〟的心性を徐々に駆逐してしまう。それが本書の大まかな筋書きだ。

つまり本書は、島ぐるみ闘争を一九五〇年代の沖縄に固有の共同性に根差したものと捉え、その時代から遠く隔たったところに現在の沖縄社会を捉えようとしている。しかし、だからと言って過去への回帰を主張したいわけではない。松本健一（思想史家）が言ったように、「郷愁は感傷にしかすぎず、現在の自己を行動にかりたてる衝動ではない」。島ぐるみ闘争を当時の歴史的文脈に固有の産物と捉えることは、それを現在の文脈のなかで組み立て直すために不可欠の迂回路だと考えている。

〝マイホーム主義〟の浸透は、日本復帰を経ても止まることなく、むしろ加速し、今に至るまで続いているように見える。安易な関連づけは慎むべきだが、子どもの貧困問題や若年層に顕著な政治的無関心など、近年の沖縄で問題視される現象も、知らず知らずのうちに浸透していた〝マイホーム主義〟の症候かと疑いたくなる。教育が自身の出世の手段でしかなく、周囲の人間が競争相手でしかないような社会では、助け合いの精神や公共的な問題への関心も、お題目以上の価値を持ち得ないだろう。当然のように身に着けてきた価値観・世界観を一度引き剝がしてみることで、眼前に表出している問題の隠れた根っこが見えてくるかもしれない。

*

本書は、戦後沖縄を対象とした歴史社会学的研究の成果をまとめた学術書だが、研究者以外の、似たような問題意識を共有する読者に手に取ってもらうことを最優先した。一般に、大学で行われる研究のテーマは社会課題を反映すべきで、その成果は速やかに社会に送り返されるべき、と考えられている。が、どうひいき目に見ても、社会⇅大学の循環経路は、か細くなり過ぎている。そして、その理由の半分は、テクニカルな部分にあるように思う。大学の外では通用しない学問的な作法にも、もちろん意味はある。しかし、それが学知の流通を極端に妨げる原因になっているとすれば、リバランスを考える必要があるのではないか。そう考えた結果、本書では学術的専門書の体裁を一部犠牲にしても、とにかく一般の通読に耐える書物を目指すことにした。

たとえば第一章、第二章、第四章では、特に新たな知見とは呼べない、通説となっているエピソードも、前提知識として省略せずに、敢えて紙幅を割いて叙述している。逆に歴史学的に新たな知見と呼べそうなものでも、細かな事実の羅列が続く冗長な部分は、思い切って叙述を圧縮している。もちろん、既存の研究成果にもとづく叙述も、先に示した筋書きに沿って独自の解釈で再構成しているし、叙述を圧縮する場合にも、学問としての水準を満たす範囲に留めている。

また、第三章では沖縄の文脈を離れて〝マイホーム主義〟の源流を米国の冷戦戦略に探るセクションを設けているが、これは上述したような問題意識を歴史学的視点に変換するために、どうしても必要な作業だった。

こうした工夫が、狙った成果を上げているかは読者の判断を待ちたい。

＊

本書の元になった発表済みの研究業績は以下の通りである。本書で圧縮した叙述については、これらの論文を参照されたい。なお、いずれも本書の基礎を成すものではあるが、ほとんど完全にスクラップ&ビルドされているため、叙述上は原型をとどめていない。

＊「復興の光と影」、沖縄県教育庁文化財課史料編集班編『沖縄県史 各論編第7巻 現代』（第二部 第四章）沖縄県、二〇二二年七月。

＊「基地社会の形成と変容——沖縄占領体制とその遺産」、蘭信三ほか編『戦争と社会3——総力戦・帝国崩壊・占領』（第八章）岩波書店、二〇二二年三月。

＊「何が人々を「島ぐるみ闘争」へと駆り立てたのか」「復帰運動を「総括」する」「くりかえす沖縄ブームと基地問題」、前田勇樹・古波藏契・秋山道宏共編著『つながる沖縄近現代史――沖縄のいまを考えるための十五章と二十のコラム』（第一一章・第一二章・第一五章）ボーダーインク、二〇二一年一一月。

＊「〝島ぐるみ〟から〝マイホーム〟へ――復帰50年、深刻さ増す「沖縄喪失の危機」」『協同の発見』第三五六号、二〇二二年七月。

＊「沖縄戦後史研究における「島ぐるみ」の問題」『歴史学研究』第一〇〇六号、二〇二一年二月。

＊「米国は一九六五年の宮古農民「暴動」をどう見たか」『沖縄文化研究』第四七号、二〇二〇年三月。

＊「１９６０年代前半の沖縄における米軍と米国ビジネスの対立」『同時代史研究』第一二号、二〇一九年一二月。

＊「平恒次の沖縄自立論」『明治学院大学社会学部付属研究所年報』第四九号、二〇一九年三月。

＊「１９６０年代後半の沖縄における労働戦線統一の背景――米国沖縄政策の諸矛盾との関わりで」『同時代史研究』第一〇号、二〇一七年一二月。

＊「沖縄占領と労働政策――国際自由労連の介入と米国民政府労働政策の転換」『沖縄文化研究』第四四号、二〇一七年三月。

なお、以上の研究成果をサポートした主な助成金は以下の通りである。

＊文部科学省科学技術研究費（特別研究員奨励費ＤＣ：15J04497）
＊文部科学省科学技術研究費（特別研究員奨励費ＰＤ：18J01046）
＊文部科学省科学技術研究費（若手研究：19K13345）
＊文部科学省科学技術研究費（若手研究：22K13204）

謝辞

これまで研究を続け、とりあえず一冊の本にまとめることができたのは、周囲の支えによるところがとても大きい。

まずは本書の出版を引き受けてくれた有志舎の永滝稔さんに感謝したい。無理な要望にも最大限応じてくれて本当に頭が下がる思いです。

それからもちろん、大学院時代の恩師である冨山一郎先生。本書のほとんどの部分は大学院を出た後に書かれたものではあるが、その間も冨山先生との議論が大事な指針になっていたように思う。五年もかかってしまったが、ようやく研究成果を報告できます。

明治学院大学の社会学部付属研究所に受け入れて下さった石原俊さんにも御礼申し上げたい。今から思えば、沖縄研究以外の、とりわけ冷戦史研究の視点を持てるよう、意図的に場をコーディネートしてくれていたのだと思うが、それが本書の着想にもつながっている。

それから前田勇樹君と秋山道宏さんと一緒に進めた「つながる沖縄近現代史」プロジェクトがなければ、本書の執筆作業はずっと孤独なものになっていたと思う。プロジェクトを通じて出会った方々にも、あらためて感謝したい。

執筆中、何度も何度も原稿に目を通し、ハードに赤入れをしてくれた篠田恵さん、表紙写真を撮ってくれた川村拓希君、大変だったと思います。二人は最も信頼する議論の相手でもあった。あらためて伝えるのも気恥ずかしいが、とても感謝している。これからもよろしく。

その他にも感謝を伝えるべき人の顔は無数に浮かぶが、書ききれないので直接伝えたい。

最後に、沖縄を出た後も温かく見守ってくれた両親（古波藏一成・三恵子）と、大学院進学時に学資を支援してくれた叔父たち（古波藏一・米三）に感謝したい。

二〇二三年四月

古波藏　契

著者紹介
古波藏 契（こはぐら　けい）
1990年生まれ
国際基督教大学卒業、同志社大学大学院博士後期課程修了
博士（現代アジア研究）
沖縄国際大学、沖縄県立看護大学、名桜大学等非常勤講師を経て、
現在、明治学院大学社会学部付属研究所 研究員

〔主要業績〕
『つながる沖縄近現代史』（共編著、ボーダーインク、2021年）
『総力戦・帝国崩壊・占領　戦争と社会 第3巻』（共著、岩波書店、2022年）
『沖縄県史 各論編 第7巻　現代』（分担執筆、沖縄県、2022年）

ポスト島ぐるみの沖縄戦後史

2023年7月30日　第1刷発行

著　者　古波藏 契
発行者　永滝　稔
発行所　有限会社　有　志　舎
〒166-0003　東京都杉並区高円寺南4-19-2
クラブハウスビル1階
電話　03(5929)7350　FAX　03(5929)7352
http://yushisha.webnode.jp
DTP　言海書房
装　幀　奥定泰之
印　刷　株式会社シナノ
製　本　株式会社シナノ

© Kei Kohagura 2023.　Printed in Japan.
ISBN978-4-908672-66-8